Jornada da Mente para Alta Performance

Organização e curadoria
Antonio Muniz
Annelise V. C. Larangeira
Carla Ezaki
Chirley Mineiro
Deyse Krüger
Maria Lúcia Quaresma
Monique Alves Padilha

Jornada da Mente para Alta Performance

Unindo ciência e experiências brasileiras para acelerar resultados das empresas mantendo a saúde mental das pessoas

BRASPORT

Rio de Janeiro
2023

Editor: Sergio Martins de Oliveira
Gerente de Produção Editorial: Marina dos Anjos Martins de Oliveira
Editoração Eletrônica: Abreu's System
Capa: Trama Criações

J82 Jornada da mente para alta performance : unindo ciência e experiências brasileiras para acelerar resultados das empresas mantendo a saúde mental das pessoas / Antonio Muniz ... [et al.]. – Rio de Janeiro: Brasport, 2023.
216 p. : il ; 17 x 24 cm.

Inclui bibliografia.
ISBN 978-65-88431-92-4

1. *Mindset*. 2. Alta performance. 3. Inteligência emocional. 4. Terapias integrativas. 5. Liderança. I. Muniz, Antonio. II. Larangeira, Annelise V. C. III. Ezaki, Carla. IV. Mineiro, Chirley. V. Título.

CDU 37.037

Catalogação na fonte: Bruna Heller (CRB10/2348)

Índice para catálogo sistemático:
1. Desenvolvimento das capacidades mentais, concentração etc. 37.037

BRASPORT Livros e Multimídia Ltda.
Rua Washington Luís, 9, sobreloja – Centro
20230-900 Rio de Janeiro-RJ
Tel./Fax: (21)2568.1415
e-mails: marketing@brasport.com.br
vendas@brasport.com.br
editorial@brasport.com.br
www.brasport.com.br

Apresentação da Jornada da Mente para Alta Performance

Quando a Deyse sugeriu iniciar um livro sobre a relação entre a mente e a alta performance, não tive dúvidas de que esta nova Jornada colabora diretamente com nosso propósito de inspirar as pessoas através de conteúdos de alto valor para nossos leitores.

Considero que o conhecimento sobre o funcionamento do cérebro torna-se cada vez mais importante para todos que buscam o engajamento dos colaboradores no mundo complexo e imprevisível em que vivemos porque as empresas dependem cada vez menos da mão de obra para entregar experiências incríveis para clientes que têm opção na palma da mão. Porém, diversas pesquisas indicam que o engajamento dos colaboradores é um dos maiores desafios das organizações.

Considero alarmante o resultado de pesquisa do Gallup com 25 milhões de trabalhadores norte-americanos durante 30 anos (REDAÇÃO, 2020):

- ✓ 20% são detratores: atrapalham ou sabotam (50% mais acidente, 60% mais problema de qualidade).
- ✓ 50% são descomprometidos: fazem o básico.
- ✓ 30% são muito engajados: inovação, melhorias (22% mais lucratividade e 21% mais produtividade).

Será que esses resultados são diferentes aqui no Brasil? Reflita sobre a experiência nas equipes onde você trabalhou... dependendo da cultura da empresa e da atitude da liderança, esses resultados podem ser melhores ou piores. Como sempre falo, o líder dá o tom – e diversas pesquisas indicam que 85% dos colaboradores trocam de chefe e não de empresa.

Conforme tenho reforçado nas *lives* que realizo toda manhã no meu perfil do LinkedIn e nas aulas do programa LiderProExpert, a liderança e todos os colaboradores devem priorizar o aprendizado sobre pessoas mais do que o conhecimento técnico porque são as pessoas que entregam resultados inovadores quando têm segurança psicológica para expressar suas opiniões, mesmo quando estão na contramão da maioria ou dos executivos. Não há como se relacionar com pessoas sem aprender continuamente sobre o funcionamento do cérebro, mas a sua complexidade requer o investimento contínuo em aperfeiçoamento e experimentação. Penso que este livro é uma grande oportunidade de aprender com a soma de repertórios de pessoas com experiências complementares.

A Jornada da Mente para Alta Performance também foi praticada na construção deste livro e aproveitamos os aprendizados dos primeiros 15 livros lançados até 2021 com a autonomia do time e a confiança na capacidade das pessoas. Além disso, o sucesso da escrita colaborativa depende de pessoas que somam a inteligência coletiva e o poder de execução, visto que o time organizador com forte inteligência emocional melhora o relacionamento com os coautores quando surgem conflitos de ideias.

A liderança da Deyse fluiu com maestria e seu habitual sorriso no rosto trouxe grande leveza para o time e resultados concretos para a conclusão do livro. A escolha das pessoas com experiências diversificadas para o time organizador e coautores foi uma grande surpresa positiva. Tivemos uma rápida adesão de pessoas incríveis somando a inteligência coletiva com visão da medicina, preparação física, nutrição, neurociência, psicologia, gestão, tecnologia e agilidade.

Parabéns ao time organizador e aos coautores pelo excelente resultado!

Antonio Muniz
Fundador da Jornada Colaborativa e JornadaCast e criador do programa LiderProExpert

Sumário

PARTE I.
A MENTE SEM FRONTEIRAS

PARTE I.
A MENTE SEM FRONTEIRAS

1. A mente saudável para gestão da alta performance

Deyse Krüger
Renata Belluzzo Quedas

De Taylor até hoje, foram inúmeras as transformações ocorridas nas formas de gestão e na maneira de conduzir o trabalho das pessoas. Com o objetivo de se tornarem mais ágeis, as empresas buscam se desvencilhar de um modelo rígido e centralizado, para modelos mais participativos e flexíveis. Todavia, para alcançar flexibilidade e agilidade é necessário delegar poder, descentralizar a tomada de decisão, trabalhar em equipe, engajar os colaboradores, criar um ambiente seguro para que todos se sintam confortáveis e confiantes em colaborar com os gestores, investir em treinamento para o desenvolvimento de habilidades e tomar cuidados com o ser humano de forma integral, respeitando suas limitações e diferenças.

Para trabalhar a alta performance é preciso entender de pessoas, comportamento humano e diversidade, pois dentro da mente de cada colaborador existe uma imensa variedade de informações não somente genéticas, mas também ambientais (como foram educados em casa e na escola, religião, cultura, família, amigos etc.) – enfim, todo o ecossistema que envolveu esse colaborador até a chegada na empresa. Havendo uma percepção abrangente desse contexto, pode-se buscar uma gestão mais eficiente, que caminhe ao encontro dos objetivos traçados pela organização. Segundo Milkovich e Boudreau (2000), o tema gestão de pessoas, além de ser de suma importância para as organizações, é ao mesmo tempo fascinante. As pessoas são a própria organização, onde elas tomam decisões, definem objetivos, planejam, produzem, vendem produtos ou serviços. Para Gil (2001), gestão de pessoas é uma função que busca cooperação para obtenção dos objetivos tanto individuais como organizacionais. O reconhecimento por parte das empresas de que colaboradores são pessoas com características diversas e complexas é fundamental para o adequado trabalho de desenvolvimento de habilidades e competências individuais que levam à formação de times de alta performance.

Um time é considerado de alta performance quando atinge ou supera as metas e os objetivos da empresa. Para que isso seja possível, é preciso capacitar pessoas. Entretanto, para Gil (2001), desenvolver pessoas não é somente proporcionar conhecimentos, mas oferecer a possibilidade para desenvolver novas atitudes, mudar antigos hábitos e buscar novos conhecimentos no sentido de se tornar melhor naquilo que faz. Conforme Castro (2002), um time de alta performance é aquele que encontra significado no seu trabalho e tem aderência dos valores pessoais com os valores da organização. As pessoas precisam entender o significado do seu trabalho para ver sentido no que fazem. Encontrar o "por que" tem relevância e ajuda no engajamento.

O *empowerment* e a alta performance

Outro ponto importante quando se pensa em alta performance é como descentralizar informações para que as pessoas possam produzir, criar e se engajar nas tarefas. Para que isso seja possível é necessário trabalhar o *empowerment*, que "é o reconhecimento e a liberação dentro da organização do poder que as pessoas já possuem na riqueza de seus conhecimentos úteis e na motivação interna" (RANDOLPH, 1995, p. 20). O *empowerment* busca a interação dos colaboradores com os processos no trabalho, incentivando o engajamento e as iniciativas que possam levar a novas e melhores soluções para a empresa.

Conforme Chiavenato (2005), o *empowerment* parte da premissa de conceder às pessoas a liberdade, o poder e a informação necessária para tomada de decisão, participando ativamente da organização. Segundo o autor, o *empowerment* tem quatro bases:

- ✓ **Poder:** delegar responsabilidade e autoridade em todos os níveis.
- ✓ **Motivação:** incentivar os colaboradores continuamente.
- ✓ **Desenvolvimento:** proporcionar capacitação e desenvolvimento pessoal e profissional.
- ✓ **Liderança:** proporcionar liderança na organização.

Parece fácil implantar o *empowerment* nas empresas, mas quando falamos em pessoas, delegação de poder e liderança, nada é fácil. Isso envolve cultura organizacional, quebra de paradigmas e dogmas daquele sistema, como também mexe com o ego dos atuais líderes. Chiavenato descreve bem nas quatro bases citadas o que é preciso ser implementado. Para delegar o poder a empresa precisa nutrir informações e confiança entre seus colaboradores, promovendo um ambiente seguro onde se possa falar e agir de forma genuína e não punitiva. Desenvolver habilidades, competências e liderança é algo que necessita de aprendizado contínuo com planejamento bem definido e trilhas de treinamento que caminhem junto aos objetivos da empresa. Nesse processo, tanto a organização quanto os colaboradores aprendem que a motivação está relacionada muito mais com algo interno, ou seja, intrínseco, na pessoa e está diretamente ligada ao autoconhecimento. Por essa razão é imprescindível a trilha contemplar o desenvolvimento pessoal, visto que quando o indivíduo tem consciência dos seus processos internos ele consegue olhar para os colegas e pares de forma empática (**no Capítulo 15 você pode ler mais sobre empatia**).

Quando a gestão de pessoas consegue entender e implementar de forma correta o *empowerment*, as pessoas dentro das organizações passam a ser os atores principais nos processos. O significado de estar construindo algo além deles mesmo é despertado, times mais engajados e colaborativos são formados naturalmente, a agilidade começa a fazer parte do dia a dia da empresa, as discussões são construtivas e a diversidade de ideias é respeitada. Mas para isso acontecer é preciso percorrer uma longa jornada do conhecimento de toda a potencialidade da mente humana.

A mente sem fronteiras

O homem chegou à lua e agora explora o espaço em busca de outros planetas que possam ser habitados. Contudo, ainda não foi capaz de desvendar toda a complexidade da mente humana. Para Izquierdo (2004), a mente humana não é tão complicada de ser descrita em aspectos gerais, todavia a função mental em cada estado de nossas vidas ainda é um mistério. Essa mesma mente que pode, em muitos aspectos, ser um mistério, é capaz de transformar os lugares por onde passa, melhorando processos, inovando e colaborando para o sucesso das organizações. Por isso, é imprescindível ter na empresa profissionais capazes de entender todo o ecossistema que envolve a gestão de pessoas. Nos capítulos seguintes procuramos mostrar um pouco do que envolve esse contexto, desde o conhecimento das neurociências até *cases* de quem aplica na prática a gestão para alta performance.

2. Conhecendo as neurociências

Maria Lúcia Quaresma

Mente e corpo

Quando falamos em mente geralmente associamos a atividade mental ao cérebro e à consciência. Porém, a mente está além do cérebro. Como debate António Damásio em seu livro "A estranha ordem das coisas" (2018), é comum dar ao sistema nervoso o papel de "herói desses relatos (sobre a mente), o que é uma simplificação, e também um equívoco". E segue: "Não há dúvida de que é o sistema nervoso que possibilita nossa vida mental. Mas é preciso entender que o sistema nervoso "foi o meio para obter" a coordenação das funções em organismos primitivos que ao longo de um processo evolutivo de bilhões de anos foram tornando-se cada vez mais complexos, e que esse sistema coordenador (que é o sistema nervoso) está a serviço do organismo como um todo" (DAMÁSIO, 2018).

No importante livro "Princípios da neurociência" (KANDEL *et al.*, 2000), no capítulo 'Das células nervosas à cognição', os autores afirmam que "nós até agora não sabemos como o disparo de neurônios específicos leva à percepção consciente, mesmo nos casos mais simples". De fato, "carecemos por completo de um modelo teórico adequado, de como um fenômeno *objetivo* – sinais elétricos no encéfalo de uma pessoa – pode causar uma experiência *subjetiva* tal como a dor". E concluem: "em razão da consciência ser irredutivelmente subjetiva, ela encontra-se além do alcance da ciência que nós *atualmente* praticamos" (KANDEL *et al.*, 2000).

Esses conceitos são fundamentais quando queremos entender a origem e a evolução da mente. A ciência atual ainda não tem métodos e tecnologia para explicar plenamente como a mente funciona. Mas temos experimentos e estudos publicados que descrevem como o funcionamento mental se expressa no cotidiano da vida.

Há tempos li um relato na internet, que vale a pena citar nessa discussão:

> *Eu estava na plateia assistindo a um show de mágica. Por protocolo uma senhora estava em uma caixa de madeira, a cabeça saindo do topo, enquanto o mago a esfaqueou com espadas pelo meio.*
>
> *Um homem sentado ao meu lado murmurou para seu filho, "Jimmy, como você acha que eles fazem isso?"*
>
> *O menino tinha por volta de seis ou sete anos. Recusando-se a ficar impressionado, ele sussurrou de volta, "É óbvio, pai" "Sério?", disse o pai. "Você entendeu isto? Qual é o truque?" "O mágico faz acontecer dessa forma", disse o menino. (NETNATURE, 2016)*

O mágico faz acontecer. Por enquanto temos que nos conformar com essa explicação no assunto mente e consciência. Não sabemos tudo, mas já conhecemos muito sobre essa relação mente-corpo, e é importante acompanharmos as descobertas da neurociência. Vou abordar alguns tópicos relevantes para o nosso tema.

O cérebro é o instrumento através do qual a mente se expressa

Isso significa que sem o cérebro não existe mente nem consciência, porém a mente não está sediada exclusivamente no cérebro. Ela está em funcionamento em toda a nossa estrutura corporal, consciente e inconsciente.

Existe uma inteligência biológica que regula de forma cooperativa todas as nossas funções. Embora nem todas essas funções ocorram de forma consciente, elas são mediadas pelo nosso sistema nervoso. Por exemplo, se comemos uma boa refeição, não precisamos avisar nosso corpo que ele tem que fazer um trabalho intenso e integrado de produzir insulina, bile, pancreatinas e, além disso, fazer movimentos peristálticos para que essa refeição saborosa se transforme em nutrientes e seja eliminado o que não nos serve. É um trabalho intenso, organizado e harmonioso que ocorre mediado pelo nosso sistema nervoso de forma inconsciente, e resultado de uma conquista evolutiva que vai dando condições ao surgimento da nossa mente.

Muito se tem estudado sobre mente e nutrição. Temos inúmeras dietas saudáveis focadas nessa interação mente-sistema digestivo. António Damásio, ao explicar como aconteceu o surgimento do sistema nervoso na escala evolutiva, constata que o sistema nervoso que regula os processos digestórios de organismos simples como hidras e esponjas "assemelha-se muito à complexa malha de nervos presente em nosso trato gastrointestinal". E conclui: "essa é uma das razões que me levaram a suspeitar que o sistema nervoso entérico foi realmente o 'primeiro' cérebro e não o 'segundo', como ele é popularmente conhecido" (DAMÁSIO, 2018).

Existem também funções nervosas reflexas, como, por exemplo, retirar a mão de uma superfície quente. Aliás, este é um reflexo que pode ser controlado pela nossa mente, como acontece com pessoas que percorrem um caminho de brasas sem queimar os pés.

E muito importante: todos os sentimentos e sensações que vivenciamos em nosso corpo são mediados pelo cérebro. Recebemos uma notícia triste e o cérebro envia mensagens para nossas glândulas lacrimais e choramos. Sentimos medo e o cérebro ativa o eixo hipotálamo-hipofisário-adrenal, que estimula a glândula suprarrenal a produzir adrenalina para preparar nosso corpo para o confronto ou a fuga. Porém, ainda não sabemos como nem por quê o medo ou a tristeza, que são emoções subjetivas, provocam uma resposta objetiva no nosso organismo.

Não é à toa que o cérebro é visto como um grande herói. Mas ele não é o dono da vida. Ele está a serviço da coordenação das funções de sobrevivência do corpo como um todo, e a mente é o verdadeiro comandante dessas funções. Para o bem e para o mal.

Nosso sistema nervoso é fruto de uma evolução de bilhões de anos

Essa evolução aconteceu por aposição. Uma estrutura mais simples (como o sistema nervoso dos peixes) sofre aquisição de uma nova estrutura, torna-se mais apta a sobreviver e permite a evolução para outras espécies, no caso os répteis e as aves. Répteis adquirem novas estruturas que os tornam aptos a evoluir para dar origem a outros animais. Esse processo de novas aquisições vai se repetindo ao longo da evolução até chegarmos ao cérebro humano. É uma construção sem fim que foi crescendo ao longo de milhões de anos e que nos últimos 300 mil anos deu origem ao *Homo Sapiens* do qual somos herdeiros.

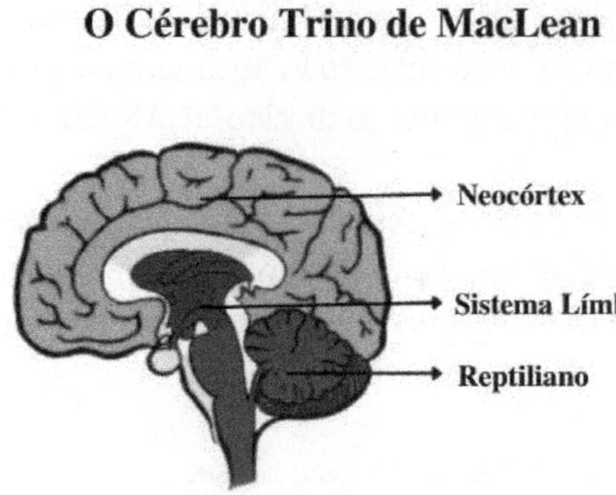

Figura 2.1. Cérebro reptiliano.
Fonte: adaptado de Rez (2018).

A evolução do sistema nervoso acontece quando uma nova estrutura é acrescentada à estrutura já consolidada de uma espécie existente. Por exemplo, quando o cérebro dos répteis, composto pelo tronco cerebral e cerebelo, 'adquiriu' o sistema límbico, que é sede da memória e das emoções, isso permitiu o surgimento aos animais terrestres, que têm a mesma estrutura do cérebro dos répteis acrescida dos primórdios do sistema límbico. Então ratos, por exemplo, têm as estruturas do cérebro reptiliano mais sistema límbico – é por isso que podemos estudar em laboratório as emoções dos ratos, como medo e raiva, e inferir sobre as emoções de outras espécies, inclusive o homem.

Mas a evolução não para. Há alguns milhares de anos aconteceu nessa estrutura neurológica já consolidada uma nova 'aquisição', que é o neocórtex, presente em todos os mamíferos, mas ausente em répteis e aves. E há cerca de 40 mil anos desenvolveu-se o córtex pré-frontal, que é a grande evolução para chegarmos ao cérebro humano. Nosso cérebro continua evoluindo, e aparentemente com foco no nosso córtex pré-frontal, que é sede dos nossos processos cognitivos e morais. Nas histórias de ficção científica em geral, os homens do futuro têm testas maiores e mais projetadas para a frente, de certa forma brincando com o conhecimento já estabelecido de que a região frontal e pré-frontal é a que mais cresce no sistema nervoso humano.

Importante entender que o sistema límbico, que regula nossas emoções, memória e sono, foi a pré-condição neurológica para o desenvolvimento do nosso intelecto. Foi o estudo dessa evolução filogenética do sistema nervoso das espécies que fez António Damásio, em seu livro "O erro de Descartes" (1996), confrontar a máxima cartesiana do 'penso, logo existo' com uma nova concepção: 'sinto, logo penso'. Foram nossas emoções que nos conduziram ao pensar, e elas ainda hoje precedem o pensamento.

Se levamos um susto, em primeiro lugar ocorrerá uma resposta corporal inconsciente e automática – fugir, gritar, atacar. Só depois sentimos e finalmente pensamos no que nos assustou e temos uma resposta racional ao acontecimento. Essa evolução do pensar que o cérebro humano conquistou foi a pré-condição para o surgimento da mente humana (DAMÁSIO, 1996).

Os fantásticos números do cérebro

A maioria dos cientistas admite que nosso cérebro possui cerca de 86 bilhões de neurônios. E que cada neurônio pode fazer de 3 mil a 10 mil conexões com outros neurônios. A atividade de toda essa circuitaria consome cerca de 20% da nossa energia. Essa estrutura é composta por núcleos, zonas e áreas que coordenam funções específicas e se conectam entre si.

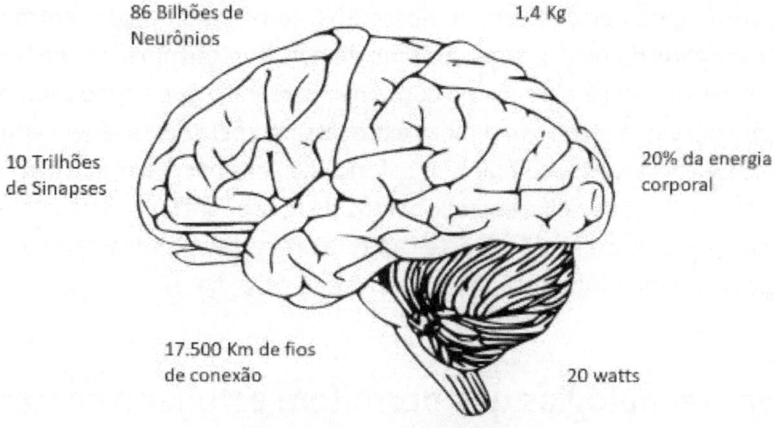

Figura 2.2. Números do cérebro.
Fonte: adaptado de Krüger (2019).

Entender a dinâmica das estruturas do cérebro é fundamental para o estudo da mente. A neurociência, fruto da junção dos conhecimentos da neurologia com o estudo do comportamento humano, é hoje um campo muito vasto da ciência. Vamos abordar aqui os aspectos mais relevantes e mais bem estabelecidos do conhecimento atual nesse campo.

Primeiramente vamos descrever as regiões do sistema nervoso do ponto de vista anatômico-estrutural. A primeira grande divisão é entre Sistema Nervoso Central (SNC) e Sistema Nervoso Periférico (SNP).

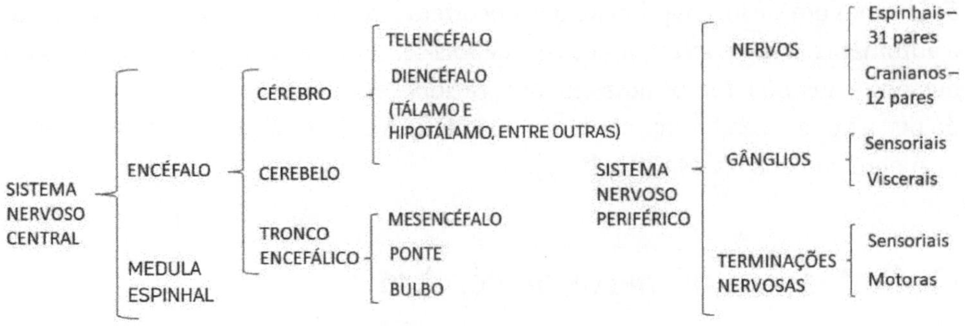

Figura 2.3. Sistema nervoso.
Fonte: a autora.

Como demonstra essa divisão básica, nosso sistema nervoso é composto de muitas estruturas que estão aqui divididas anatomicamente. E cada uma dessas estruturas anatômicas é composta por núcleos, gânglios e conexões com funções diferenciadas. E essas funções que ocorrem no nosso SNC têm comunicações entre si e com o total dos órgãos do nosso corpo através de nervos e terminações nervosas que levam informações do cérebro para o corpo não cerebral e que a todo tempo trazem informações para serem compreendidas e processadas pela nossa rede neural. A vida depende dessa engrenagem complexa que funciona 24hs por dia. Neste livro em cada capítulo serão abordados diferentes aspectos do nosso funcionamento neurológico que dão suporte à nossa mente. Neste capítulo procuraremos descrever as funções neurológicas que mais influenciam nosso viver de cada dia.

As novas tecnologias que permitem estudar o cérebro em funcionamento

O grande avanço das neurociências nesses últimos anos deve-se ao desenvolvimento de novas tecnologias de neuroimagem que permitem o estudo dinâmico do cérebro. As mais usadas são:

- ✓ PET – Tomografia por Emissão de Pósitrons
- ✓ RMF – Ressonância Magnética Funcional

Além disso, os avanços da genética e dos experimentos com animais tiveram grande desenvolvimento nas últimas décadas, permitindo estudar em animais estruturas que persistiram ao longo do processo de evolução das espécies até chegar ao cérebro humano.

Com essas novas tecnologias os cientistas conseguem identificar as redes neurais em funcionamento nas diferentes atividades do nosso dia a dia. Podemos estudar, por exemplo, os circuitos e as estruturas da tristeza e da depressão, os circuitos e estruturas envolvidos na atenção e na vontade, os circuitos e estruturas da meditação, da memória, do medo, enfim de quase todo o nosso funcionamento.

Essa circuitaria funciona de forma muito complexa e harmoniosa através de conexões entre os neurônios mediadas por neurotransmissores e executadas por gradientes de potencial elétrico, os canais de sódio.

O neurônio, célula básica do nosso cérebro, é formado por um corpo celular do qual parte um axônio que vai ligá-lo ao neurônio seguinte. Existem ainda outras estruturas que nascem do corpo celular que são chamados dendritos. A maioria dos neurônios tem um axônio e milhares de dendritos. O local onde um neurônio se liga ao outro é a sinapse, e as reações necessárias para essa conexão ocorrem na fenda sináptica. Além da conexão axônio-axônio, existem também as conexões com os dendritos.

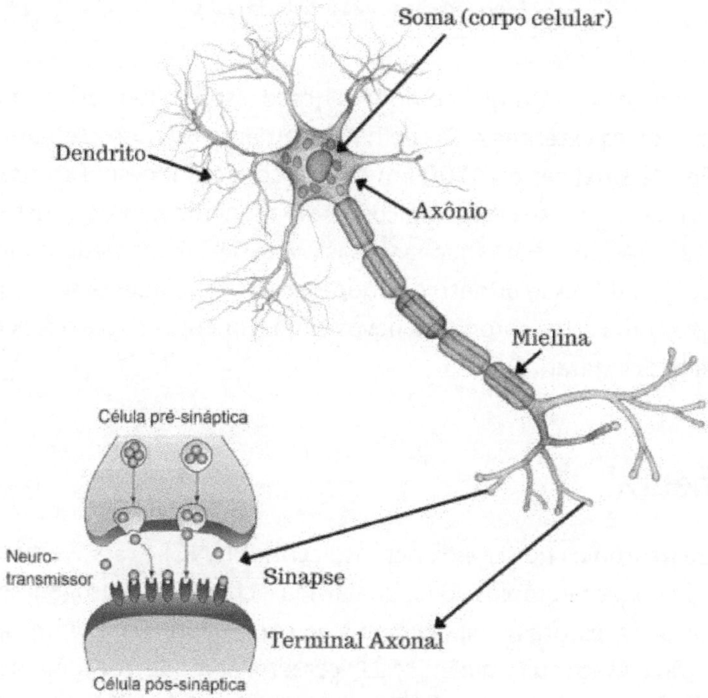

Figura 2.4. Neurônio.
Fonte: adaptado de Khan Academy (s.d.).

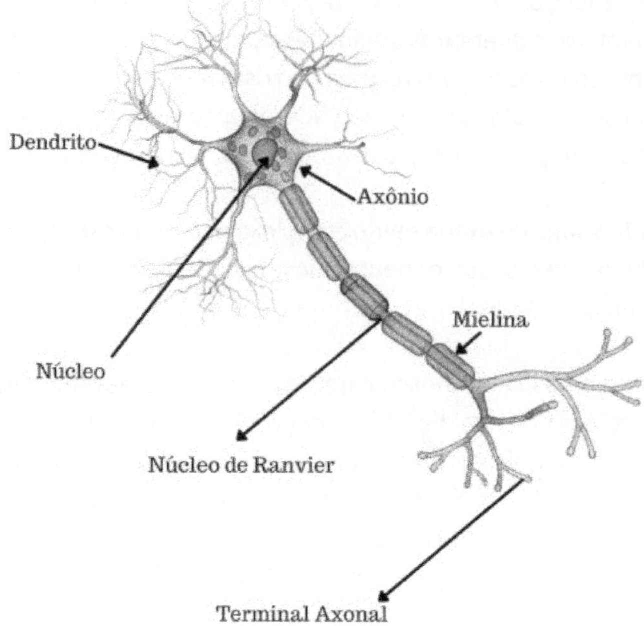

Figura 2.5. Axônio.
Fonte: adaptado de Só Biologia (s.d.).

Os 86 bilhões de neurônios que compõem nosso sistema nervoso comunicam-se entre si formando as extensas redes de funcionamento do nosso cérebro. São cerca de 10 trilhões de sinapses e 17.500 km de fios conectando-se. Estudos recentes, utilizando os novos recursos tecnológicos, estão reunindo neurocientistas de vários laboratórios de pesquisa para mapear essas conexões, o chamado Projeto Conectoma (MÜLLER, s.d.). Esse projeto de cooperação mundial está nas fronteiras da neurociência e com certeza produzirá novos conhecimentos sobre o funcionamento do cérebro e sua circuitaria.

A poda neural

O número de neurônios no sistema nervoso central (SNC) é relativamente estável. A aquisição de novos neurônios ao longo da vida – chamada neurogênese adulta – é rara e parece estar restrita ao hipocampo e ao córtex auditivo. Porém, as conexões entre os neurônios são muito dinâmicas. O cérebro 'aprende' continuamente a fazer novas conexões para preservar a vida e para desenvolver habilidades diferenciadas, ou seja, o cérebro responde aos treinamentos e à vontade/necessidade de superar limitações.

Aos três anos o cérebro humano faz uma primeira limpeza dessa complexa circuitaria. Isso ocorre eliminando conexões que não são mais necessárias e criando novas conexões para dar sequência ao seu desenvolvimento. Esse processo é chamado de **poda neural**. Os circuitos neurais do bebê são podados para dar espaço aos circuitos neurais da criança. Na adolescência ocorre novamente o mesmo processo de limpeza: conexões que eram importantes para a vida infantil são podadas para que sejam criadas as conexões necessárias para a vida adulta. Esse processo de eliminar conexões não mais necessárias e criar novas conexões (que ocorre mais intensamente nas podas neurais citadas) não é exclusivo dessas fases da vida, mas um processo contínuo e parte essencial dos mecanismos de aprendizado.

O sistema nervoso central (SNC)

O cérebro humano é parte do SNC e sua estrutura básica está representada nas figuras a seguir. Ele é composto por quatro lobos que levam os nomes dos ossos do crânio nos quais estão projetados: lobo frontal, lobo temporal, lobo parietal e lobo occipital. Além disso, ele está dividido em duas metades, direita e esquerda, chamados hemisférios cerebrais, que têm funções diferenciadas. A parte mais externa dessas estruturas é chamada de córtex cerebral.

O córtex tem uma camada externa mais escura, composta pelo corpo celular dos neurônios, e uma camada mais clara, que são os axônios com suas bainhas de mielina.

Sua superfície é feita de dobras e saliências, as circunvoluções, chamadas de sulcos e giros cerebrais. Pensava-se que essa estrutura tinha se desenvolvido dessa forma para permitir que um número cada vez maior de neurônios coubesse dentro da caixa craniana. Mas estudos comparativos entre o cérebro humano e o de animais com cérebros maiores que o humano, as baleias e os elefantes, mostraram que, embora maiores, os cérebros desses animais contêm um número menor de neurônios do que o cérebro humano. Portanto, não é somente a necessidade de conter um número maior de neurônios a responsável por essa estrutura. O cientista Rodrigo de Oliveira Andrade, em publicação da Revista Fapesp, apresenta novas hipóteses. Uma delas propõe que isso acontece para estabilizar "as forças às quais está sujeito (o cérebro) durante seu desenvolvimento embrionário, como a pressão do fluido cérebro-espinhal que o empurra para fora, e as fibras nervosas que o puxam para dentro". Essa estrutura em dobras também parece facilitar a proximidade e, portanto, a comunicação entre os neurônios das diferentes áreas cerebrais (ANDRADE, 2015).

Os lobos cerebrais estão apresentados a seguir.

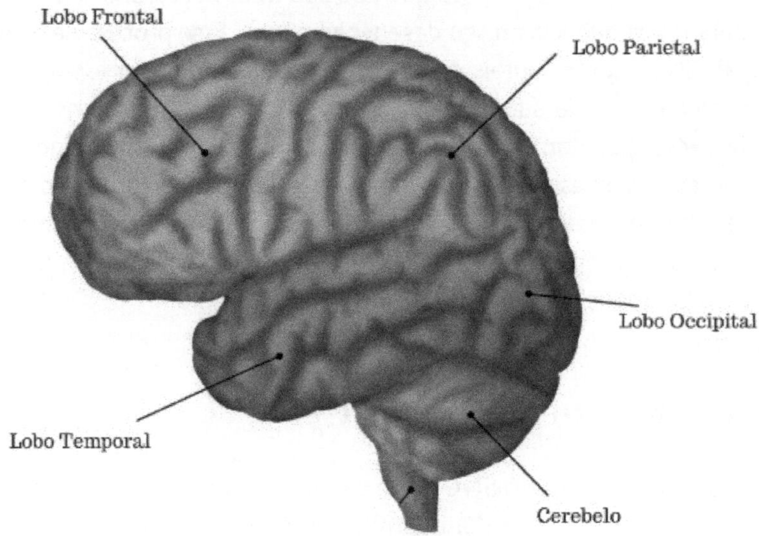

Figura 2.6. Lobos cerebrais.
Fonte: adaptado de Oliveira (s.d.).

O **lobo frontal** tem duas estruturas que são muito estudadas e são muito importantes para a compreensão do comportamento humano: 1. o **córtex motor primário**, que regula nossa atividade motora e foi mapeado no chamado 'Homúnculo de Penfield', e 2. o **córtex pré-frontal**, que é a parte que planeja, organiza o aprendizado, seleciona memórias e executa as funções cognitivas, o pensamento abstrato e o juízo moral. Importante ressaltar que o córtex pré-frontal evolui com a idade. Na criança ainda não existem conexões fortes entre o sistema límbico e o pré-frontal. Essas conexões vão surgindo ao longo da vida e estarão maduras a partir dos 25 anos. Isso significa que a capacidade de planejar, de pensar de forma abstrata e de ter pleno juízo moral não está pronta quando nascemos, mas é desenvolvida ao longo do nosso processo de maturidade.

Nossas emoções e sentimentos têm grande conexão com o lobo frontal e especialmente com o córtex pré-frontal. A região ventromedial do córtex pré-frontal está relacionada ao que Kandel chama de "emoções morais: vergonha, compaixão, indignação" e é importante no nosso processo de tomada de decisões. E a região dorsolateral está envolvida no processo de fazer escolhas da nossa reação frente a uma dada situação. É a região que modula nossa interação com o meio ambiente e com os outros seres. Está conectada à memória, à atenção e ao foco, ao planejamento temporal e aos processos de decisão do nosso dia a dia (KANDEL, 2020).

A autoestima, a sensação de realização e a confiança no nosso intelecto dependem do bom funcionamento e desenvolvimento do lobo frontal e suas áreas corticais.

O **lobo temporal** está relacionado à audição, à visão, à memória e à linguagem.

O **lobo parietal** está relacionado às nossas funções sensitivas e à integração dos sentidos de audição, olfato, tato e paladar. É responsável pela formação da imagem corporal e sua relação com o espaço extrapessoal.

O **lobo occipital** é responsável por nossa percepção visual.

O **cerebelo** está envolvido na aprendizagem das habilidades motoras. É ele quem faz a modulação do movimento, como, por exemplo, decidir o grau de força e o equilíbrio necessários para uma determinada ação motora. Atua juntamente com a ponte.

Para visualizarmos as estruturas mais internas que fazem parte do nosso cérebro, é preciso cortá-lo ao meio. Nesta região está o **sistema límbico**, que contém muitas estruturas diferentes, das quais vamos ressaltar:

- ✓ O **corpo caloso**, que contém a maior parte das fibras que conectam os dois hemisférios cerebrais – direito e esquerdo.
- ✓ O **hipocampo**, relacionado à memória. Tem relação com várias estruturas do sistema nervoso e com o córtex pré-frontal.
- ✓ A **amígdala** está relacionada às nossas emoções básicas, especialmente o medo e a raiva. Faz conexões importantes com o córtex pré-frontal.
- ✓ O **corpo estriado** é um dos núcleos da base do diencéfalo. Essa estrutura também tem conexões importantes com o córtex pré-frontal e está envolvida nas funções cognitivas e na autoestima.
- ✓ O **núcleo *accumbens*** é uma parte do corpo estriado, importante estrutura do sistema límbico. Localiza-se no tronco cerebral e está envolvido nos circuitos de recompensa, prazer e saciedade. Também está relacionado aos circuitos do vício, que é a busca da repetição do prazer.
- ✓ O ***locus coeruleus*** está relacionado à produção de noradrenalina e tem projeções para muitas áreas do SNC. Está envolvido nas reações ao estresse.
- ✓ **Tálamo** funciona como um *hub*, distribuindo as informações que chegam a ele entre as diversas estruturas do cérebro e corpo.
- ✓ **Hipotálamo** é o administrador e executor das conexões relacionadas às emoções, à memória e à cognição. Sabemos que toda emoção se torna consciente quando é percebida pelo corpo. Se ficamos tristes, por exemplo, o cérebro

ativa uma via neural que chega até as glândulas lacrimais e nos faz chorar. Se sentimos medo (instintivo ou aprendido), o cérebro, via hipotálamo, ativa o eixo hipotálamo-hipofisário-adrenal. A via final desse eixo é a glândula suprarrenal, responsável pela produção do cortisol, o hormônio do estresse, e da adrenalina. O cortisol aumenta a frequência cardíaca, a pressão arterial, o ritmo da respiração, o estado de alerta e muitas outras funções fisiológicas. É devido a essas ações neuro-hormonais que o medo é percebido no corpo. Ou seja, o hipotálamo está relacionado à percepção das emoções no corpo. Funciona em sincronia com a amígdala e tem vasta conexão com o córtex pré-frontal.

Emoção e sentimento

O neurocientista António Damásio faz uma distinção entre emoção e sentimento, no que é seguido por vários outros cientistas. Essa distinção é essencial para entendermos o desenvolvimento dos processos cognitivos humanos e o surgimento da mente. Repetindo o que foi descrito anteriormente neste capítulo, Damásio modifica a norma cartesiana do 'penso, logo existo' para 'sinto, logo penso'. Para entender essa proposição do neurocientista é preciso compreender a diferença entre sentimento e emoção (DAMÁSIO, 2015).

A emoção é um sistema primitivo e universal presente nos seres humanos e em alguns animais. São cinco emoções básicas: **medo**, **raiva**, **alegria**, **tristeza** e **nojo** (ou **rejeição**). O corpo reage química, inconsciente e instintivamente a essas cinco emoções básicas. Elas atuam diretamente no sistema límbico e a partir da resposta dele são expressas em nosso corpo. Esse processo é fundamental para nossa sobrevivência. Se, ao vermos um leão, tivéssemos que pensar no que fazer, perderíamos um tempo fundamental para nossa reação. Então primeiro nosso corpo reage e depois avaliamos a situação (DAMÁSIO, 2015).

O sentimento é uma resposta secundária à emoção. Depende da conexão do sistema límbico com o córtex pré-frontal. Corresponde à reação que aprendemos a ter quando sob o impacto de uma determinada emoção. Não controlamos a emoção, mas aprendemos a controlar e educar os sentimentos. Não podemos evitar uma emoção, ela é uma resposta automática e inconsciente a um estímulo externo, mas podemos aprender a modular um sentimento. E foi justamente a nossa capacidade de ter sentimentos que nos levou a pensar (DAMÁSIO, 2015).

Vamos tomar como exemplo a raiva. Quando sentimos raiva ativamos o eixo hipotálamo-hipofisário-cortical e reagimos produzindo adrenalina e cortisol. O corpo não cerebral reage a esses elementos químicos com taquicardia, sudorese, boca seca, tremor nas mãos, vontade de vomitar, dor de barriga e alterações nos nossos músculos esqueléticos e na nossa expressão facial. Tudo isso num décimo de segundo. E paramos de pensar. Temos várias expressões idiomáticas que falam dessas reações: 'fiquei cego de raiva', 'perdi a cabeça', 'virei um bicho', 'reagi sem pensar', 'tremi como vara verde'. E nesse momento de intensa raiva pegamos nosso celular e jogamos contra a parede. Ele se despedaça e quando a raiva passar vamos avaliar o estrago dessa nossa atitude. Sentimos arrependimento. Pensamos que essa atitude não foi útil, não nos ajudou. Numa próxima ocasião de raiva, quando pegarmos o celular para arremessar na parede, teremos a chance de fazer diferente. Podemos deixar o celular seguro longe das nossas mãos e pegar um travesseiro para socar. Passada a raiva, a mão vai ficar doendo, mas o prejuízo será menor. Vamos assim modulando gradativamente nosso sentimento de raiva graças à nossa capacidade de pensar e avaliar nossa reação a uma emoção.

As emoções fazem parte do nosso processo evolutivo e são essenciais para nossa sobrevivência. Os sentimentos fazem parte da nossa evolução cognitiva e dependem do fortalecimento das conexões do sistema límbico com as estruturas do nosso córtex pré-frontal que vão se desenvolvendo ao longo da vida, principalmente até os 25 anos.

Os neurotransmissores

Os neurotransmissores são mensageiros químicos que ficam armazenados em vesículas no corpo celular dos neurônios e são liberados na fenda sináptica quando ocorre um estímulo. São responsáveis por transmitir o sinal neural de um neurônio para o neurônio seguinte. Essa transmissão, que ocorre nas sinapses dos neurônios, pode ativar ou inibir as funções das células envolvidas na conexão neural. Cessado o estímulo, os neurotransmissores são "recaptados" da fenda sináptica para o interior da célula, onde serão destruídos ou armazenados nas vesículas para serem utilizados num próximo estímulo. Os neurônios que produzem serotonina são chamados serotonérgicos; os produtores de dopamina, dopaminérgicos; e os produtores de noradrenalina de noradrenérgicos. Contudo, os neurônios do cérebro não são as únicas células produtoras de neurotransmissores. Outras células do organismo, como suprarrenal, intestino, pineal, também podem produzir essas substâncias.

Os principais neurotransmissores são:

✓ Neurotransmissores moduladores classificados como monoaminas:

- **Serotonina** – A serotonina é produzida a partir do aminoácido essencial triptofano, que obtemos dos alimentos da nossa dieta. Alguns dos alimentos ricos em triptofano são a banana, o abacate, os peixes, os laticínios, os grãos, o chocolate, o mel. Ao ser absorvido pelo neurônio serotonérgico, o triptofano sofre ação de enzimas e se transforma em 5HT (5 hidroxitriptofano). O 5HT dá origem à serotonina, que fica armazenada em vesículas, dentro do corpo celular do neurônio, para ser usada quando houver um estímulo neuronal. Depois de realizar na fenda sináptica sua função de mensageira do sinal neuronal, a serotonina é "recaptada" para dentro do neurônio, onde pode ser destruída ou "rearmazenada" nas vesículas. A principal localização dos neurônios serotonérgicos está no tronco cerebral, no núcleo da *rafe.* Além de ser produzida nos neurônios do cérebro, a serotonina tem uma grande produção nas células nervosas do intestino, onde, da mesma forma que acontece no cérebro, tem como precursor o triptofano. Para a maioria dos autores, essa produção no intestino corresponde a 80%-90% de toda a serotonina que produzimos. A deficiência de serotonina na fenda sináptica está relacionada ao humor deprimido, à ansiedade, ao pânico, a transtornos do apetite (bulimia), transtornos do sono, fobias, obsessões e compulsões. E sua presença na fenda sináptica produz a sensação de bem-estar e realização pessoal.
- **Noradrenalina** – É produzida nos neurônios noradrenérgicos a partir de um aminoácido essencial, a tirosina. Pela ação de sucessivas enzimas intracelulares a tirosina se transforma em noradrenalina. A maioria dos neurônios produtores de noradrenalina está situada no *locus coeruleus*, no tronco cerebral. O *locus coeruleus* faz parte do sistema límbico e tem conexões com o córtex pré-frontal. A deficiência de noradrenalina nas sinapses neurais é responsável por distúrbios da atenção, concentração, memória de trabalho e processamento de informações. Todas essas funções englobam o que chamamos de funções cognitivas. A conexão do *locus coeruleus* com o sistema límbico tem importante papel nos distúrbios do humor (depressão e mania). Além disso, a noradrenalina tem ação na pressão sanguínea, frequência cardíaca, regulação de esfíncter urinário e tremores musculares.
- **Adrenalina** – É produzida pela glândula suprarrenal, que também é responsável pela produção do cortisol. Ela atua no corpo em situações de estresse, preparando as respostas de fuga ou enfrentamento. Como dito anteriormen-

te, a reação a um estímulo estressante ativa o eixo hipotálamo-hipofisário que vai atuar sobre a glândula suprarrenal, produzindo a adrenalina. Por sua vez, o aumento da adrenalina irá atuar no SNC para aumentar a produção da noradrenalina. A ação conjunta desses dois neurotransmissores é a resposta ao estresse, cujos sintomas incluem: aumento da frequência cardíaca, vasoconstrição (levando à palidez e ao aumento da pressão arterial), aumento da sudorese, tremores, dilatação da pupila, contração dos esfíncteres e boca seca.

- **Dopamina** – É produzida pelos neurônios dopaminérgicos a partir do aminoácido essencial tirosina. Tem vários locais de produção, sendo os mais importantes a substância negra (cuja atrofia é observada na doença de Parkinson), o núcleo *accumbens* (parte do sistema límbico e principal responsável pela sensação de prazer) e a Área Tegmental Ventral (ATV). Essas estruturas fazem parte da via mesolímbica, composta por ATV, sistema límbico e córtex pré-frontal. A via mesolímbica é a principal rede do sistema de recompensa do cérebro. E seu bom funcionamento é importante para a nossa sensação de bem-estar. Porém, é preciso observar que o vício, que é a busca da repetição da sensação de recompensa e prazer desencadeada pela dopamina, utiliza essa mesma via. Muitas drogas, como maconha, cocaína e álcool, atuam nesse circuito provocando o aumento da dopamina. Os pesquisadores James Olds e Peter Milner, na década de 50, conforme citado por Eric Kandel em seu livro "Mentes diferentes" (2020), implantaram um eletrodo no cérebro de camundongos, próximo ao núcleo *accumbens*. Em seguida "instalaram uma alavanca na gaiola dos ratos que lhes permitiria aplicar um pequeno choque no cérebro próximo do núcleo *accumbens*". O prazer gerado pelo estímulo do *accumbens* foi tão intenso que em poucos dias os ratos morreram de sede e fome, paralisados pelo êxtase provocado pela dopamina (KANDEL, 2020). Essa dualidade de efeitos da dopamina, para o bem e para o mal, tem sido muito estudada pelos neurocientistas. Inclusive temos sido alertados que nosso uso excessivo dos jogos digitais e mídias sociais está relacionado à ativação dos circuitos da dopamina e via mesolímbica, gerando o vício digital. Também sabemos que na adolescência a produção de dopamina aumenta, o que explica em parte o comportamento juvenil de atração pelo risco e por drogas que ativam esse circuito de recompensas. As principais ações da dopamina estão relacionadas à saciedade, satisfação, motivação, atração por situações de risco e busca de prazer. Ela está relacionada também ao bom desempenho das funções cognitivas, da memória e do humor.

   - **Histamina** – É produzida a partir do aminoácido histidina. Os mastócitos e basófilos, células do sistema hematopoiético, são os produtores e armazenadores da histamina. Sua principal ação é a vasodilatação, principalmente dos pequenos vasos, que resulta no rubor das áreas mais periféricas (muito percebido no rosto) e na queda da pressão sanguínea. Tem importante papel nas reações alérgicas.
- ✓ Neurotransmissores mediadores:
   - **GABA** (Ácido Gama Amino Butírico) – É o neurotransmissor inibidor universal dos circuitos neurais. É produzido principalmente pelos neurônios gabaérgicos do SNC, mas também pelas células produtoras de insulina no pâncreas.
   - **Glutamato** – É o neurotransmissor excitatório universal dos circuitos neurais. O glutamato é o aminoácido mais abundante no SNC. É sintetizado a partir da glutamina nos neurônios e nas células da glia (células do SNC não neuronais que dão suporte e nutrição aos neurônios).
   - **Acetilcolina** – É um neurotransmissor mediador produzido pelos neurônios no sistema nervoso central e periférico. Foi o primeiro neurotransmissor a ser descoberto (Otto Loewi – 1921). Tem ampla ação regulatória nos sistemas do organismo e está envolvido no bom desempenho do aprendizado, da memória e do sono.
- ✓ Outros:
   - **Oxitocina** – É produzida pelo hipotálamo, principalmente durante o parto e a amamentação. Produz a sensação de acolhimento e vínculo, sendo por esse motivo chamado de hormônio do amor.
   - **Melatonina** – Fabricada pela glândula pineal, que fica no ponto mais central da nossa caixa craniana. Essa síntese ocorre quando fechamos os olhos ou ficamos em ambientes escuros. É produzida a partir do aminoácido essencial triptofano, como acontece com a serotonina. É responsável pela regulação do sono.

A pineal é uma glândula, mas pode ser também considerada um órgão sensitivo, pois reage à luz, ao barulho, aos odores e à temperatura. A produção da melatonina pela pineal depende dessas condições: a claridade (inclusive das telas que utilizamos à noite), o excesso de calor ou frio e o barulho diminuem a produção de melatonina e impedem o adormecer.

Conclusão

O neurocientista ganhador do Prêmio Nobel de Medicina de 2000, Eric R. Kandel, em seu livro "Mentes Diferentes" (2020), diz que, embora seus estudos das neurociências desenvolvidos ao longo de toda uma vida tenham contribuído para o melhor entendimento do sistema nervoso, eles representam "um pequeno avanço na busca da compreensão da entidade mais complexa do universo – a mente humana". E citando os estudos de Darwin em seu livro de 1872, "A expressão das emoções no homem e nos animais", afirma: "nossos processos mentais evoluíram de ancestrais animais da mesma maneira que nossas características morfológicas. Isto é, nossa mente não é etérea; ela pode ser explicada em termos físicos" (KANDEL, 2020).

A compreensão do surgimento da mente começa com as publicações de Charles Darwin no século XIX e tem grande impulso nas últimas décadas, com o avanço de tecnologias que nos permitem estudar o cérebro em funcionamento. Ainda estamos longe de compreender a mente humana. Estamos ainda na fase de explicar que "o mágico faz acontecer". Mas o interesse por esses estudos é crescente e novas descobertas são publicadas a cada dia. Sabemos que a neurociência é muito ampla e suas descobertas muito complexas, mas alguns pontos podem ser simplificados e compreendidos por estudiosos de todas as áreas.

Destaco como ponto importante o conhecimento de que o encéfalo funciona através de 10 trilhões de sinapses e 17.500km de fios que compõem conexões e vias. Essas conexões regulam todas as nossas atividades físicas, emocionais e cognitivas. Essa incrível maquinaria é fruto de milhões de anos de evolução. Ou seja, é fruto de desafios dolorosos, de necessidades imperiosas de sobrevivência, de inteligência para observar e encontrar soluções, feitas por nossos ancestrais e nossos antepassados. Devemos a eles nossa inteligência, nosso poder mental, a evolução das nossas emoções. E hoje sabemos que o conjunto de circuitos e células e conexões que compõem nosso corpo e nossa mente evolui quando estimulado, quando treinado, quando submetido a desafios. Continuamos a tarefa dos nossos antepassados de evoluir e encontrar soluções para a vida da humanidade. Nossa intenção neste livro é estimular e dar aos nossos leitores conteúdos atualizados dos conhecimentos necessários para continuarmos nossa jornada evolutiva.

3. Por dentro da neuroplasticidade para gerar mudanças

Annelise V. C. Larangeira

Para iniciarmos nossa jornada, primeiro irei definir do que se trata a neuroplasticidade. No decorrer deste capítulo, você também entenderá o porquê de dedicamos um capítulo ao assunto.

Então vamos lá. A neuroplasticidade se refere à capacidade do cérebro de se adaptar, ou seja, de formar novas conexões neuronais, novos caminhos e mudar a forma como seus circuitos neuronais são conectados. Refere-se às mudanças fisiológicas e comportamentais que acontecem como resultado de nossas interações com o meio ambiente. Sendo assim, desde o momento em que o cérebro começa a se desenvolver no útero até o dia em que morremos, as conexões entre as células em nossos cérebros se reorganizam em resposta às mudanças de nossas necessidades. Esse processo dinâmico nos permite aprender e adaptar as diferentes experiências que vivenciamos, bem como os aprendizados que teremos em toda a nossa vida através da criação de conexões entre nossos neurônios (PASCUAL-LEONE *et al.*, 2005).

O que eu estou querendo pontuar neste capítulo é como nós podemos conectar e reconectar nossos neurônios para aprender e nos adaptarmos às novas circunstâncias. Isso acontece no dia a dia, mas também é algo que podemos incentivar e estimular.

Uma breve história da neuroplasticidade

O termo "neuroplasticidade" foi usado pela primeira vez pelo neurocientista polonês Jerzy Konorski em 1948 para descrever mudanças observadas na estrutura neuronal (neurônios são as células que compõem nossos cérebros/sistema nervoso), embora não tenha sido amplamente usado até 1960 (BIJOCH; BORCZYK; CZAJKOWSKI, 2019).

No entanto, a ideia remonta a ainda mais longe: Santiago Ramón y Cajal (considerado o pai da neurociência), falou sobre "plasticidade neuronal" no início dos anos

1900, o qual reconheceu que, em contraste com a crença atual na época, os cérebros poderiam de fato mudar depois que uma pessoa chegasse à idade adulta (DEMARIN; MOROVIĆ; BÉNÉ, 2014).

Na década de 1960, descobriu-se que os neurônios podem se reorganizar após um evento traumático. Outras pesquisas descobriram que o estresse pode alterar não apenas as funções, mas também a estrutura do próprio cérebro. Já no final da década de 1990, pesquisadores também descobriram que o estresse pode matar as células cerebrais (FUCHS; FLÜGGE, 2014).

Por muitas décadas, pensava-se que o cérebro era um "órgão não renovável", que as células cerebrais eram formadas em uma quantidade finita e morreriam lentamente à medida que envelhecêssemos. Essa crença se formou devido aos estudos de Ramón y Cajal, que dizia: "nos adultos, as vias nervosas são algo fixo, imutável, tudo pode morrer, nada pode ser regenerado" (citado em FUCHS; FLÜGGE, 2014).

A teoria e os princípios da neuroplasticidade

Os especialistas Christopher A. Shaw e Jill C. McEachern (2001) escrevem que, embora muitos neurocientistas usem a palavra neuroplasticidade como um termo guarda-chuva, ela significa coisas diferentes para pesquisadores em subcampos distintos, ou seja, não há uma estrutura totalmente acordada sobre os vários temas e pesquisas que a neuroplasticidade engloba. Shaw e McEachern também escrevem que existem duas perspectivas principais sobre a neuroplasticidade: 1. neuroplasticidade é um processo fundamental que descreve qualquer mudança na atividade neural final ou resposta comportamental; e 2. neuroplasticidade é um termo genérico para uma vasta coleção de diferentes mudanças cerebrais e fenômenos de adaptação. A primeira perspectiva se embasa em uma única teoria da neuroplasticidade com alguns princípios básicos cuja pesquisa sobre o assunto contribuiria para uma estrutura única e abrangente de neuroplasticidade. A segunda perspectiva exigiria várias estruturas e sistemas diferentes para compreender cada fenômeno (SHAW; MCEACHERN, 2001).

Infelizmente, ainda não existe uma teoria unificada da neuroplasticidade que possa ser exposta em termos simples. Tudo o que se pode dizer até o momento é que este ainda é um campo jovem e novas descobertas estão surgindo a cada dia. O que sabemos agora é que existem dois tipos principais de neuroplasticidade: 1. neuroplasticidade estrutural, na qual a força das conexões entre os neurônios muda; e 2. neuroplasticidade funcional, que descreve as mudanças permanentes nas sinapses devido à aprendizagem e ao desenvolvimento – sinapses são regiões onde a comunicação entre neurônios é estabelecida (DEMARIN; MOROVIĆ; BÉNÉ, 2014).

Tanto a neuroplasticidade estrutural (que compõe estruturas e função das células) quanto a neuroplasticidade funcional (produz modificação no funcionamento do comportamento) têm potenciais estimulantes. Contudo, a estrutural é provavelmente a neuroplasticidade que está mais pesquisada no momento, pois já sabemos que algumas funções podem ser redirecionadas, aprendidas e restabelecidas no cérebro, mas as mudanças na estrutura real do cérebro são onde residem a maioria das possibilidades mais excitantes (DEMARIN; MOROVIĆ; BÉNÉ, 2014).

Neuroplasticidade e psicologia

Já usamos medicamentos para mudar a maneira como nosso cérebro funciona em termos hormonais e sinápticos, e a psicologia certamente se esforçou muito para aprender como mudar a maneira de o cérebro funcionar (modificando nossos padrões de pensamento e comportamento). Mas e se nós realmente pudéssemos fazer mudanças significativas e permanentes, tanto em nossa estrutura como em nossa função cerebral, por meio de atividades simples que frequentemente fazemos em um dia normal? Essas novas linhas de pesquisa são empolgantes para neurocientistas, biólogos e químicos, mas também para a psicologia.

Além das mudanças na maneira como o cérebro funciona e nas adaptações funcionais, a neuroplasticidade também oferece caminhos potenciais para mudanças psicológicas. Segundo Christopher Bergland (2017), pode-se especular que esse processo permita se reinventar e sair do *status quo* ou superar eventos traumáticos do passado que evoquem ansiedade e estresse. Memórias baseadas no medo, por exemplo, muitas vezes levam a comportamentos de evitação que podem impedir uma vida emocional e social satisfatória.

Podemos aprender a "reconectar nossos cérebros" para superarmos, por exemplo, hábitos disfuncionais de pensamentos e comportamentos (uma diferença crítica para o auxílio de inúmeras pessoas). Isso despertou o interesse de pesquisadores em outras áreas como: educação, treinamentos e aconselhamentos (BERGLAND, 2017).

Com base no que vimos até agora, a relação entre neuroplasticidade e aprendizagem fica bem clara, uma vez que, quando aprendemos, formamos novos caminhos neuronais no cérebro. Cada novo aprendizado gera o potencial de conectar novos neurônios e mudar o modo de operação padrão do nosso cérebro. Com as pesquisas mais recentes em neurociências e com o uso de novas tecnologias que nos permitem, pela primeira vez, olhar profundamente para o cérebro humano enquanto ele está funcionando, começamos a aprender mais sobre como esse cérebro é conectado e como funciona. E, o mais importante, aprendemos o papel que nossos pensamentos desempenham na conexão entre neurônios e na criação de nosso sucesso como indivíduos (BERGLAND, 2017).

Como a neuroplasticidade pode trabalhar para o seu desenvolvimento

Você busca autodesenvolvimento e alta performance? Então vamos nos concentrar nos aspectos da neuroplasticidade que lidam com a melhoria do potencial e da função cerebral para: crescimento pessoal, alcançar objetivos, criar uma mentalidade e uma atitude positiva, mudar sua conversa interna sobre assuntos que o aborrecem e superar a negatividade. Veja bem, estamos falando aqui em não apenas compreender quais são as atitudes mais essenciais de aprimoramento do cérebro e crescimento pessoal, mas também como a mudança pessoal positiva realmente ocorre no cérebro e como usar esse processo neurológico incrível para tornar nossas vidas melhores. O que você aprende dia a dia, minuto a minuto, poderá mudar o seu mundo emocional e comportamental sempre, não importando qual seja sua idade (GARLAND; HOWARD, 2009).

Reconectar seu cérebro a seu favor é um processo complexo, mas à medida que aprendemos mais sobre como ele funciona nos tornamos mais capazes de entendê-lo. Seu cérebro cresce e muda com base no *feedback*. Enquanto ele está se reconectando, ele envia esses novos programas, essas novas impressões (de você mesmo), de volta para você. É um como um *loop* de *feedback*: aquilo que você insere você recebe de volta, em um contínuo "ciclo de *feedback* de atividade neural".

Mesmo para leitores que não estão acostumados com a terminologia isso é fácil de entender. O ciclo de *feedback* da atividade neural significa apenas que você está falando com seu cérebro e seu cérebro está mudando com base no que você diz. O que estou dizendo aqui é que o seu cérebro responde, atualizando-o sobre como ele está indo, bem como crescendo e mudando de forma a permitir que você veja essas mudanças na maneira como você pensa e sente. O ciclo de *feedback* da atividade neural é o processo pelo qual tudo o que pensamos, sentimos ou fazemos imprime ou reconfigura nosso cérebro. Nosso cérebro reconectado, por sua vez, afeta tudo o que pensamos, sentimos ou fazemos... que, por sua vez, imprime ou reconecta nosso cérebro. Simplificando: nossas percepções conectam nosso cérebro, e nosso cérebro afeta nossas percepções. Vivemos nesse ciclo maravilhoso de neuroplasticidade desde antes de nascermos e continuaremos até o momento de nosso último suspiro como seres humanos, com cérebros que mudam suas conexões neuronais a cada aprendizado, a cada vivência cognitiva diferente por toda a nossa existência (BERMPOHL *et al.*, 2006).

O que se passa em sua mente e em sua vida muda seu cérebro. Quando você pensa ou faz algo repetidamente, seu cérebro realmente muda sua estrutura, seu ambiente, suas experiências, suas emoções, suas atitudes, sua conversa interna, todas as suas percepções (como se seu cérebro estivesse fazendo uma impressão de cada mensagem que recebe). Essa descoberta significa que, porque seu cérebro está constantemente se reconectando e mudando, você está criando, nesse momento, a pessoa que você vai se tornar amanhã, e dessa forma você está se conectando fisicamente e emocionalmente a essa pessoa em seu cérebro, ou seja, são duas vias que trabalham para criar e recriar quem você é. Esse é o notável poder da neuroplasticidade em ação para gerar a sua mudança eficaz, sua alta performance (GARLAND; HOWARD, 2009).

Um outro ponto importante: a maioria das pessoas tem muitas marcas emocionais negativas (memórias) que vieram de experiências difíceis e dúvidas sobre si mesmas que foram registradas por seus cérebros como memórias. Todas essas vivências são interpretadas como impossíveis de mudança pela maioria das pessoas, como se essas memórias fossem quem elas são. Porém, são apenas resquícios de memórias, não representam quem elas são! Isso é apenas o que os seus cérebros registraram no passado. Seu cérebro é projetado para dar *feedback*, lembra? Você reproduz as "cores", as atitudes, as opiniões e as crenças sobre a vida e sobre você mesmo (isso é o que você tem de mais forte). É por isso que as pessoas que têm disposição mais positiva criam mais positividade, e as pessoas que estão para baixo e negativas continuam a agir e pensar de forma negativa. A vida ao nosso redor pode mudar, mas a cada dia vemos a vida por meio da "cor" que domina a imagem de nosso cérebro, e essa cor é você quem dá. É assim que funciona o ciclo de *feedback* da atividade neural, todos os dias, na vida real (KAYS; HURLEY; TABER, 2012).

Por exemplo, quando você faz um trabalho psicoterápico para gerar autoconhecimento e resolução de conflitos, você começa um processo de formação de novos hábitos através da neuroplasticidade. Quando você decide pensar de forma mais positiva e autodirigida, seu cérebro "entende" esse processo e registra seus novos pensamentos, e quanto mais você repete os mesmos pensamentos e comportamentos com bastante frequência, seu cérebro os conecta a novos caminhos neurais. Essas conexões enviam essas mesmas mensagens de volta para você em forma de pensamentos e crenças e geram atitudes com essas bases. Quando você repete esses mesmos pensamentos, você fortalece essas sinapses (e o processo positivo continua). Ao fazer isso, você começa a criar uma rede neural positiva em seu cérebro que o ajudará a mudar seus pensamentos, atitudes e ações – na realidade, você está fortalecendo um novo hábito. Esse ciclo de *feedback* de atividade neural literalmente molda quem você se torna, e assim continua por toda a sua vida. Com essa descoberta da neuroplasticidade na neurociência cognitiva, temos o elo perdido que explica neurologicamente por que fazemos o que fazemos, como podemos mudar e por que algumas vidas funcionam melhor e outras nem tanto (KAYS; HURLEY; TABER, 2012).

Como a neuroplasticidade pode ajudar na depressão, no estresse e na ansiedade

A conexão entre neuroplasticidade e depressão tem impactos bons e não tão bons: a má notícia é que, quando se trata de transtornos psiquiátricos, há uma espécie de "neuroplasticidade negativa"; a depressão pode causar danos ao cérebro, estimulando caminhos não saudáveis e não adaptativos. O estresse crônico tem muitos efeitos no sistema nervoso central, incluindo em estruturas cerebrais que são funcionalmente anormais na depressão grave. Devido a essa relação entre estresse e depressão grave, esses efeitos neurais representam ligações fisiopatológicas e mecanismos para o desenvolvimento de transtorno depressivo maior. A depressão nunca começa grave: os transtornos depressivos iniciam com pequenas alterações no humor e gradualmente, conforme sua reação emocional, podem ir agravando e se tornar um grande problema. Ansiedade e estresse também trazem prejuízos de memória, qualidade do sono, raciocínio, humor e autocontrole (PITTENGER; DUMAN, 2008).

A boa notícia é que alguns tratamentos para a depressão e estresse parecem ser capazes de interromper o dano e talvez até revertê-los. A notícia ainda melhor é que pesquisas sobre neuroplasticidade nos mostraram que seus comportamentos do dia a dia podem ter efeitos mensuráveis na estrutura e função do cérebro, o que pode oferecer cura e recuperação de transtornos psiquiátricos para depressão, ansiedade e estresse. Pode não ser fácil e exigir um esforço constante, porque estamos falando de mudanças de hábitos emocionais, mas temos a capacidade de "remodelar" nossos cérebros em qualquer idade de maneiras neuroplásticas que podem nos ajudar a funcionar melhor (HELLERSTEIN, 2011).

Os mesmos princípios se aplicam ao controle e tratamento dos transtornos de ansiedade. Nosso cérebro também é perfeitamente capaz de se reconectar e remodelar para melhorar nossa capacidade de controlar a ansiedade. No entanto, segundo o *coach* de vida e clínico Ian Cleary, quaisquer mudanças cerebrais são às custas de outras mudanças. Não basta querer parar a ansiedade somente com remédios psiquiátricos (erroneamente, é o foco das pessoas). A "fiação" da ansiedade ainda está lá esperando para ser acionada, ou seja, seus pensamentos disfuncionais continuam a produzir ansiedade. Precisamos criar "fiação competitiva", ou seja, uma fiação específica do que queremos alcançar, voltada para a solução do problema. Sem isso, ficamos em um *loop* infinito de ansiedade sem nenhuma via neural para nos levar adiante e um provável vício em medicamentos (CLEARY, 2015).

Basicamente, a neuroplasticidade pode ser aplicada para ajudá-lo a controlar, tratar e talvez até "curar" a ansiedade, o estresse e a depressão. Mas isso leva algum tempo e esforço e provavelmente você precisará da ajuda profissional de um psicólogo. Essas mudanças cerebrais mais permanentes podem ser alcançadas por meio da adaptação e mudança de padrões de pensamento por meio de recordação e ressignificação de memórias, e também através de exercícios respiratórios, modificação de hábitos emocionais e posturais, bem como aumento da consciência corporal e cognitiva através de *mindfulness* e direcionamento da percepção sensorial (CLEARY, 2015).

Nove exercícios de neuroplasticidade para auxiliar na ansiedade e na depressão

Não existem muitos exercícios de neuroplasticidade projetados especificamente para a depressão, mas isso não significa que você não possa fazer nada a respeito.

Todos esses exercícios, muitos dos quais você reconhecerá a partir de conselhos mais tradicionais sobre como controlar a ansiedade, foram observados em estudos de neuroplasticidade estrutural e funcional e podem ser úteis para lidar com a depressão (HELLERSTEIN, 2011):

1. Tarefas e jogos de memória
2. Aprender a fazer malabarismos
3. Aprender a tocar um instrumento
4. Aprender um novo idioma
5. Práticas de ioga
6. Treinos de *mindfulness*

7. Exercícios regulares leves a moderados
8. Atividades cerebrais desafiadoras, como palavras cruzadas ou sudoku
9. Aprender um novo assunto – especialmente grande e complexo – em um curto período

Por fim, quanto mais atentos nos tornamos, quanto mais consciência e aprendizados temos, maiores serão as mudanças para atingirmos nossos objetivos e finalmente chegarmos à alta performance. A grande diferença está e estará sempre em sua conversa interna – e lembre-se: ela é um reflexo direto dos "programas" gerados através da neuroplasticidade em seu cérebro. Não foi sorte, não foi seu destino, nem seu gene! Foram as mensagens que nossos cérebros receberam ao longo de nossas vidas. Com o tempo, elas próprias se tornaram nossos programadores mais fortes, repetindo tão bem as mensagens que haviam recebido continuamente por tanto tempo (programa por programa, via neural por via neural). Termino este capítulo com a esperança de ter contribuído para uma boa reflexão e um novo caminho neural em suas mentes. Cultive a boa neuroplasticidade!

4. Emoções e atenção plena na alta performance

Annelise V. C. Larangeira

Todos nós já ouvimos falar de emoções – na realidade, nos últimos anos muito se tem falado sobre emoções e sentimentos, não é mesmo? Você já teve curiosidade de saber o que realmente são as emoções e os sentimentos? Sabe a diferença entre eles? Então vamos lá: segundo o neurocientista português António Damásio (2012), as emoções são nossas reações fisiológicas decorrentes dos estímulos internos e externos que recebemos (ficar vermelho, coração disparar, corpo tremer etc.). Ou seja, a emoção é desencadeada nas reações endócrinas (músculos, pulmões, coração, secreções hormonais etc.) frente a acontecimentos de nossas vidas (quando você vê, ouve, percebe algo). Já os sentimentos são, por definição, a experiência mental que nós temos do que se passa no corpo, ou seja, o sentimento é o mundo que se segue à emoção.

O sentimento é assim, por se dizer, quando você nomeia o que aconteceu (vergonha, medo, alegria etc.). Portanto, as emoções e os sentimentos caminham juntos, e por isso muitos acham que são a mesma coisa. Na realidade, estão tão juntos que podemos dizer que são quase a mesma coisa (DAMÁSIO, 2012). Uma pessoa pode ter um sentimento e você muitas vezes nem percebe. Por exemplo: se você tiver um sentimento de profunda tristeza e quiser enganar, você pode comportar-se como se estivesse alegre. Não conseguimos saber o que realmente se passa no mundo interno de ninguém, podemos até tentar adivinhar, mas sempre será diferente da sua realidade interna, que só você sente (POSNER; RAICHLE, 1994).

Outro detalhe importante: as emoções não são universais como a maioria das pessoas pensam. Elas variam de cultura para cultura e são criadas por você. Dessa forma, as emoções surgem através de uma combinação das propriedades fisiológicas misturadas com seus sentimentos, e tudo isso se conecta ao ambiente em que você está vivendo, com sua cultura e sua criação (FELDMAN, 2017).

Mas, para facilitar a comunicação, quando eu falar de emoções, estarei me referindo a esse "pacote completo" emoções/sentimentos, pois eles caminham juntos e se complementam.

Por que estou explicando tudo isso? Porque seu desempenho para alta performance estará diretamente ligado à sua emoção, ao seu sentimento, bem como ao seu comportamento. Estamos na era das pessoas extremamente desenvolvidas em *hard skills* (habilidades acadêmicas e técnicas) e extremamente carentes de *soft skills* (habilidades emocionais e de inter-relações). Se você analisar bem, a alta performance esbarra sempre em lidar com o seu conteúdo emocional e o conteúdo emocional de outras pessoas (FISHER; NOBLE, 2004).

O mais importante é entender que as emoções são construídas e não inatas. Segundo pesquisas recentes em neurociências do comportamento, você não é um mamífero reativo aos eventos do mundo. Quando falamos de experiências e percepções, podemos dizer que você está muito mais no controle e na construção de sua vida do que se imagina. O ser humano prevê, constrói e age; portanto, na teoria da emoção construída, a linha divisória entre cérebro e mundo é bem permeável ou até mesmo inexistente. A grande questão é que ainda crescemos acostumados com o pensamento de um mundo exterior separado de nós mesmos, com o conceito de mundo "lá fora" ao qual apenas reagimos. Segundo novas pesquisas, nosso cérebro simula o mundo, ou seja, ele emite uma grande quantidade de previsões simulando consequências de várias maneiras para construir nossos pensamentos, sentimentos, percepções e todos os outros estados mentais que existem (SELIGMAN *et al.*, 2016).

Ou seja, seu cérebro é preditivo, não reativo! Essa maneira totalmente nova de pensar sobre nossas emoções nos traz mais responsabilidade pessoal. Suponha que você esteja com muita raiva de alguém e, ao "perder a cabeça", você impulsivamente o empurre, gritando e batendo a porta na cara dele, dizendo que ele é um idiota. Entenda: essa reação não é um circuito aleatório de raiva do seu cérebro. Seus sistemas cerebrais/emocionais centrais estão, segundo a segundo, tentando adivinhar o que está por vir para que você possa sobreviver; portanto, suas ações e as previsões que desencadearam essas ações foram moldadas por suas experiências anteriores (como conceitos aprendidos), culminando na reação agressiva. Você bateu a porta e gritou porque seu cérebro previu um caso de raiva usando o seu conceito de "raiva" e a sua experiência passada (seja direta, ou de filmes ou livros etc.) (SELIGMAN *et al.*, 2016).

Por exemplo: eu sou psicóloga clínica (adultos, casais e traumas) e desenvolvo um trabalho com mulheres que sofreram abusos emocionais. Eu ajudo essas mulheres a entender que esse sofrimento emocional só elas podem resolver, uma vez que essas vivências são traumas e seus cérebros continuam a modelar um mundo hostil, mesmo depois de terem escapado para uma vida melhor. Veja bem, apesar de não ser culpa delas o que sofreram, seus cérebros foram moldados em um ambiente violento e disfuncional. Ainda assim, essas mulheres podem e devem transformar seu sistema conceitual e emocional para tornar as coisas melhores. Essa é a forma de responsabilidade que quero dizer. Às vezes, responsabilidade significa que você é o único que pode mudar as coisas com ajuda profissional.

Como podemos mudar as coisas?

É fato que o ser humano sempre quer mudar algo. Para atingir a alta performance é necessário mudar algumas coisas no nosso comportamento no dia a dia. Mas você também já percebeu que mudar não é fácil, não é mesmo? A dificuldade em mudar está no processamento emocional que todos nós temos. Todas as vezes que você come algo suculento ou mastiga uma goma de mascar, você não está meramente repondo sua energia. No seu cérebro, você também está vivendo uma experiência agradável, desagradável ou algo intermediário. Vejamos outros exemplos: não tomamos nosso banho apenas pela higiene, mas também para nos deliciarmos com a sensação da água morna caindo na pele. As relações sexuais, hoje em dia, são claramente mais do que propagar a espécie. Todas as nossas experiências mostram que temos uma conexão física emocional e emocional física, duas vias que coexistem e podem fazer muito bem em alguns momentos e prejudicar em outros (e todo esse mecanismo influencia o seu processo de mudança). A mudança requer que você aprenda a ter mais consciência das suas emoções e reações (porque se você não se perceber, não há o que mudar). Só então começa o processo de ressignificar acontecimentos passados, observar emoções e comportamentos atuais e treinar novos hábitos, que são as peças-chave para você mudar (DUHIGG, 2013).

Mas antes de falar mais sobre mudanças, vou reforçar um pouco mais o contexto físico emocional: você sabia que suas emoções também podem estar diretamente ligadas ao seu estado fisiológico (como, por exemplo, muitas doenças cardíacas, respiratórias, intestinais, renais, neurológicas etc.)? E estão extremamente ligadas ao estresse, à depressão, à síndrome do pânico, ao *burnout*, à fibromialgia, à insônia, ao transtorno de estresse pós-traumático, à ansiedade etc. (PLUTCHIK, 2003)?

Todos esses mecanismos fisiológicos e emocionais estão ligados ao eixo hipotálamo-pituitária-adrenal, um conjunto de interações fisiológicas-emocionais que envolvem o hipotálamo (uma importante área na região central do cérebro que regula os processos metabólicos e outras atividades autônomas), a glândula pituitária (secreta hormônios que controlam o funcionamento de outras glândulas, sendo grande parte de suas funções reguladas pelo hipotálamo e as glândulas adrenais) e as glândulas adrenais (são glândulas endócrinas que se situam acima dos rins e são responsáveis pela liberação de hormônios como o cortisol, as catecolaminas e a adrenalina, em resposta ao estresse) (GRAEFF, 2007).

Veja bem, nossas emoções são o resultado da evolução, mas não como essências transmitidas de animais ancestrais. Não somos receptores passivos, nem tampouco elas chegam como algo inato. Os humanos usam conceitos para construir o que chamamos de realidade. Sua mente é definitivamente um produto da evolução, mas não é esculpida apenas por genes. Claro, seu cérebro é feito de neurônios em rede, mas isso é apenas um fator no desenvolvimento da mente humana. Seu cérebro se desenvolveu com estímulos e cuidados vindos de outros cérebros humanos (seus cuidadores), que auxiliaram em seu crescimento, alimentação, aprendizado, expandindo seu nicho afetivo por meio de ações e palavras. Sua mente não é um campo de batalha entre forças internas opostas (paixão e razão) que determinam o quão responsável você é por seu comportamento. Em vez disso, sua mente é como um sistema computacional dentro de seu cérebro em busca de constante previsão para saber como atuar melhor (BARRETT, 2018).

Se quisermos encontrar uma maneira eficaz de lidar com mudanças em nossas vidas, primeiramente precisamos estar cientes de nossos mecanismos emocionais e aprender a lidar com o estresse. Vivemos uma vida tão automática e tão cheia de julgamentos e pensamentos disfuncionais que sequer percebemos que somos assim. Dessa forma, para que possamos ver através de nossos próprios preconceitos e medos, e nos libertar de emoções descontroladas, precisamos aprender a estar presentes e focados no momento que vivemos, uma vez que a humanidade vive remoendo o passado ou inferindo um futuro cheio de dúvidas e medos, possuindo uma mente agitada que nunca aprendeu a ter foco sustentado no presente. Tudo isso é algo de grande importância no processo de mudança, ou seja, ter foco sustentado (atenção plena) e autopercepção são fundamentais nos processos de mudança e aprendizado (HILL; UPDEGRAFF, 2012).

A atenção plena como base das mudanças para alta performance

Você já ouviu falar em *mindfulness*? Traduzido como atenção plena, o *mindfulness* surgiu com Jon Kabat-Zinn através de exploração, estudo e vivência na filosofia budista em seus dias de faculdade nos meados dos anos 70. A partir de seus conhecimentos e muitos anos de práticas, Kabat-Zinn fundou, em 1979, uma clínica de redução de estresse na escola de medicina da Universidade de Massachusetts, onde trabalhou e desenvolveu o programa mais utilizado e também mundialmente conhecido hoje como *Mindfulness Based Stress Reduction* – MBSR (redução de estresse com base em *mindfulness*) (KABAT-ZINN, 2013).

É muito comum as pessoas confundirem *mindfulness* com meditação, uma vez que a meditação é uma maneira extremamente poderosa de praticar a atenção plena, mas ela não se resume a isso. *Mindfulness* é, segundo o próprio Kabat-Zinn, uma consciência que surge de prestar atenção, intencionalmente, de forma sustentada, no momento presente com curiosidade e sem julgamentos. *Mindfulness* é um estado que pode ser aprendido através da prática, ou seja, do treino (KABAT-ZINN, 2013).

Ao praticar a atenção plena, aprendemos a reconhecer essa qualidade de julgamento da mente quando ela aparece e intencionalmente buscamos assumir a postura de uma testemunha imparcial. Dessa forma, quando você encontra a mente julgando, você não tem que impedi-la de fazer isso; basta estar ciente de que isso está acontecendo. Não há necessidade de julgar o julgamento e tornar as coisas ainda mais complicadas para você. Exemplos de julgamentos: "isso é chato demais" ou "isso não está funcionando" ou "eu não consigo fazer isso" ou "sou agitado demais para isso". Esses são julgamentos desnecessários – na verdade, eles são apenas pensamentos. Quando esses pensamentos surgem em sua mente, é muito importante reconhecê-los como um pensamento crítico e lembrar-se de que a prática de *mindfulness* envolve suspender o julgamento e apenas observar o que quer que surja, incluindo seus próprios pensamentos de julgamento, sem persegui-los ou agir com base neles (DAVIDSON; BEGLEY, 2013).

Estamos vivendo uma pandemia e suas consequências altamente estressantes, além de uma época onde opiniões, gostos e comentários em mídias sociais também estressam o cotidiano (BRAILOVSKAIA *et al.*, 2021).

Dessa forma, uma reflexão sem julgamento, proposta pelo *mindfulness*, pode ser uma mudança bem-vinda para o processo de alto rendimento e mudanças que tanto buscamos. O *mindfulness*, podemos dizer, é uma estratégia baseada em lidar com alguns estressores. O estado mental de atenção ao momento presente, sem julgamentos, de forma aberta, curiosa e compassiva, revela uma atitude de aceitação centrada no presente em relação à própria experiência, o que aumenta a tolerância através de uma atitude de aceitação. São dois elementos fundamentais que estão presentes no *mindfulness*: a atenção ao momento presente juntamente com a aceitação. A junção desses dois elementos, de forma intencional, propõe o não julgamento da experiência, seja ela positiva ou não. A autorregulação também permite a consciência de sentimentos, pensamentos e sensações à medida que estes surgem durante as práticas. Dessa forma, em vez de nos envolvermos em ruminações de autojulgamento e/ou nos perdermos em pensamentos disfuncionais, adotamos a postura de intencionalmente voltarmos nossa atenção ao momento presente de forma gentil e não julgadora, aprendendo a apenas observar. Importante ressaltar que a atenção plena não é uma prática de supressão do pensamento e do sentimento – todos os pensamentos e sentimentos são objetos de observação, porém, sem julgamentos e sem ruminações (TEASDALE; WILLIAMS; SEGAL, 2013).

Segundo Teasdale (TEASDALE; WILLIAMS; SEGAL, 2013), a autorregulação é uma atenção do indivíduo para as experiências fenomenológicas do momento presente de modo a perceber os acontecimentos corporais, sensoriais e mentais, fundamentais para as tais mudanças que tanto desejamos. Dessa forma, a abertura ao momento presente seria uma orientação voltada para a curiosidade, também para uma abertura e aceitação que pode ser entendida como um monitoramento aberto da experiência que nos chega sem filtros cognitivos, afetivos e culturais (um descentramento ou um reconhecimento sem julgamentos).

O treinamento de oito semanas em *mindfulness* (MBSR)

O objetivo do treinamento/protocolo de oito semanas consiste totalmente na tomada de consciência e desenvolvimento do foco sustentado ou atenção sustentada (atenção sustentada é a habilidade de manter a mente atenta em uma única atividade de forma a não se perder em outros pensamentos e/ou distrações visuais e/ou sonoras). Ou seja, manter o foco na mesma tarefa de maneira contínua por um longo período. Para isso, precisamos de treinamento (KABAT-ZINN, 2013).

Vejamos uma pesquisa importante para compreensão da importância do treino em foco sustentado: segundo a pesquisa dos psicólogos Matthew A. Killingsworth e Daniel T. Gilbert (2010), da Universidade de Harvard, as pessoas passam 46,9% de seu tempo diário com a mente divagando, ou seja, alheios ao que estão fazendo. Essa mesma pesquisa também sugere que essa divagação mental geralmente traz infelicidade por priorizarmos ruminações mentais disfuncionais. Essa pesquisa foi feita com 2.250 voluntários (de 18 a 88 anos), em intervalos aleatórios, perguntando se estavam felizes, o que estavam fazendo no momento e se estavam pensando em sua atividade atual ou em algo que fosse agradável, neutro ou desagradável. Os participantes podiam escolher entre 22 atividades gerais, como caminhar, comer, fazer compras, assistir televisão, dentre outros. Com os resultados, foi percebido que, em média, as mentes dos entrevistados estavam divagando 46,9% do tempo total de seu dia e não menos que 30% do tempo durante certas atividades. Para tal, o estudo usou um aplicativo para iPhone para reunir 250.000 pontos de dados sobre pensamentos, sentimentos e ações dos sujeitos enquanto viviam suas vidas. Os pesquisadores estimaram que apenas 4,6% da felicidade de uma pessoa era atribuível à atividade específica que ela estava fazendo, enquanto o estado de divagação mental de uma pessoa era responsável por cerca de 10,8% de sua felicidade. Esse é apenas um dado dentre várias pesquisas que mostram a importância de estarmos atentos e o quanto as pessoas podem estar desempenhando mal algo em suas vidas por falta de atenção (KILLINGSWORTH; GILBERT, 2010).

O treinamento de oito semanas é um protocolo muito bem estudado e fundamentado que, semana a semana, ensina a ter atenção naquilo que está ocorrendo no momento presente, auxiliando na administração de distrações, divagações, ruminações mentais, emoções disfuncionais, percepção corporal e julgamentos (TEASDALE; WILLIAMS; SEGAL, 2013).

A atenção plena desenvolve a atenção pura, um discernimento, a habilidade de perceber os pensamentos, as emoções (e não só as sentir), ou seja, conhecer e aceitar sem julgamentos a realidade do momento presente para além das nossas percepções equivocadas e disfuncionais (DAVIDSON; BEGLEY, 2013).

Todos nós precisamos lidar com percepções equivocadas e disfuncionais, pois vivemos num mundo de ideias, crenças, opiniões e preconceitos diversos e muitos deles nada saudáveis. Ao tomar consciência do momento presente, temos a oportunidade de acessar uma série de recursos que talvez nem percebêssemos que estavam conosco o tempo todo (quietude, autopercepção, aceitação, resiliência). O programa MBSR também engloba o seguinte:

- ✓ **1. Não julgamento** – O não julgamento é importante se quisermos enxergar além das ideias e opiniões irrefletidas e automáticas. Quando começamos a prestar atenção no que está em nossa mente, logo percebemos que quase tudo é uma forma de julgamento. Aprender a estar consciente desse processo é muito bom; não é necessário tentar modificá-lo, basta notá-lo; então, no decorrer do treinamento pode surgir um verdadeiro discernimento, uma visão de como as coisas realmente são.
- ✓ **2. Paciência** – Estamos sempre com a mente lá na frente, com uma forte necessidade de estar no momento seguinte, no dia seguinte, na próxima tarefa,

na próxima atividade... seja lá qual for. Vivemos tudo isso sem prestar atenção no que estamos vivenciando no momento, sem apreciação, deixando momentos únicos escaparem. A paciência é vista como tédio no mundo frenético de hoje e recuperá-la auxiliará numa nova atitude mental menos tiranizada, mais apreciativa e muito mais empática e resiliente. Afinal, toda transformação requer paciência e persistência.

✓ 3. **Mente de iniciante** – A mente do iniciante é uma atitude, onde você se permite experienciar algo novo, interessante. É uma atitude a ser desenvolvida dia a dia no seu processo meditativo para aprender e ter um olhar curioso com tudo o que você vai começar a perceber ao prestar atenção nos seus processos corporais e cognitivos-emocionais.

✓ 4. **Não esforço** – O não esforço envolve perceber que você já está aqui. Não existe lugar a ir, porque o plano é estar consciente do momento presente de forma a apreciá-lo, observá-lo conscientemente, pois o que acontece agora é importante, e, muitas vezes, por estarmos com a mente em outro lugar, deixamos muitas coisas relevantes passarem. Lembre-se: o seu agora constrói seu futuro, então preste atenção!

✓ 5. **Aceitação** – A aceitação não tem nada a ver com resignação passiva. Se você não enxerga nem aceita as coisas como realmente são, será muito difícil agir objetivamente. A consciência de que algo está errado e a aceitação de que algo neste momento se apresenta de tal maneira são a base para as reflexões necessárias para aprendizados e reformulações em nosso caminho.

✓ 6. **Desapego** – Desapego aqui tem o significado de "deixar estar", não se identificar, deixar as coisas serem como são, não querer controlar. Significa ir de encontro com a realidade e observar (TEASDALE; WILLIAMS; SEGAL, 2013).

Há também um outro componente importante em aprender a ter foco sustentado (atenção plena ou *mindfulness*): o treinamento em atenção plena ou *mindfulness* auxilia as funções executivas no cérebro (GALLANT, 2016).

As funções (ou habilidades) executivas são responsáveis, dentro do processo cognitivo, por atividades como: planejamento, organização, manejo do tempo, memória de trabalho, controle inibitório de reações disfuncionais, iniciação de tarefas, atenção sustentada, velocidade de processamento, flexibilidade, autorregulação do afeto, persistência em relação a algo importante que só atingiremos de médio a longo prazo, adaptação de resposta emocional e fisiológica, entre outras (GALLANT, 2016).

Tendo explicado brevemente todos esses conceitos, fica claro por que a atenção plena, ou *mindfulness*, é algo importante como base da autorregulação emocional, de aprendizados e de todo e qualquer treinamento futuro. É também um fator importante na intercomunicação, uma vez que você desenvolve também uma escuta atenta, centrada no outro e no desenvolver da comunicação, em vez de ficar na defensiva.

Por fim, podemos perceber que o manancial de emoções a que todos estamos sujeitos no nosso dia a dia tem grande importância para um alto desempenho. Precisamos estar atentos a toda essa movimentação interna emocional para gerarmos mudanças efetivas rumo a tudo que precisamos desenvolver para galgarmos novos rumos. A atenção plena, a meu ver, é uma base importante para termos percepções mais aguçadas dos mecanismos que nos "emperram" no autodesenvolvimento, bem como uma ferramenta para se autorregular em um mundo estressante. Espero ter contribuído com essa jornada.

5. A influência do ambiente para a mente produtiva

Eleonora C. Zioni

Introdução

Talvez você esteja se perguntando: o ambiente pode influenciar a mente? Sim, pode e muito! Como visto no Capítulo 3, a neuroplasticidade resulta das interações com o meio ambiente, ou seja, as conexões entre os neurônios no cérebro são afetadas pelas experiências vividas nos ambientes. É importante ressaltar que o meio ambiente pode ser dividido em três tipos:

1. Ambientes construídos (salas, quartos ou escritórios de um edifício).
2. Ambientes naturais (jardins externos, parques ou praias).
3. Ambientes digitais (jogos, filmes, videoconferências, realidade virtual).

Todos os três tipos de ambientes influenciam o corpo e a mente humana de diversas maneiras (positivas ou negativas) e intensidades integradas.

A Organização Mundial de Saúde (OMS) definiu a saúde como "um estado de completo bem-estar físico, mental e social e não apenas a ausência de doença ou enfermidade" (WORLD HEALTH ORGANIZATION, s.d.). Essa definição é importante para a compreensão de como o ambiente pode colaborar ou atrapalhar no exercício das funções necessárias de modo saudável.

Segundo a Lei Orgânica da Saúde (BRASIL, 1990), existem vários elementos que chamamos de determinantes sociais de saúde, que são condições que influenciam no bem-estar, na qualidade de vida e na possibilidade de desenvolver doenças. O meio social e os ambientes físicos afetam mais do que a genética, as causas biológicas e o acesso a serviços de saúde. O comportamento saudável, como movimento, exercícios físicos, alimentação variada, hidratação e pensamentos positivos, também determina a saúde, mas são ações que dependem de cada pessoa. Assim, os ambientes ajudam ou atrapalham a qualidade de vida das pessoas.

1. Ambientes construídos

O **ambiente construído** influencia no bem-estar e na saúde mental dos usuários – afinal, as pessoas permanecem 90% do tempo de vida no interior de edifícios (WORLD GREEN BUILDING COUNCIL, 2014). É tempo suficiente para sua mente ser influenciada, não é?

Evolutivamente os seres humanos procuraram as cavernas para se abrigar, pois o homem é um animal que não possui proteção contra as intempéries dos ambientes naturais. Conforme o conceito do 'cérebro trino' humano, a função do chamado 'cérebro reptiliano' apresenta questões fisiológicas inatas herdadas dos homens das cavernas, responsável pela consciência irracional das pessoas, instintiva, ou a mente inconsciente (PINTO, 2018).

As necessidades fisiológicas, tais como fome, sede, sono e segurança, e que precisam ser atendidas em maior quantidade, estão relacionadas à mente inconsciente. Os humanos não precisam pensar para ter fome; ficam naturalmente comandados pela mente inconsciente.

As necessidades mais emocionais dos mamíferos, relacionadas a carinho, amor, família, amizades, estão relacionadas ao 'cérebro límbico', que é responsável pelas emoções e pela mente subconsciente. O neocórtex é conhecido como a parte do cérebro diferenciada que está relacionada à mente consciente. A racionalidade humana comanda as motivações e as realizações pessoais.

As técnicas racionais para a construção foram desenvolvidas pelas engenharias de maneira cartesiana, pela mente consciente. A junção da emoção com a razão é o aprimoramento da mente consciente com a mente subconsciente pelos projetos e design de arquitetura e urbanismo. A arquitetura é a integração equilibrada da arte com a técnica, ou da sensibilidade com o cálculo.

Portanto, para se obter uma mente produtiva, é necessário que o ambiente ofereça atributos para os três tipos de mentes (inconsciente, subconsciente e consciente). As necessidades básicas, emocionais e racionais dos usuários dos ambientes precisam ser atendidas de maneira integral.

Mudanças no ambiente alteram o cérebro; consequentemente, alteram o comportamento humano. Arquitetura e design conseguem fazer isso (EBERHARD, 2008). O que as pessoas guardarão na memória sobre um ambiente são os estímulos sensoriais, as percepções, as emoções, as decisões, as ações, os movimentos e as interações com o meio.

Pessoas com sensação de conforto nos ambientes atingem o melhor desempenho e são mais produtivas. O conforto na arquitetura não está relacionado a luxo ou sofisticação, mas às condições que satisfaçam as pessoas com bem-estar. Existem seis formas de conforto humano nos ambientes:

1. **Conforto térmico:** combinação da temperatura, umidade e velocidade do ar.
2. **Conforto acústico:** som, música e ruídos amenizados.
3. **Conforto lumínico:** composto pela iluminação natural e artificial. A luz fornece a sensação de passagem do tempo semelhante à luz solar, influencia a produção dos hormônios, o sono regular, o humor e a absorção dos alimentos.
4. **Conforto visual:** identidade visual, sinalização, cores e símbolos.
5. **Conforto ergonômico:** medidas proporcionais ao corpo, sistema homem e máquinas, e equipamentos de proteção individual. Por exemplo, uma tela de computador muito baixa causa dores no pescoço dos usuários.
6. **Conforto olfativo:** odores agradáveis, sem contaminantes e qualidade do ar para respiração. Um ambiente pouco ventilado pode até causar alergias ou dor de cabeça por substâncias tóxicas chamadas compostos orgânicos voláteis, que podem estar presentes no ar interno, mas são imperceptíveis a olho nu (ZIONI, 2018).

Todos os seis tipos de conforto humano citados podem variar conforme cultura, idade, gênero, peso, altura, hábitos alimentares, costumes, contextos e valores subjetivos dos usuários dos ambientes.

Hall (1989) avaliou as dimensões ocultas presentes no espaço físico dos ambientes construídos, que foram traduzidas como: distâncias pessoais (próximas e afastadas) e distâncias sociais. O autor aponta que os arquitetos não devem se preocupar apenas com os modelos visuais das estruturas construtivas, com o que a pessoa vê no ambiente. Ele explica que as pessoas percebem os ambientes a partir de "internalizações de espaço com características fixas, aprendidas nos primeiros anos de vida".

Por isso que existe a tendência a ficar mais perto de quem é amigo ou de quem é próximo. A distância física é uma medida indicadora dessa relação das pessoas com os ambientes. Com a pandemia, o distanciamento social sugere o afastamento de 1,5 metro de outras pessoas. Culturalmente, o Brasil possuía uma distância social menor como costume, exceto em transportes públicos, shows, festas ou aglomerações.

A ambiência está relacionada à percepção dos ambientes. O corpo e os sentidos levam em conta a diversidade de registros sensoriais e o reconhecimento da importância corporal, ou o experienciar do conjunto de situações. A percepção está associada a condições concretas, a partir das quais ela acontece, apoiando-se nos dispositivos construídos (edifícios), em qualidade ambiental (fenômeno sensível) e em ações em curso (atividade prática). A ambiência agrega e unifica os múltiplos componentes de uma situação, conferindo uma fisionomia particular a cada uma.

A percepção não consiste somente em interpretar o ambiente, mas também em integrar uma situação e se engajar nas atividades. Essa diversidade de fatores da ambiência para cada usuário traz a dificuldade do equilíbrio e da qualidade do ambiente construído. Segundo Thibaud, a percepção da ambiência não é composta apenas pela distinção dos objetos do ambiente, mas inclui também a experiência em determinado momento (CAVALCANTE; ELALI, 2018).

A ambiência precisa considerar os sons, os ruídos, os odores, as vistas, a iluminação e as texturas dos materiais para que todos os sentidos sejam ativados. A partir do contato com as formas materiais serão geradas as sensações nas pessoas, que atribuem características para discriminar e criam a percepção.

O ser humano sente os estímulos do meio ambiente inconscientemente, e cada um desses estímulos resulta em uma resposta que conduz a um comportamento. Segundo Norman (2008), o comportamento das pessoas é subconsciente, mas a arquitetura consegue iniciar, direcionar e organizar o comportamento, os fluxos e o movimento do indivíduo.

É importante para o bem-estar do usuário ter momentos de introspecção, de concentração, de meditação, de oração, de emoção e de conexão com o que a pessoa acredita que seja seu propósito na vida. Hoje, muitas pessoas procuram a meditação e o *mindfulness*, até nos ambientes corporativos, devido às comprovações dos benefícios para a saúde mental (KOZASA *et al.*, 2012).

A meditação da atenção plena é um exercício para que as pessoas percebam os pensamentos e lembranças prejudiciais que irão desencadear emoções e, assim, evitar que aconteçam sensações de irritação, exaustão e estresse. Existe o lado analítico da mente, que produz os pensamentos, julgamentos e planejamentos para encontrar soluções, e existe também o lado consciente da mente, que percebe o que a mente está pensando. A experiência no mundo ocorre pelos sentidos – se ouve o som dos pássaros, se sente o perfume das flores – porém, a mente é bem mais abrangente do que os pensamentos (WILLIAMS; PENMAN, 2015).

Segundo Thaler e Sunstein (2009), existe uma 'cutucada', ou um 'empurrãozinho', chamado pelos autores de 'nudge', que é uma orientação que o ambiente produz no sistema cognitivo das pessoas que estimula uma ação. O ambiente proporciona o *nudge* de diversas maneiras, sendo este qualquer fator que altere significativamente o comportamento dos humanos (THALER; SUNSTEIN, 2009).

Para favorecer o comportamento dos usuários, o arquiteto precisa fazer escolhas e tem a responsabilidade de organizar o contexto no qual as pessoas tomam decisões. Nos EUA, a área que pesquisa o comportamento humano se integrou aos avanços da neurociência, e esse conjunto de conhecimentos foi aplicado à arquitetura. A ANFA (*The Academy of Neuroscience for Architecture*) é a associação que representa os pesquisadores dessa área. O arquiteto Roger Ulrich foi um dos seus fundadores. Entre os temas pesquisados na ANFA, encontra-se o papel da ação e da interação na experiência do usuário com os ambientes construídos.

Steemers (2015), professor e pesquisador do *Cambridge Wellbeing Institute*, analisa as três qualidades básicas de um ambiente construído (solidez, utilidade e atratividade) como requisito para ambientes que incentivam o bem-estar. O autor elenca os cinco caminhos para se fazer uma arquitetura que promova o bem-estar e a saúde mental:

1. **Conectar-se:** ambientes que favoreçam as relações sociais, como conversar e ouvir familiares e amigos com segurança e calma.
2. **Manter-se ativo:** incentivar o deslocamento, seja por escadas ou por corredores, com vistas para janelas, arte, luz natural, áreas verdes e natureza.
3. **Prestar atenção:** ambientes que produzam interesse e permitam às pessoas perceber as sensações e os pensamentos, chamados de *mindful design*, ou projetos conscientes.
4. **Aprender sempre:** ambientes confortáveis, seguros, bem iluminados, com qualidade do ar e acústica adequada, que estimulam o aprendizado de artes e música, que fazem bem para a saúde.
5. **Doar-se, ser colaborativo:** o altruísmo e o voluntariado fazem bem à saúde mental, assim como abrigar a diversidade, com acessibilidade e atendendo às necessidades dos usuários, oferecendo escolhas e opções de controle do ambiente (STEEMERS, 2015).

Portanto, os ambientes construídos influenciam a mente de alta performance dos usuários através dos múltiplos fatores citados, como o conforto humano, o bem-estar e a saúde mental.

2. Ambientes naturais

Os **ambientes naturais** possuem uma afinidade intrínseca com os seres humanos, afinal os seres humanos são organismos vivos e parte da natureza. Assim como o ar para respirar, a água para beber e os alimentos para comer, as pessoas precisam do meio ambiente. Popularmente, se diz que nas férias as pessoas 'recarregam as baterias', não é mesmo?! Normalmente quando as pessoas se conectam com um lugar com natureza abundante, a mente relaxa e se modifica, tornando-se mais produtiva na volta das férias.

A relação existente do meio ambiente com os moradores permite que as pessoas chamem um local de 'casa'. Trazer essa sensação positiva do ambiente natural para os ambientes construídos é chamado de design biofílico (KELLERT; HEERWAGEN; MADOR, 2008).

Os ambientes naturais possuem vários elementos que tornam a mente produtiva. Podemos listar seis tipos de elementos influenciadores:

1. **Elementos ambientais:** ecossistema integrado com cores, ar, água, plantas e vistas.
2. **Formas naturais e orgânicas:** linhas curvas, temas botânicos e biomorfismo.
3. **Processos e padrões naturais:** variabilidade sensorial, sons, cheiros, gostos, texturas e equilíbrio dinâmico.
4. **Luz e o espaço:** luz quente, luz fria e reflexão da luz.
5. **Relação com o lugar:** conexão histórica, geográfica, cultural e orientação.
6. **Relação evolutiva do ser humano com o ambiente:** segurança, desafios, medo, atração e beleza.

Pode-se observar pela figura a seguir que o uso dos elementos com formas naturais e orgânicas, mesmo que não sejam vegetação verdadeira, fornece a influência da biofilia, a intrínseca conexão humana com a natureza.

Figura 5.1. Imagem ilustrativa de uso de elementos naturais inseridos no ambiente construído.
Fonte: a autora.

Como as pessoas precisam viver abrigadas em ambientes protegidos, a melhor maneira de tornar a mente humana produtiva é inserir os elementos influenciadores naturais nos ambientes construídos (BIEDERMAN; VESSEL, 2016). Portanto, assim como na Figura 5.1, observar um vaso de flores no escritório traz benefícios para a sua saúde e pode ajudá-lo a resolver problemas complexos.

3. Os ambientes digitais

Os **ambientes digitais** estão sendo profundamente modificados em uma velocidade ascendente. Depois que Karl Schwab (2018) escreveu "A Quarta Revolução Industrial", as mudanças contemporâneas têm sido um tema muito discutido. O debate sobre como manter a tecnologia a serviço de forma humanizada e como produzir ambientes para abrigar as inúmeras atividades humanas tem sido cada vez mais frequente.

O Fórum Econômico Mundial (SCHWAB, 2019) tem discutido a integração dos meios físico, biológico e digital e suas consequentes alterações no modo de vida. As tecnologias vestíveis já auxiliam a saúde, como no sensor de batimentos cardíacos do relógio. Em um futuro não muito distante, poderão ser utilizados sistemas integrados ao corpo humano, como um *chip* interno para aumento da produtividade.

A pandemia do coronavírus causou inúmeros danos para a saúde mental. Entretanto, também acelerou algumas tendências e inovações, como, por exemplo, o uso mais intenso das telecomunicações, da digitalização, de algoritmos, de inteligência artificial, de robôs e da análise de dados para decisões preditivas.

A realidade virtual baseada em óculos 3D já evoluiu para simulação com sons semelhantes aos de se entrar no ambiente real, afinal a ambiência é experimentada através dos cinco sentidos humanos: visão, audição, olfato, tato e paladar.

Conclusão

A sinestesia é a combinação das sensações humanas, a relação espontânea que se verifica entre as percepções de caráter diverso, mas intimamente interligadas. Por exemplo, um determinado ruído pode provocar uma imagem particular em uma pessoa, trazer lembranças boas ou ruins ou desencadear uma sequência de emoções. A psicologia ambiental e a ciência comportamental estudam as relações do ambiente e do comportamento humano. Por causa da sinestesia, deve-se buscar construir ambientes que levem em conta a percepção dos usuários para atingir o melhor desempenho em uso.

Existem diversas maneiras de projetar, construir e criar uma ambiência acolhedora e saudável em qualquer lugar, seja uma casa, um escritório ou um hospital. Não existe arquitetura 'neutra'. As posições e localizações dos ambientes e dos equipamentos influenciam sutilmente o modo de interação das pessoas que usam o edifício.

Os ambientes adequados devem ser atraentes, mas também devem funcionar em concordância com os usos previstos. Os ambientes precisam ser funcionais, direcionando as escolhas para a segurança e a prestação da atividade de maneira eficaz e eficiente, mas não podem subestimar o bem-estar mental e as percepções subjetivas das pessoas usuárias do ambiente. Esse é um dos desafios presentes na complexidade dos ambientes, com os quais os arquitetos lidam constantemente de maneira humanizada.

Arquitetos especializados em arquitetura para saúde, como é o meu caso, gostam de planejar, projetar, construir ou manter os ambientes para que as pessoas sintam bem-estar e fiquem saudáveis e confortáveis. Não existe arquitetura à prova dos usuários, as pessoas usam os ambientes nos quais se sentem bem, para que suas mentes tenham alta performance e sejam mais produtivas.

6. Nutrição x mente produtiva

Marisa Resende Coutinho

A alimentação é, após a respiração e a ingestão de água, a mais básica das necessidades humanas. Mas como "não só de pão vive o homem", a alimentação é um complexo sistema simbólico de significados sociais, sexuais, políticos, religiosos, éticos, estéticos etc. (CARNEIRO, 2003).

Aumentar a produtividade é um grande desafio para as pessoas e as empresas. Produtividade pode ser definida como a redução do tempo gasto para executar um serviço, ou mesmo aumento da quantidade de produtos elaborados sem o acréscimo de mão de obra ou de recursos.

O estado de saúde e a vitalidade da força de trabalho são determinantes para a produtividade.

A alimentação é um dos fatores de risco modificáveis com efetividade sobre o controle e a prevenção das doenças e a melhoria de produtividade.

A Organização Mundial de Saúde (OMS) apresentou resultado de estudos apontando que o consumo diário inferior a 400g, ou aproximadamente cinco porções de frutas, legumes e verduras, é responsável anualmente por 2,7 milhões de mortes no mundo (WORLD HEALTH ORGANIZATION, 2003). No Brasil, tem-se visto uma taxa crescente de sobrepeso e obesidade em todas as faixas etárias, sendo que, a cada dois adultos, um apresenta excesso de peso (MINISTÉRIO DA SAÚDE, 2014).

Para o enfrentamento desse cenário, é necessário ampliar ações que repercutam positivamente sobre os determinantes da saúde e nutrição. Além dos aspectos que devem ser considerados na alimentação, temos que assegurar não só as necessidades calóricas como também possibilitar melhores condições de saúde e qualidade de vida.

Para falar em mente produtiva, precisamos primeiro rever alguns conceitos.

O alimento

O alimento fornece energia e elementos para a construção de inúmeras substâncias que são essenciais para o crescimento e para a sobrevivência de todos os seres humanos. Para entender essas funções, precisamos de um pequeno panorama dos processos de digestão, absorção, transporte e excreção de nutrientes. Esses processos notáveis convertem uma infinidade de produtos alimentícios em nutrientes individuais prontos para serem utilizados no metabolismo. Cada macronutriente (proteínas, lipídeos e carboidratos) contribui para as energias acumuladas, mas, em última instância, a energia que eles proporcionam fica disponível para o trabalho dos músculos e órgãos do corpo. A maneira como os nutrientes se tornam parte integrante do corpo e contribuem para o funcionamento apropriado depende muito dos processos fisiológicos e bioquímicos que dirigem suas ações (MAHAN; RAYMOND, 2018).

O sistema gastrointestinal (SGI)

O SGI é concebido para digerir proteínas, carboidratos e lipídeos do alimento e bebidas ingeridas; absorver fluidos, micronutrientes e oligoelementos, como vitaminas e minerais; e, além disso, é responsável por proporcionar uma barreira física e imunológica aos patógenos, materiais estranhos e antígenos em potencial consumidos com o alimento ou formados durante a passagem do alimento através do SGI; é também responsável por proporcionar sinalizadores reguladores e bioquímicos para o sistema nervoso, frequentemente envolvendo a microbiota intestinal, pela via conhecida como eixo cérebro-intestinal.

O SGI humano é bem adaptado para a digestão e a absorção de nutrientes de uma variedade enorme de alimentos, incluindo carnes, laticínios, frutas, legumes e verduras, grãos, amidos, açúcares, gorduras e óleos. Dependendo da natureza da dieta consumida, 90% a 97% dos alimentos são digeridos e absorvidos.

Esse sistema é merecedor de muita atenção, pois sem seu funcionamento correto todo o processo de digestão e absorção dos nutrientes fica comprometido.

O SGI é um dos maiores órgãos do corpo, tem a maior área de superfície, o maior número de células imunes e é um dos tecidos mais ativos metabolicamente no corpo, como pode ser visto na Figura 6.1.

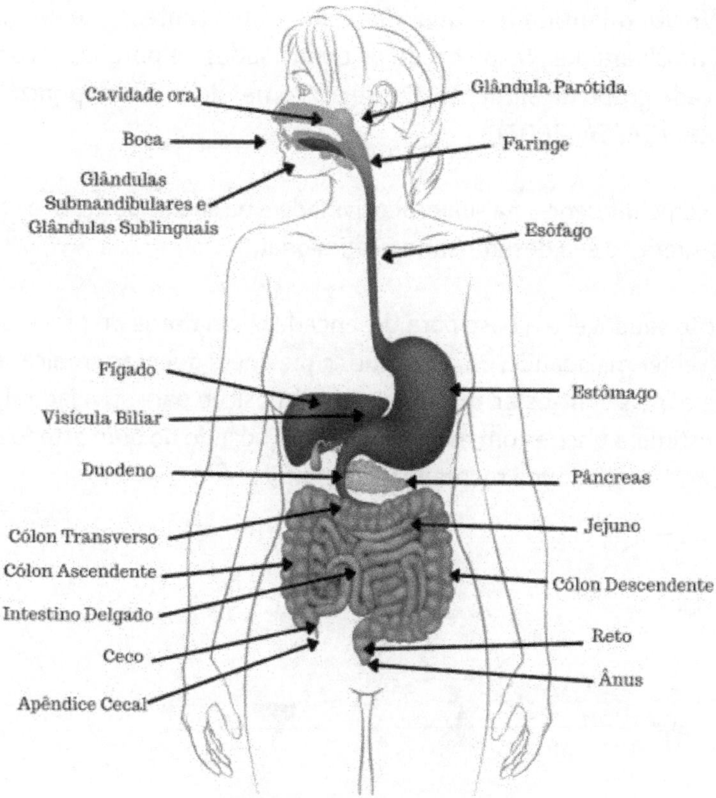

Figura 6.1. Sistema digestório.
Fonte: adaptado de Mahan; Raymond (2018).

Alimentação saudável

Para garantir mais saúde, maior longevidade, melhor aparência física, mais disposição para o trabalho, estudo e lazer, todo indivíduo – seja qual for o seu estágio de vida – necessita de uma alimentação nutritiva, bem selecionada e bem preparada (MAHAN; RAYMOND, 2018).

Alimentação saudável é o mesmo que dieta equilibrada ou balanceada e pode ser resumida por três princípios:

- ✓ **Variedade:** é importante comer diferentes tipos de alimentos pertencentes aos diversos grupos; a qualidade dos alimentos tem que ser observada.
- ✓ **Moderação:** não se deve comer nem mais nem menos do que o organismo precisa; é importante estar atento à quantidade certa de alimentos.

✓ **Equilíbrio:** quantidade e qualidade são importantes; o ideal é consumir alimentos variados, respeitando as quantidades de porções recomendadas para cada grupo de alimento. Ou seja, "comer de tudo um pouco" (GALISA; ESPERANÇA; SÁ, 2007).

O que você come influencia na sua produtividade e na sua disposição, e consequentemente interfere no seu desempenho profissional.

A alimentação saudável é a base para desencadear uma série de processos (Figura 6.2). É possível ter mais saúde, uma vez que se previnem doenças crônicas não transmissíveis, gera mais bem-estar, que gera mais disposição para atividades físicas, que por sua vez estimula o sono com mais qualidade, ajudando no bom estado mental – e tudo isso contribui para uma mente mais produtiva.

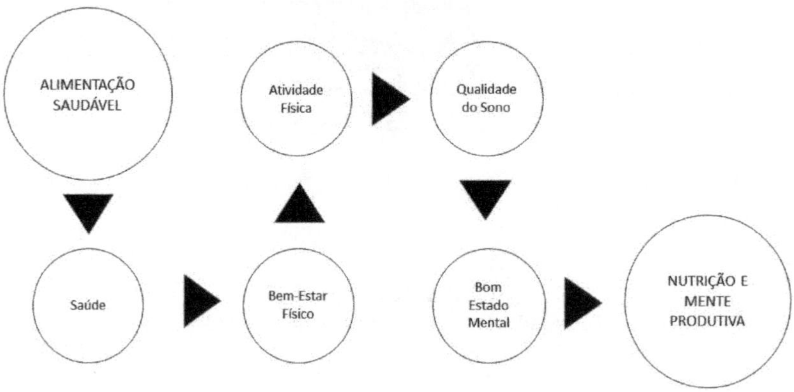

Figura 6.2. Alimentação saudável.
Fonte: a autora.

A alimentação pode ser uma grande aliada para manter uma mente produtiva, mas também pode prejudicar sua cognição, memória e energia, gerando fadiga e estresse. Por isso é tão importante saber fazer escolhas.

Uma pessoa com baixos índices de nutrição produz menos, tem menos resistência física e atenção diminuída. Ou seja, isso pode ser totalmente prejudicial.

A saúde física e a produtividade no trabalho

A partir de uma dieta equilibrada, o organismo processa os nutrientes e fornece quantidades de energia ideais para a realização de diversas atividades. Quando existe uma má nutrição – muitas vezes sob a forma de calorias vazias – o aporte de nutrientes fica abaixo do necessário para que o organismo consiga desempenhar as devidas tarefas de maneira mais eficiente, culminando em uma queda na produtividade.

Sendo assim, um dos maiores problemas associados à baixa produção no ambiente de trabalho está ligado à **saúde física**. Fatores como obesidade, por exemplo, têm crescido substancialmente graças à quantidade excessiva de alimentos altamente calóricos, processados e ricos em gordura, mas pobres em nutrientes como vitaminas e minerais.

Efeitos da má nutrição no humor e na cognição

As alterações de humor representam outro fator diretamente relacionado à queda de produtividade no trabalho. Uma nutrição ruim, a longo prazo, pode levar o trabalhador a experimentar momentos de irritabilidade, ansiedade e até depressão, interferindo negativamente em sua saúde e, consequentemente, em seu rendimento.

Esses episódios são fatais para uma boa concentração, cognição e disposição para realizar funções no trabalho – em casos mais graves, pode ser extremamente difícil até mesmo se levantar da cama pela manhã.

O cérebro pesa aproximadamente 1,4 kg. As células nervosas (neurônios) recebem e transmitem sinais eletroquímicos através dos axônios e dos dendritos. Os neurônios são a "substância cinzenta" do cérebro; os dendritos e axônios são a "substância branca". O encéfalo é a maior parte do cérebro, sendo dividido em duas metades, as quais são divididas em quatro lobos em cada hemisfério:

- ✓ Os **lobos frontais** estão envolvidos com a fala, o pensamento, o aprendizado, as emoções e os movimentos.
- ✓ Os **lobos parietais** processam as informações sensoriais, como toque, temperatura e dor.
- ✓ Os **lobos occipitais**, por sua vez, são responsáveis pela visão.
- ✓ Os **lobos temporais** estão envolvidos com a audição e a memória.

O sistema nervoso central é composto pelo cérebro e pela medula espinhal, que se conecta ao sistema nervoso periférico, o qual, por sua vez, estende-se por todo o corpo.

O cérebro é composto por aproximadamente 80% de lipídeos. A composição de ácidos graxos dos fosfolipídeos da membrana celular neuronal reflete sua ingestão a partir da dieta. O grau de insaturação dos ácidos graxos determina sua estrutura tridimensional e, assim, a fluidez e a função da membrana. A razão entre ácidos graxos poli-insaturados (AGPIs) ômega 3 e ômega 6 influencia diversos aspectos da neurotransmissão serotoninérgica e catecolaminérgica. Além de seu papel na estrutura cerebral, os ácidos graxos essenciais (AGE) participam da síntese e da função dos neurotransmissores e das moléculas do sistema imune. A nutrição pode influenciar múltiplas funções na maioria das partes do cérebro (Tabela 6.1) (LEYSE-WALLACE, 2013).

Tabela 6.1. Como os nutrientes afetam a saúde mental.
Fonte: Leyse-Wallace (2013).

Os nutrientes podem afetar a saúde mental por meio de diversas ações:
1. Os nutrientes podem ajudar ou prejudicar o desenvolvimento normal do cérebro e do sistema nervoso central.
2. Os nutrientes podem ser precursores de neurotransmissores.
3. Os macronutrientes são fontes de energia para o cérebro.
4. Os nutrientes influenciam a transcrição genética.
5. Os nutrientes atuam de forma diferente em doses farmacológicas ou nutrológicas (baseadas em alimentos).
6. Os nutrientes melhoram o humor e o bem-estar.
7. Os nutrientes podem entrar ou sair de células relacionadas a pensamentos, emoções e estresse.

Uma das contribuições mais importantes da nutrição à saúde mental é a manutenção da estrutura e da função dos neurônios e dos neurotransmissores no sistema nervoso. A produção de neurotransmissores requer quantidades adequadas de nutrientes. Entre esses nutrientes, estão os aminoácidos (triptofano, tirosina e glutamina), os minerais (zinco, cobre, ferro, selênio, magnésio) e as vitaminas do complexo B (B1, B2, B3, B6, B12 e B9). Esses neurotransmissores e nutrientes coordenam a comunicação no corpo e entre o corpo e o ambiente. As pessoas, em geral, perguntam: "quais nutrientes são importantes para o bom funcionamento do sistema nervoso, inclusive do humor?". A resposta correta é bem simples: "todos eles".

Ações para melhorar a nutrição e a produtividade

A boa alimentação desempenha um papel muito amplo e importante na produtividade global. A má saúde do trabalhador é uma das principais causas de diminuição da produtividade em todo o mundo e, enquanto a cobertura de planos de saúde pode ser dispendiosa para o indivíduo e/ou para a empresa, a escolha de um cardápio equilibrado e rico em nutrientes, seja em casa ou no restaurante do trabalho, pode ser a solução para muitos desses problemas. Para evitar resultados negativos e garantir sempre o bom rendimento, seguem algumas dicas:

1. Café da manhã

A primeira alimentação do dia é considerada a mais importante, uma vez que ela nos dará a energia necessária para enfrentarmos as exigências impostas em nosso cotidiano.

Um dos benefícios de um bom café da manhã é a ativação do metabolismo, que influencia significativamente a nossa produtividade no trabalho durante o dia. Para que isso aconteça, é importante investir em alimentos ricos em carboidratos, como pães e cereais. É também interessante incluir no cardápio queijo, leite e ovos, que são excelentes fontes de proteína. Além disso, é importante a inclusão das frutas, uma das principais fontes de vitaminas e minerais: o mamão e a laranja, por exemplo, são ótimas fontes de fibras. Já a melancia, a uva e a banana são opções de frutas ideais para serem consumidas como a primeira alimentação do dia.

Pode-se ainda incluir o tradicional café, pois a bebida tem em sua composição a cafeína, que melhora a concentração e a capacidade de aprendizado.

2. Lanches

É uma pequena refeição para ser consumida entre o intervalo do café da manhã e o almoço e entre o almoço e o jantar.

3. Almoço

Uma das principais refeições. O recomendado para uma melhor produtividade é realizar uma refeição leve, para não ter sonolência no pós-almoço.

Evite alimentos muito gordurosos, pois eles dificultam a digestão, provocam sono e levam a uma baixa produtividade durante o período da tarde.

Sendo o almoço uma refeição importante, deve conter todos os grupos alimentares: carboidratos, proteínas, lipídios, vitaminas e minerais.

Exemplo:

- ✓ Salada (verduras de cor escura e legumes)
- ✓ Arroz
- ✓ Feijão
- ✓ Carnes
- ✓ Grãos

Caso sejam servidas bebidas, é importante priorizar sucos naturais e água e evitar refrigerantes e refrescos.

4. Jantar

O jantar está dentro do rol das principais refeições. Alimentos leves e pequenas porções devem ser priorizadas. É importante adicionar uma boa variedade de verduras e legumes, além de carnes, arroz e feijão.

Nesta refeição pode-se investir em alimentos precursores de neurotransmissores que ajudem na indução do sono, como banana, ovos, peixe, carne, leite, grãos, uva, cereja, morango, kiwi e cogumelos.

5. Nutrição e mente produtiva

Para ter uma mente produtiva, é necessário que a alimentação seja o mais natural possível e sem aditivos químicos. Priorize sempre alimentos frescos diante do mar de alimentos industrializados que inundam nossas vidas. A escolha não deve ainda restringir nenhum grupo alimentar, pois eles são todos importantes dentro do nosso organismo.

Quando consumimos todos os nutrientes necessários para uma boa nutrição, nosso cérebro agradece.

7. A medicina do estilo de vida aplicada às organizações

Luiz Carlos de Oliveira Júnior

O que você considera o seu bem mais precioso na vida? Não importa a resposta que tenha vindo à sua mente, você vai concordar que a saúde e a felicidade, no fim, são o maior bem que todas as pessoas desejam na vida. Tudo o que buscamos é a felicidade, e cada um de nós a define de forma particular. E para isso precisamos de bem-estar, disposição e equilíbrio emocional, ou seja, saúde. Com saúde e pela felicidade conseguimos grandes realizações.

A saúde e a felicidade têm uma característica comum com todas as outras formas de riqueza: você pode usá-las para gerar mais riqueza ou deixar que elas percam valor com o tempo. É uma realidade que a saúde, se não bem administrada, acaba, como acontece com o dinheiro. A diferença é que a saúde é mais difícil de recuperar do que qualquer outra forma de riqueza.

Essa visão econômica não é apenas uma metáfora ilustrativa utilizada para fins didáticos. Ela tende a ser cada vez mais nossa forma de enxergar a saúde. Uma mudança de visão que representa uma revolução, não apenas para os profissionais de saúde, mas para todas as pessoas e organizações onde elas trabalham. A literatura de saúde utiliza o termo "ativo de saúde" para nomear características ou fatores protetores ou promotores de saúde, que permitem aos indivíduos ou comunidades manter o bem-estar e reduzir desigualdades nessa área da vida (VAN BORTEL *et al.*, 2019).

Em pouco tempo, pensar em "ativos de saúde" e em "capital de bem-estar" estará na pauta das reuniões e será uma preocupação para as lideranças. Afinal, o maior capital de uma empresa é o seu capital humano (LIN *et al.*, 2017). Pessoas adoecidas e infelizes não são capazes de dar vida aos valores, de cumprir a missão ou de alcançar a visão de uma organização. Ao contrário, pessoas felizes e saudáveis fazem muito mais que isso.

Pode parecer óbvio, mas na prática não é assim que a saúde de todos nós é "administrada" hoje. O que a grande maioria das pessoas não faz ideia é que os profissionais da saúde não foram formados para cuidar da saúde. Isso mesmo! Os médicos, por exemplo, são treinados durante os seis anos de graduação e vários outros de pós-graduação para tratar doenças. E tratar doenças não é a mesma coisa que cuidar da saúde. É apenas uma parte. Assim como gerir os gastos é parte da administração de uma empresa, mas não é o todo. Sem uma forma de garantir o faturamento, não há futuro para o negócio. Na medicina somos treinados na gestão das perdas de saúde, muito pouco na prevenção delas e nada na construção da saúde. Essa é uma abordagem negativa, também chamada de abordagem deficitária da saúde. Todos concordamos, profissionais e pacientes, que a melhor meta que podemos desejar é sair do "negativo" (MORGAN; ZIGLIO, 2007).

Existe uma outra abordagem que podemos chamar de saúde positiva: a ideia de que existe uma forma de gerenciar a saúde para alcançar um maior bem-estar que rejeita a dicotomia saúde-doença como proposto por Antonovsky ao definir o conceito de salutogênese (MITTELMARK; BAUER, 2017). Essa é a visão econômica da saúde, em que o bem-estar pode ser visto como um bem que pode render, valorizar e pagar juros e dividendos. O objetivo passa a ser alcançar mais que a "soma zero". Hoje nos perguntamos: "o que podemos fazer para cuidar da nossa saúde?". Que tal mudar para "o que podemos fazer para ter mais saúde?" E fazemos isso investindo em "ativos de saúde".

Identificar quais são esses ativos e como gerenciar o investimento neles é o objetivo de uma prática de saúde inovadora chamada de **Medicina do Estilo de Vida** (MEV) (PHILLIPS; FRATES; PARK, 2020). Atualmente, a principal causa de morte e incapacidade no mundo são as doenças crônicas não transmissíveis (DCNT), como diabetes, doenças do coração, câncer e depressão (BEAGLEHOLE; YACH, 2003).

E o principal fator de risco para o seu desenvolvimento não é a genética, como muitos pensam, mas o estilo de vida. Estilo de vida é a forma como vivemos, as escolhas que fazemos sobre isso a cada dia. É o que escolhemos comer, se escolhemos fazer ou não uma atividade física, ou quantas horas dormir. É o conjunto dos nossos hábitos. E eles impactam sobremaneira nossa saúde. Estima-se que é possível ganhar mais de uma década de vida saudável ao aderir a cinco fatores de estilo de vida saudável: manter o peso dentro do considerado ideal, não fumar, beber com moderação, praticar atividade física e manter uma dieta de qualidade, definida como aquela que tem consumo de vegetais e frutas em quantidade (LI *et al.*, 2018).

A MEV se preocupa em ajudar as pessoas a gerenciar suas escolhas de vida para prevenir, tratar e desenvolver mais saúde e bem-estar. Ela atua em sete ativos de saúde, chamados de pilares do estilo de vida.

Pilares da medicina do estilo de vida

- ✓ **Alimentação:** a alimentação é um dos fatores de risco mais importantes para o desenvolvimento das DCNT. Nos últimos anos temos assistido a um aumento impressionante da obesidade em todo o mundo e junto com ela o aumento das DCNT. Alimentos ultraprocessados vêm substituindo alimentos naturais, aumentando o risco de morte precoce. Na MEV investimos na construção de um padrão alimentar saudável como principal ferramenta de construção de saúde, por isso, seguindo as evidências científicas, recomenda-se a adoção de uma alimentação predominantemente baseada em produtos vegetais e integrais, reduzindo o consumo de proteína animal e eliminando os alimentos ultraprocessados (SCHWINGSHACKL *et al.*, 2017).
- ✓ **Movimento:** o sedentarismo e a inatividade física são a quarta principal causa de morte global. No Brasil, segundo os dados da Pesquisa Nacional de Saúde, aproximadamente 40% dos adultos são sedentários (CAMPOS, 2020). A atividade física regular desenvolve as capacidades físicas necessárias para uma vida independente e saudável, além de reduzir o risco de doenças crônicas e aumentar o bem-estar (HYDE; MAHER; ELAVSKY, 2013). Em média, adultos passam mais de seis horas por dia sentados e 5% do dia exercendo alguma atividade física moderada (MIELKE *et al.*, 2014). Diversos estudos demonstram a relação do comportamento sedentário com pior saúde e aumento de doenças crônicas (REZENDE *et al.*, 2014).
- ✓ **Sono:** negligenciado por grande parte da população, o sono é essencial para a saúde. A privação de sono tem sido associada a diversas condições clínicas e aumento da mortalidade. Nas últimas décadas a ciência aumentou muito seu conhecimento sobre a utilidade e o papel do sono na manutenção da saúde, a compreensão dos mecanismos fisiológicos envolvidos no sono e como os ritmos dos relógios biológicos influenciam e são influenciados pelo estilo de vida. Estudos científicos têm demonstrado que a duração curta do sono, menor que 7-8 horas por noite, está relacionada à maior mortalidade (CAPPUCCIO *et al.*, 2010).
- ✓ **Controle do estresse:** o inimigo número um do estilo de vida saudável é o mau controle do estresse emocional. O estresse é uma resposta fisiológica a estímulos ameaçadores para a vida. Ele é normal quando ocorre no momento

certo e na intensidade adequada. Infelizmente, o estilo de vida moderno é gerador de estresse crônico. Quando as pessoas estão sob estresse tendem a descuidar dos demais aspectos da saúde, recorrendo ao uso de drogas, como álcool e tabaco, alimentos pouco saudáveis e abandono da atividade física. Na MEV o objetivo é desenvolver estratégias de manejo do estresse e de garantia do estilo de vida saudável, minimizando os danos à saúde.

- ✓ **Conexões sociais:** estamos acostumados a pensar em *networking* como algo importante para nossa carreira. Mas é hora de ver os nossos contatos sociais como um capital de saúde também. Diversas pesquisas têm demonstrado a importância das conexões sociais em vários aspectos. A solidão e o isolamento social aumentam o risco de morte e pioram a qualidade de vida. Estudos associam as conexões sociais com uma sobrevida até 50% maior (LAUGESEN *et al.*, 2018). Nossa saúde é influenciada pela rede social da qual fazemos parte, mesmo de forma indireta. Sabemos atualmente que algumas condições de saúde, como a obesidade, podem se espalhar dentro de uma rede de contatos por um mecanismo chamado contágio social, e esse nível de influência pode ser sentido até o terceiro grau de relação (CHRISTAKIS; FOWLER, 2007).
- ✓ **Toxinas:** estamos expostos o tempo todo a diversas substâncias químicas tóxicas e a fatores físicos perigosos para nossa saúde. Além do tabaco e do álcool, que são conhecidos causadores de danos à saúde humana, ainda estamos expostos diariamente a radiação, drogas, microplásticos, pesticidas e poluentes. O tabagismo é a principal causa de morte prevenível no mundo, estando associado a oito milhões de mortes por ano (SAMET, 2013).
- ✓ **Espiritualidade:** um assunto até pouco tempo atrás visto com preconceito, a relação da espiritualidade com a saúde e o bem-estar tem surgido como tema debatido e pesquisado com cada vez mais interesse. Estudos demonstram a influência da espiritualidade/religiosidade na saúde com potencial para melhorar a qualidade de vida (PUCHALSKI, 2001).

A medicina do estilo de vida e as empresas que curam

No livro "Empresas que curam" (2020), Sisodia e Gelb apresentam o conceito de organizações que atuam de forma consciente na sociedade promovendo melhora da qualidade de vida e preservando o ambiente ao mesmo tempo em que constroem sucesso financeiro. Esse conceito pode ser aplicado através da medicina do estilo de vida.

Uma abordagem positiva da saúde considera mais do que tratar doenças. As doenças passam a ser vistas como obstáculos no processo de construção de uma saúde plena, chamada atualmente de florescimento. O foco de atenção é dirigido para o desenvolvimento do potencial de saúde humano. O trabalho é o espaço de maior exercício desse potencial, doador de significado e definidor de parte da identidade. A maior parte do tempo é vivida nesse ambiente, que pode ser organizado de forma a gerar essa saúde positiva. O investimento na promoção de ativos de saúde através da educação e no incentivo a atividades que criem uma comunidade saudável, física e mentalmente, transforma as organizações de espaços de sofrimento e adoecimento em espaços de cura e sentido.

PARTE II. ENCONTRANDO O CAMINHO PARA UMA MENTE SAUDÁVEL E PRODUTIVA

8. Escuta ativa

Marina Schor
Paulo Schor

O processo de comunicação é universal. O modo como isso se passa muda entre as espécies, mas o fio que conecta todos os meios é o entendimento e a conexão que seguem uma interação. É a transmissão de informações. Quando uma abelha sai da colmeia em busca de flores, ao retornar ela divide a localização com os outros membros de seu grupo por meio de uma dança que reflete a distância até o objetivo, assim como o caminho percorrido. Não é difícil imaginar o nível de atenção que deve ser devotado à abelha dançarina nesse momento por parte das outras. Cada pequeno movimento contém informações que são vitais para o seguimento da vida da população. Nesse sentido, as abelhas são exemplos perfeitos da performance da escuta ativa: "uma técnica que é usada em aconselhamento, treinamento e resolução de disputas ou conflitos e que requer que o ouvinte se concentre totalmente, compreenda, responda e então se lembre do que está sendo dito" (KDBOURQUE, 2014).

Como humanos, nos comunicamos de forma falada e escrita. Temos inúmeros dialetos dentro de idiomas e incontáveis sotaques dentro de cada região do planeta. Não só isso, mas a tecnologia de hoje permite a tradução em símbolos. Quer dizer, o fio que guia a comunicação não é contínuo com nossa espécie devido a uma falta de alinhamento entre a passagem e o recebimento de informações em interações.

Começamos esse ensaio questionando o êxito orgânico, sem foco ou esforço, deste sistema de transmissão. Não nos parece suficiente ter exatamente o mesmo código (alfabeto, língua, sotaque) para um entendimento completo e profundo.

Temos, durante o curso médico tradicional, um treinamento teórico e depois prático no exercício da comunicação que se dá no período de transição entre a parte "básica" e a parte "clínica". Apesar dessa transição estar cada vez mais borrada (ainda bem!), ela é marcada pela priorização da anamnese, da história clínica, das entrevistas estruturadas e da relação médico-paciente (no caso, aluno-paciente durante o período de formação). Essa época de treino da prática pré-clínica é extremamente rica, mas também desafiadora. Aqui percebem-se claramente a dificuldade e o pouco preparo para lidar com o estresse pessoal e alheio, e trabalhos têm descrito altos níveis de desistência e mesmo transtornos emocionais e ideação suicida nessa fase (ALVES, 2014).

Contamos com técnicas sempre em evolução para que o processo de comunicação com o paciente em fase de aprendizado seja mentorado, progressivo e inclusivo. Depois de algum treino, histórias que levavam mais de uma hora para serem recolhidas, sem nenhum retorno percebido por parte do paciente, passam a ser mais objetivas e passíveis de compreensão. Esse é o pré-primário da escuta ativa para humanos: o entendimento de que apoiamos o outro mesmo em silêncio, e que a ação não é necessariamente a melhor opção sempre. Estamos aprendendo a ouvir.

Vários médicos e profissionais de saúde efetivamente não querem, por vários motivos, seguir o caminho humanístico e desviam para o uso da tecnologia, pesquisa ou gestão (que envolve comunicação, mas em outro nível). Temos a opção de graduação de médicos tecnológicos em muitos países, como a Holanda (UNIVERSITY OF TWENTE, s.d.), e médicos líderes de corporações, bem como cientistas de renome, que acabam por desenvolver também um ouvido atento. A escuta ativa engloba ouvir, mas vai além: captura nuances, extrai detalhes pertinentes e faz silêncios expressivos. Diferencia, acolhe e enriquece a relação com o próximo, que se sente parte efetiva do processo.

Saúde não se define somente pela ausência de doenças, mas também pelo completo bem-estar físico, mental e social (WORLD HEALTH ORGANIZATION, s.d.). Da mesma forma, escutar ativamente não é uma postura restrita ao momento da fala. Podemos e devemos ativamente estar presentes no ambiente psicossocial em que os pacientes (e todos nós) nos encontramos. Isso requer uma integração importante de diversos aspectos sociais e de saúde, o que se vê refletido no conceito de *One Health*, por exemplo, incorporando animais, vírus e água no controle de zoonoses em considerações de saúde global (WORLD HEALTH ORGANIZATION, 2017).

Diz-se que em negociações mais complicadas é fundamental conseguir uma concordância inicial. Aqui propomos trazer essa técnica utilizada com resgate de reféns para nosso cotidiano. Precisamos empatizar, entrar no universo pessoal do outro, ser bem-vindo, para então começar a perguntar. Esse convite vem de muitas formas, desde estarmos na mesma altura física quando conversamos com crianças, por exemplo, até utilizarmos recursos de ambiência (música, cheiros, cores) para envolvermos e nos aproximarmos do outro. Os espaços de escuta criados em consultórios de psicoterapia são explícitos nesse sentido e nos colocam confortáveis. Esse é um desafio das terapias *on-line*, que provavelmente se tornarão híbridas no futuro. Sentimos falta e aproveitamos bastante a presença física real.

As habilidades comportamentais, competências subjetivas difíceis de avaliar (do inglês *soft skills*), estão em alta, e esperamos que sejam cada vez mais acessíveis e incorporadas, desde a graduação até a prática (CRISPINO, 2017). É um tempo contínuo de crescimento e respeito ao outro e a você mesmo. Aqui começamos a fazer a diferença na relação com o paciente. Tendo entendido profundamente o que foi exposto, o outro consegue dar relevância e ser aconselhado, não sem antes mudar também o aconselhador, que cresce a cada interação com seu paciente.

9. O engajamento aos olhos da ciência da psicologia positiva

Adriana Brasil
Priscila Arana

É no pleno envolvimento com cada detalhe de nossa vida,
bom ou ruim, que encontramos a felicidade,
e não tentando ir diretamente a sua procura.
(Mihaly Csikszentmihalyi)

Segundo Mihaly Csikszentmihalyi (2020), é frequente, com o passar dos tempos, pessoas com a sensação de que desperdiçaram sua vida, que vivenciaram mais momentos de ansiedade e tédio do que de felicidade. A boa notícia é que a sensação de viver uma vida que valha a pena tem a ver com nossas experiências, com o quanto estamos envolvidos e engajados no que fazemos; e sempre é tempo para conhecimento, mudanças, reflexões e transformações.

O engajamento é um dos elementos que contribuem para o bem-estar, pesquisado pela psicologia positiva e presente na vida daqueles que consideram que a sua vida vale a pena. A felicidade pode ser cultivada e construída, e a psicologia positiva, conhecida como a ciência da felicidade ou do bem-estar, é o movimento científico que se aprofundou nas pesquisas do que está por trás de uma vida satisfatória e engajada.

Este capítulo visa refletir sobre o engajamento em prol do bem-estar, através das lentes da psicologia positiva. Como disse Csikszentmihalyi (2020), é no pleno envolvimento com cada detalhe da nossa vida que encontramos a felicidade, nas "experiências ótimas", na consciência e no controle das nossas próprias ações. Tomar consciência do que é uma vida engajada pode nos direcionar à construção de uma vida que valha a pena, com maior bem-estar e satisfação.

Psicologia positiva – bem-estar e os critérios para mensurá-lo

Durante mais de meio século, os principais estudos da psicologia foram pautados por um modelo médico de doença, com base no reparo de danos, no entendimento e tratamento de doenças mentais e transtornos, concentrados no remediar das coisas ruins, na resistência e na sobrevivência. Na virada para os anos 2000, a psicologia positiva nasce nos Estados Unidos como um movimento científico com objetivos inversos e complementares ao que vinha sendo aplicado. O foco deixa de ser o reparo e passa a ser a prevenção: direciona as suas lentes para o estudo do desenvolvimento e a construção de qualidades positivas, do que faz a vida valer a pena, passando a olhar para além da vítima e do desfavorecido, para o ser humano em toda a sua integralidade, com as suas deficiências e, principalmente, potencialidades. A psicologia positiva na verdade não traz novidades e sim cientificidade sobre a felicidade e o bem-estar, as qualidades e virtudes humanas, emoções, instituições e ações positivas, tendo como objetivo vidas mais felizes e produtivas (SELIGMAN; CSIKSZENTMIHALYI, 2001; SYNDER; LOPEZ, 2009; PEREIRA, 2020).

No início das pesquisas, Martin Seligman, o precursor da psicologia positiva, entendeu que o critério para mensurar a felicidade era a satisfação com a vida e como aumentá-la, através de três elementos: emoções positivas, engajamento e sentido, que se encontram na teoria da felicidade autêntica (SELIGMAN, 2009). As pesquisas avançaram e trouxeram algumas constatações no meio científico, dando origem a algumas teorias sobre o bem-estar. Seligman, então, reconhece que o tema central desse enfoque científico é o bem-estar e não a felicidade. Ele desenvolve a teoria do bem-estar, conhecida pela sigla PERMA (*positive emotions, engagement, relationships, meaning, accomplishment*). Esses passam a ser os cinco elementos mensuráveis que contribuem para a formação do bem-estar: emoções positivas, engajamento, relacionamentos positivos, significado e realização (SELIGMAN, 2011).

O estudo sobre o bem-estar é complexo e está em expansão, mas podemos ver que o engajamento se manteve como um fator de contribuição, elemento mensurado subjetivamente e definido independentemente dos outros elementos (SELIGMAN, 2011).

Do engajamento à experiência de *flow*

Quando estamos extremamente engajados (envolvidos) em alguma atividade pessoal ou profissional que nos faz sentido, não percebemos o tempo passar e há chance de experienciar o estado de *flow*. Sentir-se engajado e vivenciar experiências ótimas e gratificantes leva a um estado de envolvimento tal que a atenção está totalmente voltada para a tarefa. A sensação é de que o tempo parou, e a própria tarefa é uma recompensa em si mesma. Segundo Mihaly, "o *flow* é importante tanto para apreciar o momento presente quanto para gerar a autoconfiança que nos permite desenvolver habilidades e fazer contribuições significativas para a humanidade" (CSIKSZENTMIHALYI, 2020; SELIGMAN, 2011).

Segundo Wilmar Schaufeli (2018), engajamento traz entusiasmo, envolvimento, comprometimento, absorção, esforço, dedicação e energia. Ele ainda destaca o conceito do dicionário Merrian-Webster, que descreve o estado de estar engajado como "envolvimento ou comprometimento emocional" ou "engatado". Entendemos o engajamento como o envolvimento a serviço de uma causa, experiência ou ideia.

Todos podemos e temos a chance de vivenciar o engajamento, de ficarmos empenhados e envolvidos em algo ou em alguma experiência. O ato de fazer pelo simples fazer pode se tornar mero cumprimento de tarefas. Já o indivíduo que faz algo de maneira engajada tem um profundo envolvimento com a atividade; o foco e a concentração se tornam extremamente presentes e ele acaba utilizando todos os seus sentidos sem perceber o tempo passar. Esse engajamento diz respeito ao envolvimento consciente do indivíduo em alguma ocupação ou atividade. Normalmente está associado a algum tipo de desafio criativo, físico ou intelectual que absorve a pessoa integralmente. Você não percebe a passagem do tempo e fica tão imerso no que está fazendo que entra no estado citado, de *flow* – estado mental altamente focado.

> *Tudo o que é vivenciado com engajamento aproxima o indivíduo da possibilidade de vivenciar o estado de flow. (as autoras)*

O estado de *flow* acontece quando fazemos o que mais gostamos, aquela atividade que nos sequestra totalmente em atenção plena (no aqui e agora), atividade motivada internamente. A tarefa por si mesma é compensatória e não exige esforço, revelando o quanto gostamos ou sentimos satisfação praticando ou vivenciando tal tarefa. Algumas pessoas podem vivenciar o *flow* meditando, cantando, praticando esportes, desenhando, pintando, correndo, dançando, trabalhando, lendo ou até vendo filmes. **Temos uma sensação de controle e domínio sobre aquela atividade, pelo menos até certo ponto. Tem-se a sensação de que fazemos parte daquela atividade, tamanha a conexão. O prazer em vivenciar determinada tarefa traz mais motivação e concentração máxima.** É como se você estivesse impregnado pela atividade.

Desde 1960 o psicólogo e pesquisador Mihaly Csikszentmihalyi vem estudando o processo criativo e as experiências de *flow*, curioso com as histórias de artistas e o envolvimento com seu trabalho. Um exemplo presente em descrições históricas é o trabalho de Michelangelo no teto da Capela Sistina, no Vaticano. Contam os escritos que ele ficou por dias seguidos totalmente absorvido em sua tarefa: ele passava sem comer, sem dormir e se submetia a desconfortos até desmaiar de exaustão. Um artista, ao ver que seu trabalho está indo bem, "fluindo", permanece envolto, desconsiderando fome, cansaço e qualquer desconforto (SYNDER; LOPEZ, 2009).

As pesquisas em relação a relatos de experiências de *flow* são bastante semelhantes. Seja em ambientes de lazer ou profissionais, dez componentes foram identificados como centrais e presentes, não necessariamente ao mesmo tempo. No entanto, três desses componentes – metas claras, *feedback* direto e imediato e equilíbrio entre nível de habilidade e desafio – são condições essenciais para o *flow* (KOTLER, 2015).

1. Metas claras
2. Concentração
3. Perda da sensação de autoconsciência
4. Sensação distorcida do tempo
5. *Feedback* direto e imediato
6. Equilíbrio entre o nível de habilidade e o desafio
7. Sensação de controle sobre a situação
8. Atividade intrinsecamente gratificante
9. Falta de consciência das necessidades corporais
10. Absorção pela atividade: consciência limitada à tarefa em execução.

Os momentos de *flow* geralmente são lembrados como os mais satisfatórios/felizes da vida de uma pessoa, onde ela se sentiu no seu ápice. **É considerado um estado mental de excelência: o corpo e a mente estão em total harmonia, há alta concentração, alta motivação, alta energia e alto desempenho, ou seja, é uma experiência suprema, um estado profundo de engajamento e concentração.**

Motivação intrínseca	***FLOW***	**Concentração profunda**
Emoções positivas		**Alto desempenho**

Figura 9.1. Estado de *flow*.
Fonte: os autores.

O psicólogo Helder Kamei, fundador do Instituto Flow de Psicologia Positiva e presidente da APPAL (Associação de Psicologia Positiva da América Latina), conceitua:

> *(...) O flow é um estado organizado de consciência. No dia a dia, é comum nos vermos em situação onde nossa razão e nossa emoção entram em conflito. Com frequência pensamos uma coisa, sentimos outra e agimos ainda de outra maneira. Esses conflitos interiores consomem muito nossa energia e causam muito desgaste e estresse emocional. Na experiência de flow não há conflito entre pensamentos, sentimentos e ações. No estado de flow, corpo e mente fluem em perfeita harmonia. (KAMEI, s.d.)*

Quando somos desafiados a executar determinada atividade que nos exige uma habilidade um pouco acima da que estamos habituados, pode-se experimentar muita satisfação, fluidez e consequentemente resultados. O psicólogo Mihaly Csikszentmihalyi, durante uma palestra para o TEDTalks, destacou: "quando se está envolvido em algo novo o sistema nervoso, que processa apenas uma quantidade de dados por segundo, acaba não monitorando as necessidades básicas do corpo, como fome, sede, sono, cansaço etc. **Nesse instante, sua identidade desaparece da consciência. É incompatível fazer algo extremamente concentrado e perceber que está vivo. Fazer algo muito bem requer muita concentração. Então a existência é temporariamente suspensa**" (CSIKSZENTMIHALYI, 2004).

No *flow* há uma combinação positiva entre a pessoa e a atividade que ela executa. Além disso, para entrar em *flow*, também é necessário que a atividade em questão ofereça o correto grau de desafio em relação às habilidades da pessoa.

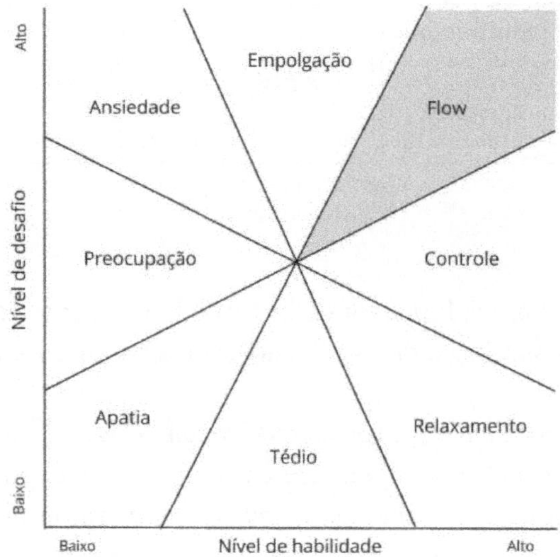

Figura 9.2 Modelo atual do estado de *flow*.
Fonte: adaptado de Snyder; Lopez (2009), p. 234.

Assim, quando sua habilidade é muito baixa e o desafio é muito grande, há ansiedade e frustração; quando a habilidade é muito alta e o desafio é muito baixo, há tédio. **Agora, quando a habilidade e o desafio estão em perfeito equilíbrio você entra no estado de *flow*.**

O engajamento é um construto relevante para o mundo organizacional que tem sido investigado por diversas abordagens teóricas. Na perspectiva científica, pode ser mensurado por três dimensões (vigor, dedicação e concentração), que são avaliadas por um questionário de autorrelato. O vigor tem a ver com o investimento de esforço e energia em atividades laborais; a dedicação, com o quão significativas as atividades são para o trabalhador, com a realização profissional; e a concentração está relacionada com o estado de absorção ao executar a tarefa, o prazer ao realizá-la. O engajamento laboral, de acordo com o modelo teórico de recursos e demandas de trabalho, é um estado mental positivo de bem-estar e realização, ou seja, pessoas engajadas no trabalho tendem a considerar as atividades significativas e prazerosas, apresentando melhores resultados de desempenho e de indicadores de saúde. Em contrapartida, elevadas exigências com falta ou pouco recurso (de trabalho e pessoais) podem gerar adoecimento (SCHAUFELI, 2018; VAZQUEZ *et al.*, 2016).

Uma pesquisa feita pelo Instituto Gallup (s.d.) com quatro milhões de pessoas em mais de 100 países perguntou: você tem na sua vida a oportunidade de fazer todos os dias o que você faz de melhor? E a resposta obtida foi:

✓ SIM! – 20% sentiam que faziam o que tinham de melhor.
✓ NÃO! – 80% se sentiam subaproveitados no trabalho e nas atividades que exercem.

Com essa pesquisa podemos levantar algumas questões: e se essas mesmas pessoas "subaproveitadas" pudessem trabalhar com os efeitos do engajamento? Quão melhores seriam suas vidas pessoal e profissional? Quais ganhos apareceriam com essas mudanças?

O engajamento hoje é um dos construtos positivos desejados não apenas por colaboradores, como por empresas, pois torna a vida dos indivíduos mais significativa.

Concluímos este capítulo com o seguinte destaque:

> *O benefício mais facilmente observado do engajamento é a profunda motivação para encarar os desafios que a rotina proporciona. Há um impacto direto na autoconfiança: o indivíduo tem mais energia física, mental e mais entusiasmo diante de qualquer atividade que deseje realizar. Esse entusiasmo é um fator desencadeante de bem-estar, porque a vitalidade exerce influência positiva sobre as funções cerebrais, especialmente sobre o processo cognitivo (abrangendo funções como a atenção, o aprendizado e a memória) e reduz níveis de estresse, depressão crônica e ansiedade (VICTORIA, 2016, p. 51).*

10. O papel do planejamento na libertação da mente produtiva

Monique Alves Padilha

Quando pensamos em mente e alta performance, muitas vezes não imaginamos o nível de organização e planejamento que é preciso para se alcançar tal grau de desempenho. O planejamento colaborativo é a chave para os resultados de alto impacto. Meu desafio não é apenas registrar o papel inegável que o planejamento tem no dia a dia de todos nós, mas também quais ferramentas podem impulsionar esse verbo que é a ação em si: planejar é o verbo que consolida o passado, o presente e o futuro das nossas ações. E você? Já planejou o quê para hoje? Quanto tempo se dedicou para ler este livro ou capítulo? Como conciliou com as outras atividades? Reservou tempo na agenda para chegar até o final ou prefere ler por partes ao longo dos dias?

Neste capítulo vamos traçar uma jornada de conhecimento para escolha de ferramentas e mapas de decisão para você levar o seu time à alta performance por meio de uma mente organizada e planejada.

O que é o planejamento?

O planejamento é um ato que envolve o raciocínio que precede e, ao mesmo tempo, preside a ação. É preparar-se para a ação e estar pronto para ela (RIVERA; ARTMANN, 2003). O planejamento é uma função para a liderança e uma ferramenta de gestão estratégica, pois é por meio dele que criamos uma jornada que envolve um plano e ações para mudança.

Planejamento estratégico ou estratégia de planejamento?

Para Idalberto Chiavenato e Arão Sapiro (2009), o planejamento estratégico está relacionado com os objetivos estratégicos em curto, médio e longo prazo que afetam a direção ou viabilidade da empresa. Já a estratégia é a maneira de construir viabilidade para um plano de trabalho. É o curso de ação escolhido pela organização a partir da premissa de que uma futura e diferente posição poderá oferecer ganhos e vantagens em relação à situação atual.

A diferença entre o trabalho do cientista e do estrategista é que o primeiro focaliza problemas orientados para uma disciplina específica, enquanto o segundo enfrenta problemas interdisciplinares, envolvendo uma gama de conhecimentos (CHIAVENATO; SAPIRO, 2009). Você precisa ser um estrategista para trabalhar com planejamento junto aos times e, além disso, estar alinhado ao contexto real e em constante mudança das empresas nas últimas décadas.

O livro "A Arte da Guerra", de Sun Tzu (2007), aponta que o primeiro passo é ter informação sobre o inimigo – conhecer com quem você trabalha também é alicerce para um planejamento colaborativo. Depois ele descreve o quanto devemos conhecer o terreno no qual será a guerra, suas planícies e montanhas, para assim antecipar movimentos, seja de proteção ou de emboscada, antevendo possíveis ataques. E tudo isso deve ser precedido de ensaios, de repetição e método. Para o autor, o grande desfecho da guerra vai depender do grau de planejamento e organização do time, além, é claro, da coragem e da força de que se dispõe.

Se possível, evite o confronto, pois "um reino que tenha sido destruído jamais poderá tornar-se a construir" (SUN-TZU, 2007). Talvez o maior ensinamento seja: esteja preparado, assim jamais será surpreendido. E nós, como nos preparamos? Planejar é pensar antes, durante e depois de agir. Um fazer permanente do líder.

Para Carlos Matus (*apud* RIVERA; ARTMANN, 2003), deve-se considerar o contexto – o que ele denominou de **planejamento estratégico situacional**, que pode ser explicado por meio de diferentes momentos:

- ✓ **Momento explicativo:** como descrever o problema, como explicá-lo, quem são os atores envolvidos? Deve-se definir o problema levando em conta o contexto da empresa ou das equipes. Devemos propor indicadores e mapear as atividades a serem realizadas. É o momento de mapear a imagem do futuro desejado.
- ✓ **Momento normativo:** é o momento de elaborar o mapa teórico e planejar o futuro ideal. Deve-se propor intervenções a partir da seleção de nós críticos e um quadro ideal de trabalho.
- ✓ **Momento estratégico:** é o momento de construir a viabilidade para o plano de trabalho: deve-se identificar os recursos críticos e como viabilizá-los.

✓ **Momento tático-operacional:** trata-se de operacionalizar o plano por meio da execução e monitorá-lo. É importante gerenciar a intervenção para acompanhar o efeito de cada uma das ações propostas.

Planejamento para alta performance: as raízes da colaboração para a mudança

Um time colaborativo confia na jogada do seu colega e pode "passar a bola de olhos fechados".

Para alcançarmos a alta performance por meio do planejamento é preciso observarmos cinco passos:

1. **Mudança de cultura nas empresas:** a partir da mudança de *mindset*, de comportamento, de ideologias e da mudança no pacote de ferramentas de trabalho.
2. **Mudanças no relacionamento entre as equipes, com os clientes e com o mercado:** é preciso utilizar *soft skills*, empatia e atenção personalizada.
3. **Capacidade colaborativa:** a interação, a integração e a cooperação entre as pessoas incentivam a criatividade e o espírito de equipe, potencializando resultados e alta performance.
4. **Ambiente colaborativo:** é importante aprender a ouvir mais do que falar, praticar a empatia entre os colaboradores e deixar as pessoas à vontade com o processo de *feedback*. O líder precisa aprender a liderar e a ser liderado. Comunicar-se de maneira clara sem abstrações é fundamental para estabelecer relações de ganha-ganha.
5. **Ferramentas para o trabalho colaborativo:** escolher boas ferramentas e metodologias tem como objetivo melhorar a comunicação entre os participantes, facilitar a realização das tarefas, apoiar a decisão e acompanhar alterações (FOGEL *et al.*, 2020).

Mas, afinal, o que podemos utilizar para tornar o planejamento mais dinâmico e promover a colaboração? Entre as ferramentas que auxiliam na definição do propósito e no alinhamento das expectativas do time está o quadro do *Team Canvas*.

O *Team Canvas* é um quadro proposto por Alex Ivanov e Mitya Voloshchuk com o objetivo de discutir a dinâmica de trabalho e interação de um time, impactada tanto pela cultura pessoal de seus integrantes quanto pela cultura organizacional (THE TEAM CANVAS, 2015).

Os itens que compõem o *Team Canvas* são construídos em conjunto com o time e formam um mapa de decisão:

1. **Pessoas e funções:** nome e funções dos integrantes.
2. **Objetivos comuns:** qual o foco comum do time e como alcançá-lo.
3. **Objetivos pessoais:** objetivos individuais que estejam alinhados ao objetivo do time.
4. **Propósito:** por que fazemos o que fazemos, a motivação do time.
5. **Valores:** quais são os nossos valores dentro desse processo.
6. **Forças e ativos:** pontos fortes e recursos que potencializam o resultado.
7. **Fraquezas e riscos:** pontos fracos e desafios a serem enfrentados.
8. **Necessidades e expectativas:** o que se precisa, o que se quer e aonde se quer chegar.
9. **Regras e atividades:** regras básicas e atividades-chave que vão mudar o rumo da jornada e alcançar o sucesso.

O *Team Canvas* pode ser aplicado em uma reunião da equipe na qual possa ser discutido o propósito do time diante de determinado produto, relacionando-o com suas funções e atividades.

> *Se você colocar todas as pessoas de uma organização na mesma direção, poderá dominar qualquer setor, em qualquer mercado, contra qualquer concorrência, a qualquer momento (LENCIONI, s.d.).*

Outro ponto importante para considerar trabalharmos com planejamento em times de alto desempenho é compreender o contexto da empresa e do próprio time, a fim de direcionar o caminho. Segundo Patrick Lencioni (s.d.), autor *bestseller* que escreve sobre liderança, trabalho em equipe e saúde organizacional, alguns pontos são muito importantes para o trabalho com equipes de alto desempenho, e eles partem do planejamento colaborativo e da cultura das empresas.

Entre as competências para formação desses times estão a identificação de algumas habilidades que podem ser identificadas por meio das seguintes perguntas: 1) os membros da equipe expõem francamente suas opiniões? 2) As reuniões de equipe são produtivas? 3) A equipe evita se prender ao consenso? 4) Os participantes sacrificam seus interesses em favor da equipe?

Além disso, o autor aponta quais seriam as principais disfunções dos times que podem ajudá-lo a planejar bons treinamentos ou mesmo novos times (LENCIONI, s.d.):

- ✓ **Falta de confiança:** o medo de se mostrar vulnerável faz com que a equipe não construa laços de confiança.
- ✓ **Medo do conflito:** o conflito ideológico produtivo pode ajudar a criar ideias e soluções, ao contrário da harmonia artificial que criamos para evitar o conflito.
- ✓ **Falta de compromisso:** a falta de adesão ao plano evita que a equipe tome decisões importantes.
- ✓ **Fuga de responsabilidade:** a mesma harmonia artificial para evitar desconfortos faz com que os times não se responsabilizem uns pelos outros no desempenho geral.
- ✓ **Falta de atenção aos resultados:** a falta de atenção aos resultados do time causada pelas metas individuais e pelo status pessoal atrapalha o desempenho dos times.

Por fim, o planejamento é uma ferramenta que pode contribuir com todo o processo de trabalho dos times e também pode ajudar a mapear oportunidades de melhoria e pontos fracos e fortes, cabendo a nós saber escolher a metodologia e abordagem. Cabe a nós, líderes de alta performance, estudar e escolher a melhor arma para cada guerra ou batalha em que formos entrar.

11. Meditação e o ambiente corporativo

Carolina Rojo Rodrigues

Se você ainda não pratica meditação ou se não parou para entender o funcionamento da sua mente, isso é uma questão de tempo. A meditação tem ganhado cada vez mais espaço e relevância devido à necessidade de manter a saúde mental perante as adversidades que as pessoas têm experienciado.

Práticas de atenção deixaram de ser algo restrito a monges tibetanos, iogues do Himalaia ou pessoas que se retiravam da sociedade, abdicando do conforto de suas casas para se dedicar ao autoconhecimento nas florestas.

Meditação e o ambiente corporativo pareciam instâncias muito distantes uma da outra, mas já vêm mostrando suas similaridades. No primeiro caso, imaginamos um monge, de vestes alaranjadas ou vermelhas, com uma feição pacífica, sentado de pernas cruzadas em um ambiente montanhoso envolto de natureza. Já no segundo caso, a imagem de um empresário, de terno e gravata, sem tempo, impulsionado por um ritmo acelerado e por resultados. Esses personagens mostram um passado, pois hoje já podemos ver monges morando em centros urbanos e empresários cada vez mais dedicados à saúde e ao bem-estar, tanto físico como mental.

Não é difícil encontrarmos hoje escolas que ensinem a meditar ou relaxar. A busca por esses aprendizados tem crescido muito.

Mas por que a meditação tem se tornado um tema cada vez mais atual, que permeia o nosso cotidiano urbano, alcançando inclusive quem não tem como meta a busca espiritual?

Pode-se dizer que um dos motivos é a enorme quantidade de pesquisas nesse campo. A ciência demonstrou de diversas formas os efeitos da meditação, deixando-a mais aceitável para a mentalidade ocidental, que sente a necessidade dessas comprovações. O próprio Dalai Lama contribuiu e continua contribuindo, estimulando pesquisas nessa temática.

A meditação pode ser descrita como uma prática que engloba um conjunto de técnicas que buscam treinar a focalização da atenção (SHAPIRO, 1981). Resumindo, a meditação treina e estimula a nossa atenção. É por isso que temos visto tantos resultados positivos para praticantes de meditação. Coloco aqui alguns exemplos de estudos na área.

Tem um artigo super atual, realizado no Hospital Israelita Albert Einstein em São Paulo, sobre pessoas que trabalham na área da saúde durante o período pandêmico de COVID-19. Foi aplicada uma prática que estimula atenção e concentração no local de trabalho. O seu efeito nos funcionários que participaram do experimento foi comprovado logo após um mês: os participantes estavam mais atentos. Após dois meses de prática, estes relataram um sono melhor e redução no estresse, entre vários outros efeitos em tomadas de decisões e identificação de riscos (KOSAZA *et al.*, 2020).

Um outro estudo, publicado pela revista *Frontiers in Psychology* por Lacerda, Little e Kosaza em 2018, demonstrou a eficácia de uma prática de redução de estresse ao constatar, após oito semanas, o aumento da atenção, o alívio do estresse e também da ansiedade e da depressão.

Conversando com uma querida amiga, Gabriela Vicari, sócia-diretora do maior grupo de conteúdo para o setor de tecnologia do país, ela me contou sobre um assunto que já está rondando alguns grandes empresários, dizendo que ouviu em uma reunião de trabalho a seguinte frase: "todas as empresas dão muito valor e investem em tecnologia para otimizar processos dentro das empresas, mas poucas pessoas estão dando valor à maior tecnologia já desenvolvida neste planeta, o corpo humano". Ela me alertou: quem souber utilizar o corpo humano, em especial a mente, terá uma vantagem profissional. Vicari pratica breves meditações às manhãs e à noite e relata que estes são momentos-chave nos quais pede por respostas internas. No silêncio alcançado, consegue visualizar como será o dia e, principalmente, manter o equilíbrio emocional necessário para lidar com as atividades do dia. Nesses momentos de meditação, é como se saltasse à mente tudo o que ela precisará olhar com mais atenção.

Já temos visto que as empresas, de modo geral, têm buscado tecnologia e transformação digital para auxiliar nos processos. É um pensamento constante: "como otimizar os processos e deixar as entregas mais rápidas", para que o plano estratégico seja aplicado cada vez de forma mais rápida e com menos custo. Tudo o que auxiliar nessa entrega de forma rápida e objetiva, diminuindo o tempo dos processos, é algo importante, a garota dos olhos de qualquer diretor de empresa.

O que não foi muito visto pelos CEOs, mas está começando aos poucos a ganhar seu espaço, e o que fará a meditação cada vez mais permear o dia a dia do ambiente corporativo, é perceber que a otimização de processos pode começar com treinamentos na mente de cada colaborador. Isso mesmo: nós nos concentramos nos processos externos, mas se a mente de quem opera esses processos não estiver bem treinada, ainda haverá o risco de erros e retrabalhos.

O tempo está cada vez mais caro e mais importante. Como utilizar o tempo é algo que tem que ser estudado com sabedoria. Em uma conclusão mais descuidada, pode parecer que para ganhar tempo é necessário desempenhar mais atividades em menos tempo. Mas será que é assim mesmo? Ou será que o que precisamos, na verdade, é estarmos mais focados para sermos mais objetivos?

Vamos pensar em uma história possível: um empresário casado acorda cedo em sua casa e logo de manhã vê que seu filho pequeno não está se sentindo muito bem. A mãe fica preocupada e não sabe se deve ou não levá-lo à escola. Mas como fazer, se ambos trabalham? Será que os avós podem ficar com a criança? O empresário defende a ideia de que o melhor é levá-lo à escola, mas a esposa acha melhor deixá-lo nos avós. Até chegarem a uma decisão já são 9h da manhã, muito além do horário que ele esperava chegar no escritório. Ele chega então querendo dar conta de tudo o que já estava programado para fazer no dia. Até esse momento, ele já vai ter razões suficientes para querer compensar o tempo perdido e entrar em um *mindset* de atraso e ansiedade. Seu ambiente mental fatalmente influenciará as decisões tomadas por ele e sua equipe. Nesse caso, ele não conseguiu separar a vida pessoal da profissional e muito menos ter a mente isenta para tomar as decisões no momento. O que foi decidido neste dia desencadeará uma série de decorrências. E por mais que antes os processos tivessem sido planejados adequadamente, agora, por uma questão pessoal, o projeto começa a correr riscos de retrabalho – não pela falta de tecnologia, de conhecimento profissional ou de uma boa estratégia, mas de uma inabilidade de lidar com os próprios pensamentos e emoções.

Se esse empresário tivesse o padrão de, por 20 minutos, meditar no final da tarde, poderia ter organizado seus pensamentos e necessidades de atenção no dia e ter poupado o tempo de retrabalho. Entende agora o ponto em que quero chegar e a importância da meditação para o ambiente corporativo?

Será necessário organizar nossos pensamentos, ter mais conhecimento sobre os processos mentais e aprender a lidar com nossas emoções. Quem possuir essas qualidades terá vantagens no ambiente profissional, assim como no pessoal.

Espero que essa breve conversa possa ter acendido uma vontade ou pelo menos uma curiosidade sobre a prática da meditação. Por que você não dá uma chance e treina meditação?

Uma meditação guiada pode ser um ótimo começo, mas para quem quiser incorporar a meditação na rotina poderá partir para o bom e tradicional método de ficar quieto e parado, sem estimular os pensamentos. Lembre-se: a meditação treina a nossa atenção, então não deixe os pensamentos à deriva. Mantenha a sua concentração em um ou mais itens (um exemplo muito comum é se concentrar na respiração).

Seguem aqui algumas dicas para facilitar o processo da meditação:

- ✓ Programe um horário para a meditação. Se possível, de manhã ou de noite, mas não marque no meio do dia pois podem aparecer imprevistos que impossibilitem a prática. Na data que agendou para meditar, medite: não fure, faça como programou. Este é o primeiro passo.
- ✓ Escolha um espaço para meditar. Se não der para ser na sua casa, que seja no carro, no trabalho, ou em algum ambiente confortável, que seja harmonioso e silencioso. O silêncio é importante, principalmente para iniciantes.
- ✓ O corpo tem que estar em uma postura confortável. Não queira meditar se o corpo dói na postura escolhida. Meditação não é faquirismo. Mas também não faça meditação deitado: não vai dar certo, você precisa estar desperto. E não pratique quando estiver caindo de sono...
- ✓ Não brigue com os seus pensamentos. Se a mente estiver agitada, observe-a, pois quanto mais você conversar com seus pensamentos para parar de pensar, mais estará pensando. E fique atento, pois todos nós temos um quê narcísico de achar muito importante o que pensamos. Na meditação baixamos a nossa bola e trocamos a importância dos pensamentos pelo silêncio e conforto interno. Nesse estado a mente se organiza.

Boa prática!!

12. O poder do *biohacking*

Tiago Pereira

Você já ouviu falar de hackear (invadir) computadores, *smartphones*, e-mails.

Mas e quanto a hackear seu corpo?

O conceito é chamado de ***biohacking*** e, embora possa parecer algo tirado do *Admirável Mundo Novo*, é uma junção de autoaperfeiçoamento e autoexperimentação aplicada ao seu bem-estar. Existem várias maneiras de começar a incorporar métodos de *biohacking* em sua rotina diária visando a sua melhora de saúde.

Biohacking é essencialmente a prática de mudar nossa química e nossa fisiologia através da ciência e da autoexperimentação para energizar e melhorar o corpo.

É uma definição ampla, mas também porque a ideia de "biohacking" está em constante evolução. Pode ser tão simples quanto implementar mudanças no estilo de vida e na dieta que melhorem o funcionamento do seu corpo. Pode ser tão diário quanto usar a tecnologia vestível para ajudá-lo a monitorar e regular dados fisiológicos. Ou pode ser tão extremo quanto usar a tecnologia de implantes e a engenharia genética. As possibilidades são infinitas, mas todas elas estão enraizadas na ideia de que podemos mudar nosso corpo e nosso cérebro, e que, ao fazer isso, podemos nos tornar mais inteligentes, mais rápidos e melhores como seres humanos.

Então por onde começar?

Primeiro é importante você enxergar o quanto o nosso cérebro é antigo e moldado pela lei da selva. Portanto, muitos dos nossos impulsos e escolhas estão atrelados a nossos ancestrais, que viviam em um ambiente hostil e com a vida quase sempre ameaçada. Nosso cérebro construiu a maioria das nossas informações e conexões cerebrais com base no objetivo da perpetuação da espécie e do nosso DNA. Somos forçados a sobreviver a qualquer custo.

O nosso cérebro só fixa fatos, eventos ou informações sempre de duas formas: pela repetição ou pela emoção. Para começar a prática de *biohacking* sempre sugiro primeiramente esse entendimento do quão primitivo é nosso corpo – afinal, saímos da savana, mas ela não saiu da gente. O segundo passo é o uso de *wearables* como o FitBit ou o Apple Watch para rastrear o funcionamento do seu corpo. Dessa forma, você passa a mensurar alguns dados referentes ao seu corpo.

Você também pode começar a experimentar, por exemplo, os benefícios do jejum intermitente ou mesmo o poder da música em sua vida cotidiana, tudo visando a otimização da saúde.

Popular entre executivos do Vale do Silício, vários CEOs vêm praticando algumas das possibilidades do *biohacking*. Um dos exemplos é o CEO do Twitter, Jack Dorsey, que em suas redes sociais divulga os benefícios de jejuar intermitentemente e beber "suco de sal" todas as manhãs. Não poderia deixar de citar Dave Asprey, que, junto de Tim Ferris, foi o responsável pela explosão do conceito de *biohacking* no mundo inteiro.

Segundo Dave Asprey (2016), *biohacking* é "a arte e a ciência de mudar o ambiente ao seu redor e dentro de você para que você tenha controle total sobre sua própria biologia". Dentre suas inúmeras experimentações com seu corpo (ASPREY, 2017), destaco a injeção de células-tronco em suas articulações, as dezenas de suplementos que toma diariamente e a exposição à luz infravermelha. Segundo Asprey (2019), tudo parte da sua busca por viver pelo menos até os 180 anos.

Outro *biohacker* importante é Timothy Ferriss. Segundo ele, seu corpo é uma máquina complexa e há poucas dúvidas de que abastecê-lo com lixo e dirigi-lo sem parar fará com que ele se deteriore mais rapidamente. Agora, se você levar a manutenção a sério – comendo refeições nutritivas, fazendo exercícios regularmente e priorizando o sono –, você aumenta suas chances de obter mais quilometragem.

Para Ferriss (2018), a meditação é o *biohack* mais original e comum entre a maioria das pessoas bem-sucedidas, e de fato os estudos descobriram que essa prática antiga pode ajudar a controlar tudo, desde ansiedade e dores de cabeça até insônia, asma e doenças cardíacas. Além do mais, a **pesquisa sugere** que ela na verdade reduz a inflamação em um nível celular, alterando a maneira como certos genes são expressos.

Para Diclementi (2016), o **treinamento intervalado de alta intensidade (também conhecido como HIIT)**, que envolve a alternância de breves períodos de atividade rápida e intensa com períodos de recuperação mais longos e mais lentos, é uma técnica bem pesquisada que de fato facilita a queima de gordura e a construção de músculos com treinos mais curtos.

Segundo Greenfield (2020), o HIIT engana seu metabolismo para mantê-lo elevado depois de terminar o treino, o que se traduz em queimar megacalorias sem ter que trabalhar o dia todo na academia. Para Sinclair e LaPlante (2019), o HIIT pode até desacelerar o processo de envelhecimento, fazendo com que suas células produzam mais proteínas necessárias para as mitocôndrias (que alimentam suas células).

Outra estratégia utilizada pela grande maioria dos *biohackers* (e há evidências de que funciona pelo menos para algumas pessoas) é o **jejum intermitente.**

Em um estudo publicado no *JAMA Internal Medicine* (TREPANOWSKI *et al.*, 2017), adultos obesos que foram aleatoriamente designados para tentar o jejum em dias alternados na verdade perderam peso – mas o mesmo aconteceu com aqueles que foram designados para simplesmente cortar calorias.

Para Greenfield (2020), se você precisa perder peso, mas luta com abordagens que exigem que você conte calorias ou corte alimentos específicos, o jejum intermitente pode valer a pena, desde que você não tenha histórico de distúrbios alimentares ou doenças crônicas, como diabetes.

Outra estratégia poderosa e testada por Asprey (2016) é a dieta cetogênica (também conhecida como *keto*), que é um plano alimentar com baixo teor de carboidratos e alto teor de gordura que força seu corpo a queimar gordura em vez de glicose para obter energia. As pessoas que seguiram uma dieta cetônica perderam mais peso do que aquelas que seguiram uma dieta com baixo teor de gordura, inclusive o próprio Asprey.

Greenfield recomenda em seu livro (2020) que o *keto* estrito costuma ser uma solução de curto prazo, e o reajuste para uma dieta mais equilibrada depois disso será a chave para manter os quilos a menos. Ele sugere ficar longe da *keto* se tiver problemas renais ou hepáticos e sempre alinhar com o seu médico se você tiver quaisquer doenças crônicas.

Segundo Asprey (2019), uma das ferramentas de *biohacking* com potencial é o uso da **crioterapia** localizada ou de corpo inteiro (crioterapia ou terapia fria). A exposição a temperaturas super frias pode ajudar a acelerar o reparo e a recuperação muscular, embora as pesquisas tenham mostrado resultados variados. Inclusive um **pequeno**

estudo descobriu que o frio pode, em vez disso, retardar o crescimento muscular (REYNOLDS, 2019).

De fato, a crioterapia tem um custo elevado, mas convenhamos que um banho de gelo também pode reduzir a dor muscular após o exercício.

Nootrópicos ou drogas inteligentes

Os suplementos cognitivos talvez sejam uma das maiores tendências e febres no Vale do Silício, e a próxima parada é o Brasil.

Ferriss (2018) cita algumas celebridades e personalidades que fazem uso de nootrópicos como Adderall, Venvanse, Modafinil e Ritalina. Não recomendo o uso sem um acompanhamento médico, pois existem vários efeitos colaterais, como hipertensão e vício. O piracetam, composto sintético disponível sem receita aqui, mas vendido com receita em outros países, também deve ser evitado pela maioria das pessoas, porque foi testado apenas em quem já tem problemas cognitivos.

Se você está intrigado com os estimuladores cerebrais nootrópicos, sugiro consultar um nutricionista integrador ou outro especialista.

Inclusive, para Asprey (2016), o Modafinil esteve presente em sua rotina como programador por anos até encontrar o conhecido "bulletproof" (café à prova de balas feito com manteiga ghee e óleo de coco).

Segundo Isaacson (2021), quebramos uma barreira no nosso código genético. A francesa Emmanuelle Charpentier e a norte-americana Jennifer A. Doudna foram ganhadoras do Prêmio Nobel de Química deste ano por desenvolverem um sistema de edição genética chamado de CRISPR em 2012. A técnica é uma espécie de "tesoura molecular" capaz de modificar genes humanos. A tecnologia CRISPR tem o potencial de corrigir disfunções genéticas e tratar doenças, mas não é algo que uma pessoa comum deva fazer.

Nós **somos máquinas** criadas para serem **perfeitas biologicamente**. Todo o nosso corpo foi desenvolvido nos mínimos detalhes por um "designer avançado" e sofisticado para realizar tarefas e atividades de todo tipo.

E é possível melhorar ainda mais nossa performance com o *biohacking*.

13. Dor emocional e dor física: onde elas se encontram?

Simone Albano

Cinco pistas para descobrir onde se encontram as dores emocional e física

Convido você leitor a mergulhar comigo em uma investigação profunda. Juntos temos o objetivo de responder à pergunta que intitula este capítulo. Onde se concentram nossas dores e doenças? Se até o final deste capítulo você conseguir dar o primeiro passo em direção à resposta, poderá aplicar os achados na própria vida. Depois de testemunhar a transformação do seu corpo, compartilhe com amigos, parentes e familiares as preciosas informações que absorverá através desta leitura.

Coloque os óculos (mesmo que não use, imagine), abra bem os olhos e mentalize uma águia por alguns segundos. Agora sim você está pronto para começar.

"Engole o choro" – esta frase faz parte da linguagem dos brasileiros há muitos anos no âmbito familiar, no trabalho e em músicas populares. Basta refletirmos dois segundos para chegarmos à conclusão de que engolir o choro não é saudável. Quando comemos alimentos indigeríveis eles saem nas fezes – e quando engolimos o choro me preocupa por onde sairá. Gostaria que você experimentasse neste exato momento o sapo que acabei de preparar, ele tem perninhas finas e longas que podem enroscar em sua garganta caso você hesite em comê-lo; sugiro que seja rápido, feche os olhos e só engula, sem pensar e sem julgar. Ao abrir a boca, o sapo passará por ela: ele é gelado e grande. Empurre-o com as mãos, faça força e impulsione-o "goela" abaixo. Engoliu? Como foi? Essa sensação que acabou de experimentar faz parte da vida de muitas pessoas, seja no trabalho, no relacionamento, no trânsito ou no dia a dia.

Agora imagine-se na Tailândia fazendo turismo, conhecendo lugares incríveis e exóticos. Obviamente que o almoço será em um local especial e que servirá pratos típicos. O principal é rã frita à milanesa – é um prato bonito, tem verduras em volta da rã e algumas azeitonas pretas gigantes. O garçom explica que a carne de rã parece com a de frango, tem um gosto similar, muita proteína, pouca gordura e mais cálcio do que o leite. Ele conta que a rã tem habilidades incríveis para saltar bem alto; quem come carne de rã, segundo a tradição local, conseguirá saltar alto na vida. Você aceita experimentar a carne de rã? Tenho certeza de que você está ansioso para experimentar e uma sensação prazerosa invadiu o seu corpo quando leu que quem come carne de rã consegue saltar mais alto na vida. As sensações e percepções liberam substâncias que influenciam o nosso organismo: você não viveu exatamente o que leu, mas experimentou e percebeu algumas sensações que de alguma forma mexeram com o seu organismo. Continuemos.

Quem está no controle, o cérebro ou o coração? Muitas culturas antigas associavam os pensamentos a órgãos internos (coração e fígado), até que os antigos egípcios perceberam a importância do cérebro no controle do corpo. Os egípcios foram os primeiros a estudar a anatomia humana com o objetivo de descobrir o que de fato adoecia e matava os homens. Eles acreditavam que a morte era uma fase de transformação: a alma deixava o corpo e seguia seu caminho para logo retornar. Nesse sentido, sendo a morte passageira, era importante compreender como conservar o corpo da melhor forma possível. Os egípcios sabiam da influência dos pensamentos e da mente no nosso corpo.

Observe a figura: qual das duas posturas pode ajudar a nossa empresária a apresentar o seu projeto com sucesso e maestria? Postura A ou postura B?

Postura A	Postura B

Figura 13.1. Posturas A e B.
Fonte: a autora.

Certamente a postura B. Através da posição do tórax de uma pessoa podemos saber se ela é confiante ou não. Resgate agora em sua memória duas pessoas incríveis que você admira, que mostram confiança e não deixam dúvidas sobre o que estão fazendo. Como é a posição do tórax delas: para baixo ou alinhada e para cima? Você já observou a postura das vendedoras da joalheria Tiffany? E a postura das vendedoras de meias da rua 25 de março? Caro leitor, não deixe o julgamento tomar conta de sua leitura, o objetivo aqui é a investigação, certo? Para investigar é preciso livrar-se dos preconceitos e dos julgamentos, se por algum momento o preconceito passou pela sua cabeça saiba que ele está dentro de você e não em minha mente.

Quer saber o que tem em minha mente? A segunda pista da nossa investigação: o corpo pode influenciar no resultado de uma ação de qualquer pessoa. Tudo o que pensamos e sentimos é exteriorizado, colocado para fora, através de ações realizadas pelo corpo. É através da ação de apresentar um projeto que o corpo demonstra o que tem dentro do seu cognitivo – é através da ação do corpo ao vender meias que as pessoas sabem instintivamente se você vende boas meias ou apenas quer o dinheiro delas. As dores e doenças são resultado de um desequilíbrio do corpo que vem acontecendo há algum tempo. Você pode descobrir que está com diabetes agora, mas isso não significa que ele foi gerado no seu corpo ontem, ao contrário: trata-se do resultado de um estilo de vida dos últimos dez anos. Vamos voltar ao passado:

> *A distinção entre passado, presente e futuro é apenas uma ilusão teimosamente insistente. – Albert Einstein*

No século V a.C. a medicina hipocrática considerava o corpo governado por quatro "humores", que seriam fluidos que compõem o corpo humano: melancólico (bile negra), colérico (bile amarela), sanguíneo (sangue) e fleumático (fleuma). Se você, por exemplo, for uma pessoa que sofre muito com uma desilusão amorosa, com o pedido de demissão de uma ajudante doméstica, com a sua mãe que resolveu falar demais no almoço de domingo, pode ser que você seja uma pessoa melancólica. A bile é uma substância produzida pelo fígado que tem o propósito de ajudar no processo digestivo. Ela é composta por diversas substâncias, sendo as principais: água, sais biliares, colesterol e bilirrubina. A bile possui importantes funções, sendo essencial para a digestão e absorção de gorduras e algumas vitaminas. Pessoas melancólicas têm em excesso a bile negra (excesso de terra no organismo e na mente). Hipócrates afirmava que cada indivíduo tem seu próprio equilíbrio natural de humores, que dita tanto seu temperamento quanto sua saúde. Acabamos de encontrar a terceira pista: as dores e doenças do corpo também são influenciadas pela nossa alimentação.

Durante bons anos filósofos gregos, egípcios e romanos discutiam onde estaria a mente: a mente é a alma? Onde estaria localizada no corpo? No coração, no cérebro ou no fluido sanguíneo? Na visão da Igreja Católica, o corpo, a alma e o espírito são separados, sendo o espírito a parte imortal que anseia a comunhão com Deus. Essa visão trouxe para os fiéis a crença de que o corpo é pecador, que é o responsável pelas maldades e é castigado através de doenças pelo diabo. O diabo é resultado de uma longa gestação cultural – é um arquétipo que ganhou força ao longo dos anos, uma transferência de tudo de ruim que um indivíduo carrega dentro de si para uma figura externa. Esse pensamento nos colocou em posição de vítimas e pacientes no comando da saúde e doenças. É aqui que trago a quarta pista: a vitimização e o estado de paciente influenciam no aumento de dores e doenças do corpo.

Em algum momento da história criou-se a ideia de corpo e mente totalmente separados. Com a chegada do EEG em 1970, foi possível mapear os padrões de atividade cerebral, e a ressonância funcional está permitindo chegarmos mais próximos de uma resposta científica e ao mesmo tempo muito próxima do que os filósofos já diziam em 2.000 a.C. Através da ressonância podemos observar a atividade mental enquanto ela acontece. As tarefas sensoriais e motoras do sistema nervoso central são as mais fáceis de localizar; já os aspectos emocionais e cognitivos, que nos definem como indivíduos e como seres humanos, não podem ainda ser encontrados e localizados. A dor e a doença são percepções que envolvem três aspectos: físico, que é o tecido que se apresenta lesionado; mental, que são as vias nervosas que enviam informações do tecido lesionado para o cérebro e vice-versa; e o cognitivo, que o indivíduo entende por dor e a sua memória em relação a essa dor. Muitas pessoas sentem dor e não têm tecidos lesionados, e outras pessoas com tecidos lesionados não sentem dor alguma.

Chegamos ao final da nossa investigação e as cinco pistas foram apresentadas a você: sensações e percepções, postura física e mental, alimentação, dualismo do corpo e mente e os tecidos físicos do corpo humano, que são responsáveis pelas dores e doenças. Talvez você esteja com mais dúvidas do que respostas... comemore! A partir do momento em que você começar a ter mais dúvidas do que respostas em relação ao próprio corpo, será capaz de encontrar as respostas que podem oferecer uma vida sem dores e sem doenças.

14. Como a espiritualidade pode trazer benefícios para mente, corpo e espírito

Ana Cristina Gralhóz
Márcia Welita da Silva
Wilson Galvão Junior

A espiritualidade pode ser definida como uma propensão humana a buscar significado para a vida por meio de conceitos que transcendem o tangível: um sentido de conexão com algo maior que si próprio, que pode ou não incluir uma participação religiosa formal. Podemos dizer que a espiritualidade é o conjunto de crenças que trazem sentido à vida de um indivíduo que procura razão e preenchimento no viver. Proporciona crescimento pessoal através de idealismo, esperança, altruísmo, reunindo características que dão apoio à vida e ao sofrimento. Além disso, gera tolerância, pertencimento à comunidade e amor ao próximo, proporcionando aproximação e estreitamento de relações interpessoais. Espiritualidade representa o meio pelo qual nós encontramos um sentido para tudo, além de conforto e paz interior em nossas vidas.

A relação entre saúde e espiritualidade é datada desde os tempos remotos. Egípcios, gregos e autoridades religiosas dos tempos medievais aliavam práticas médicas e espirituais ao cuidado dos pacientes. Somente no período da Renascença é observada uma cisão entre a ciência e a espiritualidade, o que perdurou até o século XX, quando ocorre o crescimento da "espiritualidade baseada em evidências", a qual se propõe estudar os desfechos clínicos proporcionados pela fé – negligenciar a dimensão espiritual é como ignorar o ambiente social de um paciente ou seu estado psicológico, e resulta em falha ao tratar a pessoa integralmente. A espiritualidade pode estar vinculada ou não a uma designação religiosa.

Em 1999 foi publicada uma resolução na OMS (Organização Mundial da Saúde) onde foi incluído o âmbito espiritual em viés multidisciplinar de saúde, agregando-o aos aspectos físicos, psíquicos e sociais.

O interesse pela relação entre espiritualidade/religiosidade e saúde tem crescido significativamente no Brasil, uma vez que estudos indicam relação positiva entre essas variáveis. Nesse sentido, muitas organizações de saúde têm feito pesquisas e estudos que recomendam abordagem e avaliação da espiritualidade do paciente, levando-se em conta um atendimento integral à saúde do indivíduo.

A ciência tem reconhecido que a assistência à saúde requer a abordagem da dimensão espiritual do ser humano, superando a visão biomédica de abordagem estrita da doença. Visando instrumentar o profissional de saúde na abordagem da E/R (espiritualidade e religiosidade) do paciente, esforços têm sido feitos no sentido de criar questionários estruturados que norteiam a prática. A Lista Espiritual de Kuhn foi um dos primeiros recursos disponibilizados, contemplando 35 questões relativas às crenças religiosas que influenciam na saúde. O *American College of Physicians*, por sua vez, elaborou um consenso que aborda questionamentos sobre a espiritualidade que o profissional de saúde deve conduzir com pacientes graves, em doenças crônicas e em cuidados paliativos. A anamnese espiritual é instrumento ativo nesse tipo de abordagem. Podemos citar como referência no assunto dois livros na área: "Espiritualidade no cuidado com o paciente", de Harold Koenig (2005) e "Sobre a Morte e o Morrer" (2017), de Elisabeth Kübler-Ross.

A espiritualidade pode desencadear efeitos favoráveis à saúde, pois ajuda o paciente a enfrentar melhor as adversidades, o que irá refletir no prognóstico.

Considerar o ser humano do ponto de vista global, integrando os diversos aspectos da sua individualidade e de sua relação com o meio, enriquece a relação médico-paciente e conduz a novos horizontes preventivos, diagnósticos e terapêuticos.

Salienta-se, ainda, a diminuição na ação das células de defesa, como as NK (*natural killer*), que são linfócitos citotóxicos necessários para o funcionamento do sistema imunitário inato. Têm um papel importante no combate a infecções virais e células tumorais, assim como de outros mecanismos do sistema imunológico em pacientes acometidos por depressão, estresse pós-traumático e outros estados mentais desfavoráveis que apresentam alterações importantes na resposta imunológica.

Alguns estudos mencionados por Koenig (2005):

- ✓ Em comparação com alunos que assistiram a um filme sobre a Segunda Guerra Mundial, os alunos que assistiram a um filme sobre Madre Teresa de Calcutá tiveram um aumento nos níveis de imunoglobulina-A.
- ✓ Diminuição de 50% dos níveis de interleucina-6 em pessoas com atividades regulares em serviços religiosos.
- ✓ Aumento de linfócitos CD4 em soropositivos para HIV associado a crenças e práticas religiosas de um grupo de pacientes, quando comparado ao grupo formado por pacientes não envolvidos nas tais atividades.

✓ Aumento nos níveis de células NK, linfócitos-T auxiliares e da atividade linfócita em mulheres acometidas por câncer de mama com atividades religiosas, práticas de meditação e respiração, em comparação a um grupo de controle que não participava das atividades.

A prática espiritual cultiva a consciência do momento presente, traz o indivíduo para o aqui e o agora, estimulando o pensamento claro e excluindo assim todo o pré-julgamento, numa atitude mais amorosa de compaixão. Treinamentos em *mindfulness* têm fornecido evidências preliminares de sua eficácia no tratamento da dor, da psoríase, do diabetes tipo 2, de transtornos do sono, do transtorno do déficit de atenção e hiperatividade, da obesidade e de transtornos alimentares e depressivos.

Segundo Zohar e Marshall em seu livro "QS: Inteligência Espiritual" (2017), seu reconhecimento, com características científicas, deriva de pesquisas muito recentes, a partir de 1990, feitas por neurologistas, neuropsicólogos, neurolinguistas e técnicos em magnetoencefalografia (que estudam os campos magnéticos e elétricos do cérebro). Segundo esses cientistas, existe em nós, empiricamente verificável, outro tipo de inteligência – a espiritual (QEs = Quociente Espiritual). Por meio dela captamos os contextos maiores de nossa vida, criativamente rompemos limites e nos sentimos inseridos no todo, tornando-nos sensíveis a valores e a temas ligados a Deus e à transcendência.

A espiritualidade nas organizações

Segundo Milliman, Czaplewski e Ferguson (2003), o tema espiritualidade começa a ser visto como positivo nas organizações. No entanto, para isso é necessário realizar pesquisas adicionais de forma que seja possível medir o resultado dos colaboradores quando os gestores atuam no nível espiritual (KING; NICOL, 1999; MILLIMAN; CZAPLEWSKI; FERGUSON, 2003).

O ambiente de trabalho pode ser bastante conturbado, com muitas crenças e valores diferentes. Dessa forma, resgatar a qualidade de vida e demonstrar afeto e ideias tem sido algo que começa a surgir no mundo corporativo.

Um dos aspectos a considerar nesse processo é que os valores dos colaboradores de alguma forma devem estar alinhados à organização, para que o funcionário se sinta espiritualizado e possa trabalhar de forma feliz. Caso esse alinhamento não aconteça, surgem desligamentos automáticos ou espontâneos.

Segundo Gavin e Mason (2004):

> *Quando um local de trabalho é desenhado e gerido para proporcionar significado aos seus trabalhadores, estes tendem a ser mais saudáveis e felizes.*
>
> *Empregados saudáveis e felizes tendem a ser mais produtivos no longo prazo, gerando melhores bens e serviços mais satisfatórios para os seus clientes e as outras pessoas com as quais interagem e fazem negócios. (p. 381)*

Um indivíduo com uma consciência maior procura pertencer a um ambiente com harmonia e respeito – dessa forma, a espiritualidade pode ser incluída e elevar o nível da organização como um todo.

Espiritualidade como comprometimento organizacional

Para Allen e Meyer (1996; 2000), ter comprometimento liga o indivíduo à organização e sua continuidade.

Segundo os autores, existem três tipos de comprometimento.

Os autores Allen e Meyer (1996; 2000) e Meyer (1997) detalham que o **comprometimento afetivo** com a organização é desenvolvido quando o colaborador se sente reconhecido. Por exemplo: tratamento justo, respeitador, apoiante e confiança nos seus pares e líderes. Além disso, tem satisfação no dia a dia no seu trabalho.

No **comprometimento instrumental**, caso o colaborador saia da organização, tem consciência de que perderá dinheiro. Mas mesmo assim o colaborador pode se sentir insatisfeito e injustiçado, o que pode baixar seu potencial e fazê-lo não enxergar as atividades desafiantes.

No **comprometimento normativo**, o colaborador atua de acordo com as normas da organização e recebe uma recompensa por isso, ou seja, acaba sendo um contrato psicológico que traz lealdade, satisfação, apoio, confiança e valorização do colaborador através das áreas de recursos humanos.

É possível que a espiritualidade ajude a desenvolver segurança psicológica e emocional (BROWN; LEIGH, 1996; BURROUGHS; EBY, 1998); proporcione valorização humana, intelectual e emocional (CHAN KIM; MAUBORGNE, 1998); e ajude a buscar sentido de propósito e pertencimento (DE VRIES, 2001).

15. O poder da empatia para o sucesso pessoal e profissional

Alessandra Fregoneze

Ser empático é ver o mundo com os olhos do outro, e não ver o nosso mundo refletido nos olhos dele (Carl Rogers)

Tanto na carreira quanto na vida pessoal é necessário dominar a arte de se relacionar com pessoas.

Durante a minha trajetória profissional, somei ao longo dos quase 20 anos na saúde estética e 13 anos na área comercial muitas experiências importantes que contribuíram de forma significativa para ser a profissional e o ser humano que sou hoje. Mesmo com tantas vivências positivas e negativas, me coloco sempre aberta ao aprendizado, principalmente das habilidades comportamentais, as *soft skills*. Analisando todas essas experiências, vejo que a habilidade que me diferenciou nas empresas por onde passei foi a facilidade de comunicação, de construir *network* consistente, o carisma e o sorriso constante.

Certa vez, conversando com um grande CEO e parceiro em uma feira de beleza no setor da saúde estética, ele me disse: "você é incrível, Alessandra! Em toda a minha carreira, nunca vi uma pessoa conversar sorrindo, com leveza, magnetismo e empatia como você!". Esse simples comentário me fez refletir muito sobre os meus pontos fortes nas minhas relações interpessoais, principalmente com os meus clientes e parceiros. Foi aí que percebi o quanto a empatia, o carisma e a escuta ativa foram um dos pilares fundamentais para o crescimento positivo da minha carreira profissional. Sou apaixonada por pessoas e sempre me importei genuinamente com o outro, seja na vida pessoal ou profissional, mesmo que aquela relação não me gerasse resultado financeiro ou eu não tivesse o retorno imediato do meu tempo investido.

Ficou a lição que guardo como ensinamento para vida: a importância de uma boa conversa, de se colocar no lugar do outro, de ser uma boa ouvinte e de praticar a escuta ativa conforme descrito no Capítulo 8.

De acordo com Santos (2017), "quando nos alimentamos com diálogos de melhor qualidade, aumentam as nossas chances de que venhamos a ser pessoas de melhor qualidade". A conversa e a empatia, combinadas, dão significado e propósito ao indivíduo nos seus vínculos sociais.

Embora para algumas pessoas privilegiadas essa habilidade de estabelecer conexão e empatia seja um talento nato, para a maioria de nós é um desafio e requer o aprimoramento constante.

Mas, afinal, o que é empatia? De acordo com Santos (2017), "a palavra empatia vem do grego; o prefixo "em" quer dizer "dentro", + "pathos", que quer dizer "sentimentos". Seu significado usual é nos colocar no lugar do outro, vendo com seus olhos, ouvindo com seus ouvidos, sentindo com sua pele e suas emoções, pensando com seu mapa mental".

Segundo o Aurélio, a palavra empatia significa: "a capacidade psicológica para se identificar com o eu do outro, conseguindo sentir o mesmo que este nas situações e circunstâncias por esse outro vivenciadas, é o ato de se colocar no lugar do outro".

De acordo com Krznaric (2015), "a empatia é arte de se colocar no lugar do outro por meio da imaginação, compreendendo seus sentimentos, perspectivas e usando essa compreensão para guiar as próprias ações". Portanto, a empatia é distinta de expressões de compaixão, piedade ou sentimento de pesar, não se trata de dó ou da regra de ouro "faça para os outros o que gostaria que eles fizessem para você".

A empatia é descobrir gostos diferentes, praticar o não julgamento, é a habilidade que nos proporciona cruzar com respeito a difícil zona de conflitos das diferenças e encontrar convergência na prática do amor ao próximo. É acima de tudo humanizar as relações interpessoais. É sem dúvida uma das qualidades mais importantes para uma vida bem-sucedida e está relacionada à capacidade de ter sentimentos saudáveis, positivos e equilibrados. É principalmente estabelecer conexões sinceras com subordinados, líderes, gestores, colegas de trabalho, familiares e amigos.

Empatia e foco

Foco é a capacidade que o ser humano tem de se concentrar em uma determinada tarefa, meta, objetivo, conversa ou solução de problema. Trata-se de um estado de atenção que pode ser treinado, aprendido e desenvolvido. Ter foco em conquistar bons resultados é a diferença entre o sucesso e o lugar comum.

Segundo Goleman (1998), podemos desenvolver três tipos de foco:

- ✓ O **foco interno** é a capacidade do ser humano de se desconectar do ambiente para se conectar com seu eu superior, sua voz interna.
- ✓ O **foco externo** é a capacidade de enxergar e observar com clareza novas possibilidades e oportunidades.
- ✓ O **foco empático** é a capacidade de voltar a atenção a outras pessoas, com sentimento nobre de empatia para com os outros ao seu redor.

Em um mundo ocupado, submerso em informações e estressante no cotidiano, as pessoas que têm maior capacidade de atrair, construir e conquistar relações saudáveis e equilibradas conseguem naturalmente obter sucesso em seus relacionamentos. Se você deseja se conectar com as pessoas e impactar para melhor as suas vidas, é necessário dominar a arte da comunicação empática.

Importante ressaltar que ser empático não quer dizer que você deva concordar com tudo e com todos ao seu redor, e sim buscar entender o ponto de vista, as motivações e as dores do outro. Você não precisa ter a mesma opinião ou concordar com a pessoa para conseguir compreendê-la.

A força das boas atitudes tem o poder de atrair novas ações, criando um ciclo do bem. A cada ação boa, um novo ciclo de virtudes se espalha pelo mundo.

Praticar a inteligência emocional é vital para o sucesso

> *É um desafio demonstrar empatia em um ambiente competitivo no qual as pessoas são ensinadas a idolatrarem a si mesmas (Jaime Ribeiro)*

A humanidade está em constante evolução, as mudanças e transformações são rápidas e intensas, isto é um fato. Porém, por trás dessa imensa revolução, sempre existirá uma peça fundamental e insubstituível, o ser humano. A inteligência artificial é o futuro, teremos robôs e automações que desenvolvem trabalhos fantásticos, mas ainda assim é necessário alguém por trás, que dê o comando ou aperte o botão. Sendo assim, o ser humano jamais será substituído na sua totalidade e na sua essência única especial.

Mesmo com todo esse avanço, as empresas não sobrevivem sem pessoas, e por isso com todo desenvolvimento tecnológico vem também a necessidade do desenvolvimento intelectual, emocional e espiritual. O ser humano precisa cada vez mais investir no autoconhecimento emocional e se autodesenvolver para viver de fato uma vida mais plena e feliz.

A consciência das próprias emoções é fator essencial para o desenvolvimento da inteligência emocional. A incapacidade de lidar com as próprias emoções pode minar experiências escolares, acabar com carreiras de sucesso e até destruir muitas vidas. O fracasso e o êxito não são determinados por uma genética favorável ou loteria quando você nasce; a inteligência emocional se traduz na possibilidade de o ser humano aprender a lidar com a próprias emoções e usá-las em benefício próprio para depois compreender os sentimentos e o comportamento do outro.

A inteligência emocional é tão importante para a vida e a mente quanto o ar é para os pulmões. Sua essência principal se dá quando conseguimos conciliar o lado emocional e o racional, potencializando as emoções positivas e neutralizando emoções negativas, comportamentos instáveis, padrões emocionais negativos e crenças limitadoras, as quais produzem comportamentos autodestrutivos.

A empatia é uma das habilidades e um dos pilares da inteligência emocional. Ela é alimentada pelo autoconhecimento. Quanto mais conscientes estivermos acerca de nossas próprias emoções, mais fácil será compreender e interpretar o sentimento do outro, seja pelos canais verbais ou não verbais.

Compreender os pilares da inteligência emocional e aplicá-los na vida pessoal e profissional possibilita a construção de relações mais saudáveis e a tomada de decisões mais objetivas, evitando assim uma vida impulsiva, repleta de arrependimentos e frustrações.

Daniel Goleman descreve as cinco habilidades-chave da inteligência emocional e como elas determinam nossos resultados nos relacionamentos, no trabalho e até mesmo no bem-estar físico.

- ✓ **Autoconhecimento emocional.** Capacidade de reconhecer as próprias emoções e analisar os sentimentos e ações que você tem em resposta a certos estímulos. Sua ausência faz com que você fique à mercê do descontrole. Pessoas que dominam com maestria esta habilidade são melhores pilotos e condutores das suas próprias vidas. Trata-se de um processo gradual que varia de pessoa para pessoa.
- ✓ **Controle emocional.** Habilidade de lidar com os próprios sentimentos e controlá-los, adequando-os a cada situação. O mais importante é ter a cons-

ciência das emoções negativas que o bloqueiam ou geram gatilhos negativos. Você pode adotar uma postura otimista, enxergando sempre o lado positivo das coisas, pessoas e situações.

- ✓ **Automotivação.** Trata-se de dirigir as emoções a serviço de um objetivo ou uma realização pessoal. Quando estamos motivados encontramos prazer no trabalho e na vida pessoal e não perdemos a calma com facilidade. Com essa habilidade, será possível chegar aos seus objetivos mais rápido.
- ✓ **Empatia.** Reconhecimento das emoções dos outros e compreensão de comportamentos. A empatia permite reconhecer as necessidades e os desejos dos outros, construindo relacionamentos mais eficazes. Dentro dos estudos da psicologia, neurociência e ciências do comportamento, a empatia é considerada um dos elementos da inteligência emocional (GOLEMAN, 1998; SCOTT, 2021). Esses autores apontam alguns tipos de empatia:
  - **Empatia cognitiva:** eu entendo como você vê as coisas. É a capacidade de compreender a perspectiva de outra pessoa no seu mapa mental. Excelente para desenvolver bons comunicadores.
  - **Empatia emocional:** eu me sinto como você. É a capacidade de sentir o que a outra pessoa sente. Também conhecida como empatia afetiva, envolve compartilhar sentimentos com outra pessoa para criar uma conexão emocional.
  - **Empatia compassiva:** eu quero ajudar. É a capacidade de sentir que a outra pessoa precisa de você.
  - **Empatia assertiva:** eu estou preocupado com o seu futuro. É a capacidade de ser um líder incisivo sem perder a humanidade, preocupando-se genuinamente com o futuro do outro.
- ✓ **Relacionamento interpessoal.** A última habilidade da inteligência emocional é a capacidade de interação com outros indivíduos, utilizando as competências sociais. O relacionamento interpessoal é a base de sustentação da popularidade, da liderança, de *network* e da eficiência interpessoal. Dominar esta habilidade é um ponto-chave para o sucesso e criará um ambiente positivo ao seu redor, melhorando não só a sua qualidade de vida, mas contagiando todos ao seu redor.

Um dos ingredientes da fórmula do sucesso é saber como se dar bem com as pessoas. O desenvolvimento de habilidades emocionais é a fortaleza para uma vida pessoal e carreira em harmonia.

A importância da empatia no mundo dos negócios

> *A empatia será a habilidade mais requisitada dos líderes e transformadores do futuro. São as pessoas empáticas que vão sustentar a manutenção e o desenvolvimento da humanidade (Jaime Ribeiro)*

Por que algumas empresas obtêm sucesso e outras não? A resposta pode ser mais simples do que imaginamos: as bem-sucedidas observam atentamente as necessidades e dores dos seus clientes e investem na empatia, no capital humano, por se preocuparem genuinamente.

Para falar de empatia e seus impactos positivos no mundo dos negócios, é importante entendermos mais três sentimentos: apatia, antipatia e simpatia.

✓ **Apatia** é a falta de emoção, entusiasmo e motivação. É típica de um comportamento deprimido.
✓ **Antipatia** é uma vibração negativa que provoca uma repulsão e/ou aversão. Está geralmente ligada a um jeito rude e arrogante de tratar as pessoas.
✓ **Simpatia** é uma vibração positiva que encanta, cativa, gera atração. Está ligada à maneira simples e delicada de tratar uma pessoa com naturalidade.

Todos nós conhecemos ou já sentimos as emoções citadas. Em um ambiente corporativo competitivo, tenso, repleto de rivalidade, hostil e sem harmonia, é natural que colaboradores sintam com maior frequência apatia e antipatia. No entanto, é aí que mora o perigo. Isso fatalmente vai impactar no atendimento ao cliente e consequentemente nos resultados da empresa. Não importa se o colaborador tem contato ou não com o cliente – isso reflete, pois todos os departamentos atuam de forma direta ou indireta para obter melhores resultados. Somente o trabalho em equipe e o bom relacionamento interpessoal permitem atingir resultados extraordinários.

Em negociações, a empatia pode ser considerada uma arma muito eficaz e poderosa. Quando você se importa verdadeiramente, o cliente se sente confiante, confortável, e entende que ambos têm o mesmo objetivo: a procura de um bom acordo.

Além disso, a empatia é considerada uma das principais competências da liderança do futuro, já que ela contribui positivamente para olhar os problemas sob diversos pontos de vista e para uma tomada de decisão mais objetiva. Uma boa dose de empatia, escuta ativa e comunicação não violenta pode ser a diferença entre o sucesso e o fracasso da experiência que o seu cliente e os seus colaboradores terão na sua empresa.

Um bom relacionamento é a chave para uma boa negociação. Esse é o poder da empatia aplicada aos negócios. Para ver clientes fidelizados e transformá-los em fãs do seu produto ou serviço, é preciso estimular a prática constante da empatia na cultura organizacional, desde a criação de um produto até o atendimento e por toda a jornada do cliente.

O potencial infinito das pessoas constrói o potencial infinito das empresas. Em geral, as empresas bem estruturadas possuem visão, missão, valores e propósito – essa inclusão do propósito leva o foco corporativo para um nível totalmente elevado (RIBEIRO, 2019; MARQUES, 2013).

A empatia começa com você, você se transforma aprendendo a transformar as pessoas.

Ao tocar com respeito o mapa do mundo do outro, é sinal que você respeita a sua essência e a sua luz interior!

Afinal, como podemos praticar a empatia?

Felizmente, a empatia é uma habilidade que podemos aprimorar diariamente. Listei a seguir algumas dicas para praticar a empatia.

- ✓ Invista no autoconhecimento, conheça a si mesmo
- ✓ Pratique o autocontrole
- ✓ Sorria com o coração
- ✓ Pratique a comunicação não violenta
- ✓ Fique atento aos sinais não verbais, à comunicação corporal
- ✓ Pratique a escuta ativa
- ✓ Demonstre interesse genuíno
- ✓ Tente compreender sem julgamento
- ✓ Cultive a curiosidade por assuntos e pessoas diferentes
- ✓ Faça perguntas poderosas
- ✓ Seja gentil independentemente do momento
- ✓ Imagine como seria estar na sua pele, coloque-se na posição do outro
- ✓ Elimine o preconceito
- ✓ Respeite os valores e as crenças do outro
- ✓ Evite demonstrar pressa ou falta de tempo
- ✓ Não dramatize nem piore a situação

✓ Se estiver errado, reconheça seu erro
✓ Às vezes um abraço vale mais que mil palavras
✓ Você é um universo único, e o outro também

Todo dia é um novo para cultivar a paz, o bem e a empatia!

Utilize a empatia para criar uma mudança positiva ao seu redor e no mundo!

Seja um ser humano melhor a cada dia!

Saia da zona de conforto e planeje sua vitória, você merece!

Todo ser humano tem o direito de errar!

Todos nós nascemos com três necessidades: SER AMADO, SER RECONHECIDO e SER OUVIDO NA ESSÊNCIA!

O autoamor é a primeira premissa para AMAR e ser AMADO.

A empatia vai mudar o mundo, e nós somos o protagonista (Jaime Ribeiro)

Desejo a você uma boa jornada de vida!

PARTE III. ENCONTRANDO O CAMINHO PARA UMA MENTE SAUDÁVEL E PRODUTIVA

16. A relevância da garra para a conquista dos objetivos

Eliane Tonon

Segundo estudos de Angela Duckworth (2016), garra é a capacidade de produzir resultados além do talento e da inteligência, dando ênfase à determinação. Não existe desenvolvimento sem esforço, assim como não existe esforço sem garra.

O brilho nos olhos e a vontade de fazer acontecer diferenciam a pessoa de sucesso das demais, junto com o esforço para alcançar seus objetivos e a paixão com que executa suas atividades.

Desse modo, seguindo a autora, não há nenhum problema em não ser o gênio da turma ou da empresa. Testes de QI não são tão importantes, o que vale é sua vontade de vencer, seu empenho, sua perseverança e sua paixão pelo que faz. Esses são de fato seus diferenciais.

A pesquisadora cita o exemplo de um escritor que era considerado mediano, porém com esforço e dedicação ele foi melhorando até o ponto de ser premiado com uma bolsa Guggenheim. Pessoas desse tipo buscam objetivos extraordinários, para elas a jornada é tão gratificante quanto a conquista. Embora parte do trabalho fosse enfadonho e árduo, nem em sonho pensavam em desistir. Havia ali muita paixão.

O que se observa nas pessoas bem-sucedidas? Em primeiro lugar, são mais esforçadas e persistentes que a média. Em segundo, sabem aonde querem chegar – além de perseverantes, possuem direção. Essa combinação de paixão e perseverança faz com que pessoas bem-sucedidas sejam especiais. Elas têm garra.

Para comprovar essa ideia foi criada a Escala da Garra, um teste que, se respondido com honestidade, mede o nível de garra com que a pessoa enfrenta a vida. Uma das conclusões do estudo foi que as pessoas com mais garra tinham uma probabilidade maior de ir além da educação formal. Pessoas com MBA, mestrado, doutorado ou qualquer outra pós-graduação tinham um grau de garra maior do que aqueles que tinham só a graduação. A autora lembra que o potencial que cada um tem é uma coisa, o que se faz com ele é outra bem diferente. O esforço traz mais benefícios do que o talento, que não predestina ninguém ao sucesso.

Darwin foi um observador perspicaz da flora e da fauna, mas também do homem, notando sutis diferenças que levam à sobrevivência. Para ele, empenho e trabalho árduo são mais importantes que capacidade intelectual. Ele próprio era inteligente, mas se achava limitado para acompanhar uma argumentação prolongada, dizia não ter rapidez de compreensão e considerava sua memória bem ruim também. O que valorizava era a paixão pela ciência, que dizia ser fervorosa e constante.

Prática diligente parece mais importante do que talento inato.

Ser talentoso é ruim? Não, claro que não. Parece maravilhoso conseguir aprender qualquer habilidade com rapidez. A questão é que, ao focarmos apenas no talento, tendemos a deixar todo o resto fora do nosso campo de visão; parece que a garra se torna menos importante.

Quando não conseguimos ver com clareza como a experiência e o treinamento levam uma pessoa a um nível de excelência acima da média, nossa reação automática é dizer que essa pessoa tem um dom inato. Seja no esporte, na música, na política, dizemos que pessoas extraordinárias são talentosas.

"Diante de tudo que é perfeito, estamos acostumados a omitir a questão do vir a ser", escreveu Nietzsche. Na obra do artista não se pode notar como ele veio a ser. Em outras palavras, queremos acreditar que um grande jogador nasceu para jogar. Não queremos ficar na beira do campo e vê-lo progredir até atingir níveis de excelência. Preferimos a perfeição já totalmente formada. Como diz a grande estudiosa do assunto, Angela Duckworth, preferimos o mistério à trivialidade.

Continuando com Nietzsche: "E assim que nossa vaidade, nosso amor-próprio, favorece o culto ao gênio, pois só quando é pensado como algo distante de nós, como um *miraculum*, o gênio não fere... chamar alguém de "divino" significa dizer: aqui não precisamos competir".

Isso nos livra de responsabilidades. Tiramos o esforço da equação e julgamos que talento e sucesso são a mesma coisa. Nietzsche também salienta que o que chamam de gênio são pessoas que tiveram a seriedade de um artesão, que primeiro aprende a construir perfeitamente as partes antes de ousar fazer um grande todo. Essas pessoas permitiram-se tempo para isso porque tinham mais prazer em fazer bem o pequeno e secundário do que um todo grandioso.

Duckworth trabalhou e chegou ao seguinte: talento x esforço = habilidade e habilidade x esforço = êxito. Portanto, o esforço constrói a habilidade e a torna produtiva.

Sem dúvida que ter um excelente treinador ou professor conta, mas o que tratamos aqui é da psicologia do êxito. E, claro, talento é importante, porém o esforço conta em dobro, entra no cálculo duas vezes.

Garra diz respeito a trabalhar em algo que se valoriza a ponto de querer permanecer leal a essa atividade. Aqui cabe a metáfora dos fogos de artifício que irrompem gloriosamente e logo se apagam, deixando uma lembrança do que foi espetacular. Por isso que garra precisa de paixão para absorver as coisas em um nível bem mais profundo. Paixão possui também outros componentes, como ter uma meta e valorizá-la de maneira firme, leal e constante.

Estudando pessoas que são modelos maduros de garra, Duckworth (2016) procurou listar o que eles têm em comum e chegou à seguinte conclusão: primeiro surge o interesse, aquele "adorar o que faz", mesmo levando em conta aspectos não tão apreciados que existem em todas as atividades. Em segundo, vem a capacidade de praticar de forma concentrada, corrigindo as deficiências e nunca se dando por satisfeito. O terceiro aspecto é o propósito – interessante para você, mas ao mesmo tempo ligado ao bem-estar dos outros. Por último, mas não menos importante, temos a esperança, que deve vir junto de todos os recursos anteriormente citados.

Você pode fazer sua garra crescer de dentro para fora. Descubra o que gosta e cultive sua paixão. Na vida às vezes você não faz ideia do que fazer e em um outro momento tudo fica claro. Você descobre exatamente o que fazer, sabe do que gosta, sabe o que o move. Contudo, muitos levam bastante tempo imaginando o que querem fazer da vida. Às vezes não se trata de uma descoberta repentina e definitiva. A paixão pelo trabalho tem um pouco de descoberta, muito de desenvolvimento e uma vida inteira de aprofundamento.

Tem outra questão aqui: quando você começa a se interessar, pode não perceber que isso está acontecendo, como a sensação de tédio sempre consciente. Quando sua atenção vai para algo do seu interesse, você tem pouca noção do que está acontecendo. O incentivo (por parte de pais, colegas, professores) também é um fator importante para que o interesse se desenvolva. Estímulos para que gostemos cada vez mais de alguma coisa e o retorno positivo nos fazem bem. Não somos seres isolados, somos relacionais. Para nos sentirmos mais competentes e seguros precisamos desses incentivos.

Em seu livro "Garra", Angela Duckworth (2016) cita a fala de Marc Vetri, que escreve sobre culinária: "será mesmo 'um saco' que as paixões não cheguem a nós de uma só vez, sem que precisemos desenvolvê-las ativamente? Talvez. Mas a realidade é que nossos primeiros interesses, frágeis e mal definidos, precisam ser cultivados e refinados com energia durante anos".

Para descobrir sua paixão, você deve observar alguns pontos, como, por exemplo: no que você gosta de pensar? Perceber por onde sua mente divaga, como você gosta de passar seu tempo e o que acha insuportável. Depois da descoberta vem o desenvolvimento, e ele toma tempo. Continue se questionando, explorando. Procurar um mentor que o estimule faz sentido também.

Agora, se você estiver envolvido em uma empreitada, precisa aproveitar as nuances, porque nosso cérebro busca sempre novidades.

O pesquisador e psicólogo cognitivo Anders Ericsson estudou exaustivamente para saber como os especialistas adquirem habilidades excepcionais e chegou a interessantes conclusões: fixam uma meta ambiciosa; em vez de se ater àquilo que já fazem bem, tentam combater pontos fracos específicos (ERICSSON; POOL, 2022). Interessam-se mais pelo que fizeram de errado para poder corrigir e repetem muitas vezes até dominarem aquilo a que se propuseram. Depois de uma meta alcançada, sabe o que eles fazem? Estabelecem uma nova meta ainda mais ambiciosa. Sutilezas de refinamento para alcançarem o domínio da técnica. Até uma complicada habilidade humana pode ser dividida em técnicas que, se praticadas incansavelmente com disciplina, levam ao êxito.

A garra contribuindo para o *flow*

Mihaly Csikszentmihalyi, psicólogo reconhecido mundialmente por ter desenvolvido a teoria do *flow*, considera que a experiência dos melhores em seus segmentos é o *flow*, um estado de concentração total, onde você fica tão absorto que não sente o esforço, embora o grau de dificuldade seja grande.

Garra e *flow* parecem andar lado a lado: você não analisa o que faz, apenas faz. No *flow* tudo parece acontecer sem esforço – assim, prática disciplinada é a preparação e *flow* é o desempenho. O momento de *flow* é aquele em que o desafio equivale à habilidade, porque na maior parte do tempo o desafio a que nos submetemos é maior que nossa habilidade. Por exemplo, no esporte, você se dedica arduamente a cada treino e esse trabalho se revela na competição. Prática disciplinada esforçada leva a momentos de *flow* sem esforço. Em geral, as pessoas não mostram as inúmeras horas de aprendizagem, mas o ponto alto do resultado. As pessoas com garra também dedicam mais horas à prática disciplinada e ao longo do tempo desenvolvem gosto pelo trabalho árduo, à medida que vivenciam as recompensas.

Há indícios científicos consistentes de que a forma como você se sente quando se esforça pode mudar quando o esforço é recompensado. Eu mesmo já me vi gostando mais do esforço do que antes. Cabe salientar que a rotina é muito bem-vinda quando se tem que fazer algo difícil. Praticar algo na mesma hora e no mesmo lugar todos os dias faz com que você não precise pensar em começar, você vai e faz. Citando William James, "não existe ser humano mais infeliz do que aquele para quem o começo de cada pequena tarefa deve ser decidido novamente a cada dia".

A garra alinhada com o propósito

Propósito é aquilo que é importante para outras pessoas além de nós mesmos. Aquilo que fazemos com a intenção de servir. Alguns propósitos são mais óbvios e outros menos – às vezes só queremos despertar no outro o próprio gosto pela arte, pelo bom vestir, ou que ele compreenda seu próprio paladar, por exemplo. Pesquisas utilizando a Escala de Garra comprovam que pessoas com alto grau de garra têm seus objetivos ligados ao mundo para além de si mesmas – está aí o propósito, uma fonte poderosa de motivação.

A garra também traz a perspectiva da esperança, aquele esforço que fazemos esperando melhorar o futuro – poder decidir fazer do amanhã um dia melhor.

Adotar uma perspectiva de garra é reconhecer que as pessoas podem melhorar, que elas crescem e, quando algo está difícil, darmos a perspectiva de que, sim, existe sempre um amanhã. As pessoas criam teorias sobre si mesmas e o mundo, e isso é o que vai determinar como serão suas vidas. O trabalho que você terá modelando sua vida é o que importa, é o seu trabalho árduo que vai levá-lo às suas conquistas. Portanto, cabe a você controlar seu monólogo interior e transformar seu modo de pensar e agir quando as coisas ficam difíceis.

E pedir ajuda pode de fato fortalecê-lo e apoiá-lo muito na sua trajetória. Todos nós precisamos de um conselho para seguir em frente.

Garra é esse desejo intenso de alcançar uma meta importante, com perseverança e paixão para realizar esse desejo, não permitindo que os reveses o detenham. Citando Roosevelt, "não deixe que reveses temporários se tornem desculpas permanentes".

Na liga NFL, o treinador do Seahawks está construindo uma cultura de alto nível de garra. Sua comissão técnica ensina seus atletas a perseverar. Ensina que não se deve encarar o jogo em termos de quem ganha ou perde, para não fugir do ponto principal. Nosso oponente é quem nos faz ser quem somos, ele cria os desafios para que nos aprimoremos. E ao falar sobre essas questões, fica mais fácil entender o porquê da competição. Pete, o treinador, reconhece que alguns jogadores têm mais a ensinar do que a aprender, e o fascinante da cultura de garra é que esse atleta pode servir de modelo para outros. A garra de uma pessoa reforça a de outras e inspira mais garra na primeira pessoa, levando a nunca se satisfazerem com o presente e quererem melhorar sempre.

O treinador de basquete John Wooden diz: "o sucesso nunca é final; a derrota nunca é fatal. O que conta é a coragem". O que cria uma cultura de garra são muitas coisas, detalhes, uma questão de atitude que cria um estilo. Entram aqui questões de ordem como não reclamar, não dar desculpas, proteger a equipe, chegar cedo. Para eles, competir não é triunfar sobre os outros, mas procurar alcançar o nível de excelência. O próprio termo competir vem do latim e significa "empenhar-se junto", não tem nada a ver com a outra pessoa perder. Sem contar a felicidade que sentimos quando realizamos todo nosso potencial.

A garra também se relaciona com outros elementos do caráter, como a força de vontade e o autocontrole. Resistir a tentações, como passar horas no celular, e controlar emoções como a raiva são virtudes que ajudam na convivência com outras pessoas.

Não nos impormos tantas limitações e não pararmos antes de termos chegado. Isso tudo é ter garra, é se dedicar, é ter uma meta significativa e se dedicar durante anos a uma atividade desafiadora. É cair e levantar quantas vezes forem necessárias. Quem não se dedica de verdade a nada não sabe o que está perdendo, porque trabalhar com todas as fibras do seu ser o leva à excelência e é muito gratificante.

17. Formas mais inteligentes de lidar com a raiva

Marilia Struzziatto Ferreira Florindo

Emoções e sentimentos

Já dizia o Doutor Flávio Gikovate: feliz não é o que não sofre, e sim o que aceita, absorve e digere o mais rapidamente possível as adversidades que as circunstâncias venham a colocar em seu caminho. Pensando nisso, vamos abrir o capítulo perguntando: o que são as nossas emoções? De acordo com o Doutor Antônio Damásio, emoções ocorrem no palco teatral do corpo, sentimentos ocorrem no palco da mente. As emoções são desencadeadas por fatos, pessoas ou situações, podem vir acompanhadas de reações orgânicas, dirigidas para o mundo exterior, e pertencem à dimensão comunicacional, de intensidade maior e duração breve (STEPANSKI; COSTA; SANTOS, 2020).

Algumas vezes os conceitos de emoção e sentimento geram confusão. Embora estejam relacionados, são diferentes. A emoção é responsável por mudanças bioquímicas no corpo e pela alteração de seu estado físico. São reações diretas e rápidas ao ambiente e às situações vividas. Os sentimentos, por outro lado, sofrem influências de aspectos relacionados com a experiência pessoal, as memórias e as crenças. Concluindo, a diferença principal entre sentimento e emoção é a sua esfera de percepção: o sentimento é orientado para o interior enquanto a emoção é acima de tudo voltada para o exterior, isto é, o sentimento é uma consequência sentida internamente de uma emoção experimentada (STEPANSKI; COSTA; SANTOS, 2020).

Segundo os autores Newen e Zinck (2009) (*apud* STEPANSKI; COSTA; SANTOS, 2020), as emoções teriam as funções de nos preparar e nos motivar para as ações, avaliar de forma muito rápida quais são os estímulos oferecidos pelo ambiente e assim favorecer a administração das relações sociais, representando para os outros nossas intenções, como, por exemplo, um sorriso, que nos remete a uma postura amigável.

Administração das emoções

Saber administrar emoções é uma das competências básicas para buscar o caminho da aprendizagem e do desenvolvimento emocional. Está relacionado à nossa capacidade de autocontrole, reflexão, adaptação e inovação e direciona o nosso comportamento. Não administrar nossas emoções pode nos levar a agir de forma irracional, tomar atitudes desproporcionais e na maioria das vezes causar mal-estar e arrependimento. Uma vez que as emoções são determinantes na maneira como agimos e nas escolhas para uma ação, reconhecê-las é fundamental para desenvolver a nossa capacidade de manter boas relações com outras pessoas. Ou seja, aperfeiçoar as competências sociais básicas, mas muito complexas, como a comunicação efetiva, o respeito pelo outro e a objetividade (STEPANSKI; COSTA; SANTOS, 2020).

O que é raiva?

Ela é definida por Charles Spielberger (1981) como uma emoção desconfortável que pode ser desde uma irritação ou um desagrado até a fúria completa e ocorre quando a pessoa se sente ameaçada em seu poder, injustiçada, acuada ou frustrada sobre algo que para ela é importante. Raiva é um mecanismo de proteção contra a perda de poder real ou imaginário. A tendência da pessoa com raiva é agir de modo agressivo, seja verbal ou fisicamente.

Se olharmos para trás na história da mitologia grega, aparecem deuses enfurecidos que se vingavam de modo diversificado. Na Bíblia há o caso de Caim, que ficou com raiva de Abel. Na antiguidade, vemos a raiva como um dos sentimentos que levaram a grandes conquistas e batalhas que se tornaram famosas. Por trás de grandes atos de heroísmo, muitas vezes se encontra a raiva como um sentimento impulsionador para a ação e para a exigência de reparo de situações injustas. Então, pode-se concluir que a raiva é um sentimento muito comum que acompanha o homem desde sempre (LIPP, 2005).

A fisiologia da raiva

Todas as emoções, inclusive a raiva, são originadas no sistema límbico. Ele é formado por estruturas cerebrais que interagem constantemente envolvendo as seguintes partes que o constituem: amígdalas, tálamo, epitálamo, hipotálamo, hipocampo, cíngulo e a região do septo. O sistema límbico como um todo pode ser considerado o substrato neural das emoções, e todas as suas partes se comunicam – talvez até por isso muitas vezes se torne difícil identificar exatamente o que estamos sentindo em certos momentos. Interessante é também considerar que, pelo fato de os sistemas neuroendócrino, neuroimune e neurovegetativo terem sua base no sistema límbico, as emoções exercem uma influência importante sobre eles, o que explica pelo menos em parte o notório vínculo existente entre o estresse emocional e as doenças psicofisiológicas (LIPP, 2005).

Hormônios da raiva

É importante entender que a raiva está ligada a uma série de mudanças hormonais. Quando a amígdala recebe uma mensagem de perigo real ou imaginário físico ou emocional, ela ativa o hipotálamo e a glândula pituitária. Essa glândula libera no sangue o hormônio adrenocorticotrópico, que é um químico mensageiro que ativam as glândulas suprarrenais. Estas, ao serem ativadas, produzem cerca de 30 hormônios diferentes, inclusive adrenalina e noradrenalina. O metabolismo se altera, o organismo fica energizado pela transformação de proteínas e gorduras em açúcar e se torna então pronto para a ação de lutar contra o agente provocador caso a pessoa sinta que tem a chance de vencer; no caso de se sentir impotente para o ataque, ela estará pronta para fugir. O ritmo cardíaco acelera para fazer circular no corpo todos os hormônios que foram produzidos do recém estresse e da raiva, as pupilas se dilatam, a pressão arterial aumenta, o sistema digestório é inibido. O organismo nessa hora está pronto para lutar ou para fugir com uma força muitas vezes desconhecida. Todas essas mudanças têm por objetivo aumentar a energia e o vigor do organismo, a fim de que a pessoa possa se defender de alguma ameaça. Justamente porque tanta energia é produzida é que há risco de a pessoa, na perda do controle, tomar atitudes impensadas e agressivas. Algumas pessoas podem até matar em momentos de raiva, pois acaba o poder de raciocínio. No impulso da raiva, estão aptas a tudo por causa da incapacidade cognitiva gerada pela produção de hormônios e estimulação de centros cerebrais que regulam as emoções. Quando o episódio de raiva passa, mesmo assim o estado de alerta e prontidão não se dissipa de imediato. A adrenalina produzida pelas suprarrenais a fim de fornecer energia suficiente para a ação permanece pelo menos 30 minutos circulando na corrente sanguínea, e essa é a razão pela qual a pessoa não se acalma logo após um confronto mesmo que amigos bem-intencionados tentem acalmá-la. Porém, o início do desenvolvimento do processo de sentir raiva pode ser evitado. Mesmo quando ele já está em ação é também possível impedi-lo de se expressar em atitudes desastrosas (LIPP, 2005).

Função da raiva

A única função da raiva é interromper o estresse, e ela faz isso descarregando níveis dolorosos de excitação física ou emocional ou bloqueando a percepção consciente destes. Há quatro tipos de estresse que a raiva serve para dissipar:

- ✓ **Afeto doloroso:** a raiva pode bloquear emoções dolorosas de forma que elas sejam literalmente empurradas para fora do seu campo de consciência. Ela também pode descarregar elevados níveis de excitação experimentados em períodos de ansiedade, mágoa, culpa e assim por diante.
- ✓ **Sensação dolorosa:** o estresse é frequentemente experienciado como uma sensação física. A forma mais comum é a tensão muscular, mas a excitação dolorosa também pode provir de dor física ou de atividade do sistema nervoso simpático.
- ✓ **Impulso frustrado:** a raiva pode descarregar o estresse que se acumula quando você é frustrado em sua busca por algo de que precisa ou quer. Funciona para extravasar altos níveis de excitação que inevitavelmente aumentam à medida que são bloqueadas as atividades geradas pelo impulso.
- ✓ **Ameaça:** qualquer ameaça percebida ao bem-estar físico ou psicológico cria uma excitação imediata que mobiliza a pessoa e gera um impulso muito forte no sentido de empreender uma atividade que reduza o estresse.

Cada um desses quatro tipos de estresse aciona um mecanismo psicológico de alarme que lhe diz que alguma coisa não está indo bem. Conforme a excitação aumenta, também cresce a necessidade de lidar com ela e interromper a dor. Como você virá a perceber, a raiva é apenas mais uma dentre as estratégias disponíveis para descarregar a excitação dolorosa (MCKAY; ROGERS; MCKAY, 2001).

O custo da raiva

Na saúde física pode acontecer enfraquecimento do sistema imunológico, inibição do sistema digestivo, baixa absorção de nutrientes, redução e desregulamento dos hormônios reprodutivos, aumento da vulnerabilidade no sistema cardiovascular, perturbação do sistema nervoso, aumento da pressão arterial e da frequência cardíaca, aumento dos níveis de glicose e de ácidos graxos no sangue, permissão da disseminação de células infectadas por vírus, aumento do risco de câncer e supressão na função da tireoide. Na saúde mental, vemos humor depressivo e aumento de pessimismo, ansiedade, irritabilidade, desamparo e vitimização. Nos aspectos profissionais, sociais e interpessoais, podemos ver a instabilidade nos relacionamentos pessoais, levando a isolamento, possível demissão ou estagnação, envolvimento com sistema judicial e riscos desses sintomas se tornarem crônicos se a causa do estresse não for identificada e monitorada (STEPANSKI; COSTA; SANTOS, 2020).

Formas inteligentes, gatilhos e atitudes sadias

Para evitar atitudes desastrosas vindas de toda ação fisiológica e emocional da raiva ligada ao estresse, vamos analisar formas mais inteligentes de lidar com ela. Vejamos meios de combater gatilhos ou comportamentos que nos levam ao momento impulsivo da raiva e como construir habilidades para lidar com a raiva.

A linguagem dos sentimentos é a maneira pela qual nos relacionamos conosco mesmos – e se não podemos nos comunicar conosco mesmos, simplesmente não podemos nos comunicar com os outros. Nossos sentimentos são nossa reação ao que percebemos através dos sentidos e podem modelar nossa reação ao que experimentaremos no futuro. A pessoa que carrega consigo muita raiva não apaziguada provavelmente achará o mundo que encontra também raivoso e assim justifica e perpetua seu próprio sentimento de raiva.

Isso sugere que em grande parte o mundo é criação da gente mesmo. O mundo está consideravelmente mais sob nossa influência do que imaginamos, e do que a maioria de nós se dá conta. Quando a pessoa assume a responsabilidade por seus sentimentos, assume também responsabilidade por seu mundo. Compreender os sentimentos é a chave para o domínio de nós mesmos. Verdadeiramente, se cada pessoa aceitasse a responsabilidade de pôr em ordem seu próprio mundo emocional, o mundo como um todo poderia também tornar-se mais harmonioso e pacífico.

À medida que a pessoa se abre mais em relação aos seus sentimentos, menos necessidade existe de se guardar das coisas ameaçadoras do mundo porque, em vez de se ocultar dos sentimentos, a pessoa aberta usa-os como um guia que interpreta o mundo que ela está experienciando. A realidade não pode ser compreendida sem levar em conta os sentimentos. As abstrações do intelecto e do raciocínio são importantes, mas quando perdem contato com os sentimentos abrem passagem para atos inumanos e destrutivos. Quando perdemos contato com nossos sentimentos perdemos contato com nossas qualidades mais humanas. Vivendo em nossos sentimentos estamos mais em contato e mais vivos; parafraseando Descartes, nada mais verdadeiro do que "sinto, logo sou" (VISCOTT, 1982).

Maneiras básicas de lidar com a raiva

- ✓ **Engolir:** você frequentemente engole sua raiva ou não se permite vivenciá-la? Não faça isso porque esse comportamento o levará a ressentimentos ou explosão. Se não conseguirmos expressar nossa raiva ou tristeza sobre o que tem nos acontecido, essas emoções não irão embora. Elas se acumularão e poderão se manifestar sob forma de depressão, doenças relacionadas com estresse, quadros de ansiedade, comportamentos compulsivos ou alguma forma de vício em trabalho, comidas, bebidas, compras etc.
- ✓ **Explodir:** você libera sua raiva não segurando nada? Despeja seus sentimentos de raiva em quem quer que esteja ao seu redor no momento? Se a resposta for sim, é importante refletir sobre esse padrão de comportamento, pois as pessoas que estão a sua volta terão que lidar com os efeitos residuais da sua raiva e isso pode trazer um grande grau de constrangimento e desconforto.
- ✓ **Administrar:** você expressa sua raiva de maneira não ameaçadora para a sua integridade e para os demais? Você tem consciência do que está ocorrendo e de que é um estado temporário e socialmente aceito? Esse é o foco das nossas orientações por aqui: entender como tudo acontece, identificar as causas e saber administrar de forma sadia e inteligente para que a raiva não traga ações e situações desastrosas e tristes em nossa vida e rotina (STEPANSKI; COSTA; SANTOS, 2020).

Por que fazer gestão da raiva?

Porque não devemos sufocar as nossas emoções nem deixar que transbordem. Devemos analisá-las. "Se você for paciente em um momento de raiva, escapará de cem dias de tristeza" (provérbio chinês).

A consciência sobre a raiva é algo muito importante e facilita o percurso de entendimento sobre ela e de como reagir de maneira inteligente. Essa consciência é uma função muito importante da inteligência emocional, um conceito difundido por Daniel Goleman (1998). O autor traz à tona o embate entre o quociente emocional e o quociente da inteligência. De acordo com o modelo de Goleman, a inteligência emocional apresenta-se como um conjunto de competências e habilidades fundamentadas em cinco pilares:

- ✓ **Autoconsciência**, capacidade de reconhecer as próprias emoções.
- ✓ **Autorregulação**, capacidade de lidar com as próprias emoções.

- ✓ **Automotivação**, capacidade de se motivar e se manter motivado.
- ✓ **Empatia**, capacidade de enxergar as situações pela perspectiva do outro.
- ✓ **Habilidades sociais**, conjunto de capacidades envolvidas na interação social.

Não existe emoção boa ou ruim – na verdade, qualquer emoção pode ser ou fonte de sofrimento ou de oportunidade de crescimento. Você saberia dizer quantas emoções sentiu hoje? Ao parar para pensar e responder, perceberia que a todo momento alguma emoção esteve presente no seu dia e que nem sempre você estava consciente dela. Somos seres emocionais, e nosso estar no mundo se dá a partir das emoções sentidas e da maneira como elas são ou não manifestadas.

Por isso, se quisermos compreender a ação humana, devemos dirigir nossa atenção e foco para nossa vida emocional. Resgate e cuide com muito carinho da sua vida e da sua qualidade emocional em todos os níveis! (STEPANSKI; COSTA; SANTOS, 2020)

18. A gestão da mudança para alta performance

Juliana Torezani de Brito

Hoje tiramos muito mais fotos do que no século passado inteiro e compartilhamos de diversas formas por redes sociais e outros aplicativos. Mesmo com o crescimento do mercado, a Kodak, um dos maiores *players* do segmento no século XX, decretou falência em 2012, por não acompanhar as mudanças de comportamento de seu consumidor. Apesar da marca ter sido inovadora e detentora de inúmeras patentes, como câmeras digitais, tela Qled e padrão RGB, a empresa preferiu continuar investindo no que já fazia com excelência e qualidade e restringiu a entrada das novas tecnologias no seu processo produtivo, sendo ultrapassada inicialmente por gigantes japonesas e posteriormente por novas entrantes (STARTSE, 2021).

Esse exemplo traz a complexidade de lidar com mudanças e a alta performance ao mesmo tempo. Normalmente, grandes empresas de referência em seu mercado de atuação se estruturam por meio de processos padrões e uma departamentalização especializada que as fazem ser a cada dia melhores naquilo que entregam. Essa estrutura tende a direcionar a visão dos seus gestores para o que chamamos de foco no resultado, acompanhando números e recursos que os levam a atingir uma meta preestabelecida. Por outro lado, ela também limita a capacidade de transformação organizacional, pois mudar pressupõe seguir outros caminhos e até errar, ou seja, não alcançar um resultado esperado.

Não tem alta performance quem chega a um resultado uma única vez ou de forma mecânica e aleatória. Possui alta performance quem apresenta uma consistência de resultados em diversos cenários e entende o processo percorrido para chegar lá. Portanto, valorizar mais a autonomia de cada indivíduo dentro de uma experiência de mudança é um fator crucial para gerar alta performance e reduzir a dependência de padrões estabelecidos que podem levar a um bloqueio evolutivo na organização.

O que é gerir mudanças?

Uma das principais diferenças da gestão de mudanças em relação à gestão de processos ou à gestão de projetos é a incerteza inicial. Num projeto de um prédio sabe-se previamente de maneira exata todas as características do edifício; num processo de logística, compreendem-se todas as etapas de rastreamento até a entrega final do produto; contudo, no processo de mudança de protocolos de saúde devido a uma pandemia, por exemplo, não podemos afirmar inicialmente com exatidão os requisitos que estarão nesse protocolo. Em gestão de mudanças estamos lidando com o novo, e lidar com o novo requer uma aprendizagem.

A aprendizagem durante um processo de mudança pode ocorrer de várias maneiras, e a forma como desenvolvemos essa aprendizagem será o meio de assegurar a performance. Nesse caso, diferenciamos "pressão para mudança" de "preparo para mudança". No primeiro, queremos ansiosamente que um resultado nos tire da situação atual; no segundo, valorizamos o processo como forma de transformar a situação atual. Os dois aspectos, pressão e preparo, fazem parte do contexto da mudança e se complementam: uma equipe de alta performance precisa significar tanto a urgência quanto a capacidade necessária para a transformação. Portanto, mesmo diante da complexidade que é lidar com incertezas, podemos fazer uma gestão de mudanças indo além da tentativa e erro, realizando diagnósticos e monitoramento para aprimorar as intervenções e nos prepararmos com mais eficiência (TEN HAVE *et al.*, 2015).

Por que mudar?

O primeiro diagnóstico de uma mudança é saber por que ela é necessária. O entendimento da necessidade da mudança vai definir o senso de urgência e o engajamento das pessoas no processo. Como em um processo de mudança não temos a clareza inicial do ponto final, é imprescindível ter clareza das razões para a mudança (TEN HAVE *et al.*, 2015).

Vamos supor que você decida mudar de país. Se o motivo for aumentar a renda, você vai buscar países que tenham mais oportunidades de mercado do que o seu país de origem e poderá até fazer alterações na própria carreira. Se o motivo for aproveitar sua aposentadoria, você vai buscar países com a qualidade de vida desejada e incentivos que sustentem mais sua longevidade do que no seu próprio país. A partir disso você inicia pesquisas, construção de cenários, diálogos com pessoas que já vivenciaram algo parecido e dessa forma acaba vivenciando o significado da mudança antes mesmo dela ocorrer.

Caso você faça uma mudança de país sem um motivo claro, durante o processo de adaptação você continuará se questionando sobre a necessidade da mudança e provavelmente não terá se preparado o suficiente para encarar os desafios, vivenciando aleatoriamente tentativas e erros, reduzindo sua capacidade de engajamento e de entendimento sobre o que você pode alterar no seu cotidiano para construir uma melhor forma de adaptação, ocasionando até um retorno frustrante à sua terra de origem.

Muitas vezes, nas organizações, a liderança do topo aceita iniciar mudanças por pressões externas sem compreender com clareza e profundidade a real necessidade de fazê-las. Outras vezes, eles até compreendem os motivos, mas falham ao comunicar para as outras camadas da organização, gerando ceticismo e desengajamento (FLOYD; WOOLDRIDGE, 1997).

Significação, a base para o processo de mudança

A base da gestão de mudanças nas organizações está fundamentada na estrutura de trocas relacionais que existem internamente e externamente. É nesse sistema relacional que acontecem o aprendizado organizacional e a gestão de conhecimento. Na maior parte das vezes, as organizações permitem apenas uma direção de troca de informações – hierarquicamente, do topo para baixo. Isso faz com que a liderança seja altamente requerida no processo de aprendizagem de novos significados, causando uma dependência do entendimento do topo para seguimento da mudança e redução da autonomia como fonte de aprendizado. Consequentemente, a sensação de impotência permeia as camadas organizacionais e se torna mais intensa quanto mais distante do topo (BURGELMAN, 2010).

Permitir a troca relacional no processo de significação da mudança em pelo menos duas vias facilita a criação do significado da mudança de maneira mais ampla e mais ativa, respeitando o preparo cognitivo e o preparo emocional das pessoas para ser agentes nesse processo (BURGELMAN, 2010).

Preparo cognitivo

Em termos de preparo cognitivo, destacam-se os processos de *sensemaking* e *sensegiving*, sendo a função do *sensegiving* prover significado aos outros e a função do *sensemaking* de fazer sentido para si mesmo. Normalmente, a mudança estratégica na organização segue um caminho único desse processo cognitivo: o CEO e os diretores desenvolvem um primeiro formato da visão da mudança (*sensemaking*) e disseminam para os outros colaboradores e *stakeholders*, os quais serão influenciados a compreender, aceitar e reagir às mudanças iniciais (*sensegiving*) (GIOIA; CHITTIPEDDI, 1991). Se a relação entre as camadas da organização se estrutura apenas numa direção, do topo para baixo, os colaboradores da ponta não possuem a chance de influenciar os colaboradores das camadas superiores, criando mais barreiras do que facilitadores na formação de significado em uma proposta inicial de mudança, que tende a ser uma visão macro, impalpável e repleta de incertezas para o dia a dia operacional (BURGELMAN, 2010).

Cada camada da organização precisa ter espaço de troca de informações a fim de estabelecer uma reorientação cognitiva dos esquemas já existentes e promover o entendimento da mudança de uma forma global. A posição na hierarquia influencia no modo de ressignificação – quanto mais afastada do topo, menor a consciência dos componentes que formam uma decisão estratégica. À medida que a pessoa se distancia da tomada de decisão estratégica, o seu engajamento na formação de um novo propósito dependerá de um uso maior do conhecimento tácito e das interações informais (FLOYD; WOOLDRIDGE, 1997).

O alto escalão pode facilitar o engajamento organizacional construindo espaços de interações e um canal de comunicação *bottom-up* para a discussão das incertezas, a construção de cenários e a experimentação compartilhada. Esses espaços retroalimentam e reconstroem a visão inicial da mudança rumo ao êxito da estratégia. Esse lugar de mediação entre topo e base é ocupado pelos gerentes intermediários de áreas – são eles que detêm maior possibilidade de conseguir realizar uma mudança organizacional com sucesso. Devido ao seu caráter tático, eles conseguem alocar recursos em projetos de curto prazo com resultados tangíveis rápidos que sustentam a adaptação das pessoas à nova orientação estratégica. Eles levam o discurso à prática, e quanto maior o nível de autonomia para realizar essas trocas de informações e experiências dentro da empresa, maior a possibilidade de aprendizagem de um novo conceito (FLOYD; LANE, 2000).

Preparo emocional

A mudança organizacional tende a criar uma atmosfera de pressão para o atendimento e a adequação às novas demandas estratégicas. Essa pressão também é sentida no nível individual, causando inseguranças e mais vigilância sobre quebras de acordos que venham a modificar as relações de trabalho ou frustrar expectativas de carreira. Mesmo diante de um discurso positivo sobre os benefícios da mudança, a ambiguidade e as incertezas prevalecem, afetando as emoções. Como a organização favorece um suporte a essas emoções é um fator crucial para que a implementação da mudança aconteça de forma segura, solidária e com alto desempenho (HUY, 2002).

Enquanto os executivos têm sua atenção dispersa entre a empresa e o mercado, os gerentes e supervisores têm foco no ambiente interno e mais acesso aos sentimentos vivenciados pela equipe. Essa diferença de visão e papel tende a fazer com que o topo não considere o impacto das emoções ou acredite que o lado emocional seja um lado irracional, que deva ser suprimido pela imposição de uma racionalidade. Na verdade, emoção não é o oposto da razão; elas caminham juntas na elaboração de um novo sentido. Oferecer segurança emocional propicia um conforto individual para aprender, analisar e agir com competência (HUY, 2002).

Grande parte do preparo emocional para a mudança está na relação entre líder e liderado. Ambos tendem a se sentir ameaçados diante de mudanças estratégicas e da ambiguidade característica do processo. Normalmente o líder não possui mais informações do que o liderado, portanto é um momento em que os dois precisam aguardar decisões e aprender juntos novas formas de operar. O fortalecimento desse vínculo entre líder e equipe é fator-chave para o equilíbrio das emoções, pois, trabalhando solidariamente, um pode reforçar a segurança do outro diante das incertezas (HUY, 2002).

Se a mudança é derivada de uma crise organizacional, a contribuição mais valiosa do gerente é lidar com a desconfiança das pessoas sobre os requisitos de mudança e com a frustração e a dissonância emocional devido a promessas não cumpridas desencadeadas pela crise. Enquanto os gerentes de topo se envolvem em mensagens motivacionais gerais para toda a organização, os gerentes intermediários podem ter um contato cara a cara e autonomamente defender iniciativas operacionais que ajudem a equipe a vislumbrar o futuro da organização. Estudos anteriores já haviam demonstrado que os gerentes intermediários que atendem às emoções dos subordinados contribuem em parte para um processo relativamente suave de adaptação à mudança. A experiência prévia dos líderes também é relevante; gerentes que já vivenciaram transformações organizacionais tendem a assegurar espaços de confiança que favorecem o equilíbrio emocional (HUY, 2002).

Perspectiva ética

Numa perspectiva ética, a alta performance numa organização é mais um efeito do campo relacional, formado por vínculos e recursos, do que do campo estratégico, formado por metas e objetivos. Esse olhar lança luz sobre a importância de abordar as emoções e a aprendizagem nos componentes de elaboração estratégica e de medição de desempenho. Ao lidar com as emoções e o significado do novo no local de trabalho, os gerentes que conduzem conversas com os funcionários para embasar uma melhor conceituação e atuar sobre a complexidade fortalecem mais o engajamento do que aqueles que se limitam ao estabelecimento de objetivos e foco no resultado. No primeiro caso, é incentivada a autonomia no lugar do controle.

A alta performance não vem de um resultado alcançado, ela acontece quando respeitamos nosso contínuo processo de aprendizagem e de regulação emocional que permite manter o melhor de nossa performance diante das mais diversas condições.

19. A importância do significado e do propósito para o líder e sua equipe

Chirley Mineiro

Liderar com propósito sempre foi um dos motivos para o sucesso de líderes e de suas equipes. Mas o que é esse tal propósito e como liderar com ele – ou, ainda, como seria possível liderar sem ele?

Esse tal propósito de que muito se fala, mas pouco se vê, é o que faz a diferença no mundo corporativo. Nos últimos tempos, inclusive, ele tem sido cada vez mais importante nas organizações.

Se você pesquisar no Google, vai achar mais de 172.000.000 de resultados. As definições do *Oxford Language* dizem o seguinte: intenção (de fazer algo); projeto, desígnio; aquilo que se busca alcançar; objetivo, finalidade, intuito.

Alguns psicólogos defendem que ter um propósito de vida ajuda as pessoas a ter uma vida mais plena, feliz e saudável (BROTTO, 2018).

Pensando assim, podemos voltar ao início de 2020, quando a pandemia tomou conta do mundo e deixou todos assustados, com medo, ansiosos, sem saber o que fazer direito, perguntando-se quando isso ia acabar ou como viver com uma doença assim. Um dia estávamos vivendo normalmente e no outro nos vimos presos dentro de casa, misturando afazeres e atividades da família com as do trabalho. Muitas pessoas, porém, não tiveram o privilégio de se isolar e tiveram que vestir as suas armaduras para continuar enfrentando o mundo lá fora. Nossa, é estressante só de pensar.

Mas é a partir daí que podemos mergulhar fundo e descobrir o nosso propósito. Afinal, é ele que irá nos ajudar a manter a saúde mental em bom estado. E podemos até arriscar dizer que quem sairá dessa com a saúde mental perfeita ou menos prejudicada é quem tem um propósito e, por que não, um bom líder.

Um líder com propósito

Imagine um líder que conta com uma equipe que espera algo dele. Eles querem ter a quem seguir e no que acreditar. Um líder com um propósito claro pode ajudar toda a sua equipe, desde que tenha alguns cuidados ao liderar ou ao definir os seus propósitos. As empresas, principalmente agora, estão carentes de líderes que tenham um olhar mais amplo, que sejam mais humanos, que vão além de cumprir metas e cobrar dos seus liderados. É preciso ter empatia de verdade, saber ouvir o colaborador, ter um propósito claro e que possa ser compartilhado com a equipe, fazendo com que todos queiram assumir esse propósito para si e lutem juntos com confiança e garra. O propósito claro faz com que todos sintam o significado do que estão fazendo e vivam todos os dias para alcançar os seus objetivos. Um bom e claro propósito pode mudar uma empresa. Mas o líder precisa vivê-lo genuinamente para que a sua equipe incorpore esse mesmo sentimento.

Um estudo realizado pelo Work Research Group da Kingston Business School demonstrou que se o líder focar em um senso de propósito pode alcançar o sucesso. Eis aqui a diferença dos grandes líderes para os demais: a importância do propósito. Um líder com um propósito faz a sua equipe segui-lo e conquistar grandes feitos. **Essa é a chave para o sucesso: liderar com propósito** (UNDERWOOD, 2016).

A pesquisa identificou que o senso de propósito nasce ao longo de nossas vidas com a construção de valores e princípios que formam a personalidade de cada indivíduo. Através dessa concepção percebemos o significado de nosso propósito, que, por muitas vezes, vem de termos superado problemas e desafios e das pessoas que nos influenciaram e que foram nossos mentores durante o processo.

Conceito de liderança

O conceito de liderança e o que o torna um grande líder há muito tempo vem sendo discutido em universidades e organizações. Esse fascínio faz com que muitas pessoas almejem como meta de crescimento a carreira de liderança. As atitudes, os comportamentos e os estilos de grandes líderes como Abraham Lincoln, Nelson Mandela, Martin Luther King, Pratibha Patil, entre outros, nos impressionam e nos motivam a analisar e explorar suas abordagens, condutas e desempenhos para uma liderança de sucesso.

Segundo um artigo da revista *Time* escrito por Eric Barker (2014), há cinco dicas de liderança de Abraham Lincoln que podem servir de inspiração para os líderes:

1. **Saia do escritório e circule.** As pessoas são a melhor fonte de informação e ser acessível transmite confiança. Isso é similar ao que hoje os estudiosos da administração chamam de *management by walking around*.
2. **Em vez de coagir, convença.** Apesar de ser responsável por dar ordens, um líder não precisa reprimir as pessoas. Ele precisa convencê-las do porquê das coisas. Tornar-se próximo dos seus liderados e ser transparente sobre suas decisões.
3. **Lidere sendo liderado.** Estimular e reconhecer as boas iniciativas da equipe. Assumir os possíveis erros. Permitir a participação de todos.
4. **Incentive a inovação.** Dar liberdade para que todos criem e inovem. Assim, estará estimulando a criatividade. Depois, é preciso reconhecer o esforço de cada um, mesmo que tenha dado errado. O que vale é a intenção de inovar.
5. **Conte histórias e influencie.** "Eles dizem que conto muitas histórias. Acho que faço isso", disse Lincoln. Ele acreditava que era mais fácil as pessoas entenderem uma ideia através de contos e histórias bem contadas.

O objetivo de Lincoln era unir a nação. E podemos dizer que esse era o seu propósito. O senso de propósito é internalizado e pessoal e não pode ser entregue em uma apostila ou em um treinamento.

Uma equipe de trabalho se torna eficiente quando está inspirada, quando se sente parte do processo e é ouvida. Nas palavras de Sinek (2018):

> *Pessoas que amam ir para o trabalho são mais produtivas e mais criativas. Eles voltam para casa mais felizes e têm famílias mais felizes. Eles tratam seus colegas e clientes melhor.*

Então, qual é o papel do líder?

Podemos afirmar que o mais importante seria ajudar a equipe a ter senso de propósito. Esse seria o papel mais importante dele, mais do que dar ordens ou garantir o alcance de metas. Parece simples, mas raramente vemos essa atitude na liderança. Geralmente, vemos líderes destruindo suas equipes por não saberem como inspirar pela transparência, convencer pela consistência e engajar pela paixão.

Embora não seja fácil, o líder deve auxiliar a equipe a descobrir por que fazem o que fazem e comunicar claramente o que a empresa faz e por que o faz, fornecendo uma base para inspirar suas equipes a dar tudo de si.

O Círculo Dourado, criado por Simon Sinek (2018), ajuda empresas e empreendedores a encontrar seu propósito e gerar impacto. É uma alternativa simples para diferenciar coisas importantes, separando o que uma organização faz (a entrega), como ela faz (o serviço, o método) e por que ele faz (a razão, o sentido, o propósito).

Para Sinek (2018), a razão de algumas empresas serem mais admiradas e lucrativas que outras está no forte senso de propósito que as inspira a dar o melhor de si para uma causa expressiva – o porquê.

Então, para aplicar esse método e descobrir o seu propósito e o da organização, pergunte-se o quê, como e por quê.

Comece pelo "porquê" da sua existência. Depois identifique "o quê", que são as ações planejadas, que devem estar de acordo com seu propósito, sua missão e seus valores.

"O quê" é a última parte do Círculo e deve definir o que você faz. Dizer que é a melhor ou a maior do mundo não é o suficiente. Você deve pensar se o que você faz inspira as pessoas. Sem esquecer que deve inspirar a você mesmo antes de qualquer coisa.

Líderes engajados

Ter líderes e equipes engajadas traz resultados surpreendentes para as organizações, pois há aumento na produtividade, menor *turnover* (rodízio de colaboradores e, consequentemente, perda de talentos e altos custos com admissões e demissões, sem falar na integração do novo colaborador e daí por diante) e menos absenteísmo (faltas por motivos de doença – uma empresa pode, sim, adoecer seus colaboradores e causar atrasos e outros fatores que prejudicam a frequência e o empenho). Tudo isso reflete diretamente nos resultados financeiros da organização.

Ter um líder engajado é praticamente a fórmula certa para inspirar toda uma equipe. Assim como os colaboradores, o líder engajado é mais ativo e caminha alinhado com a intenção, os princípios e as metas da empresa, tornando-se um influenciador por acreditar na cultura e no propósito da organização, vivendo na prática os valores e a missão. Podemos dizer que aqui se destaca a paixão. É aquela velha história: "você é feliz fazendo o que está fazendo?". Se a resposta for sim, fica tudo mais fácil. Se a resposta for não, tente aplicar o Círculo Dourado, de Simon Sinek, e descubra o que o faz feliz.

Um líder engajado se torna exemplo a ser seguido e dará segurança para os seus liderados. Para isso, é preciso também ter resiliência.

E veja que dado interessante foi divulgado em uma pesquisa realizada pela *ADP Research Institute* no fim de 2020. Em 25 países em todo o mundo, incluindo o Brasil, a pandemia influenciou o envolvimento dos colaboradores e sua resiliência no local de trabalho. Em comparação com o estudo anterior, realizado em 2018, a porcentagem de colaboradores totalmente envolvidos em nível global diminuiu um ponto percentual. No Brasil, houve um ganho de 4 pontos percentuais no engajamento dos trabalhadores, que subiu de 14% em 2018 para 18% em 2020. No caso da resiliência, apenas 15% dos colaboradores em todo o mundo são altamente resilientes. No Brasil, a taxa de trabalhadores altamente resilientes chega a 16%. No estudo, engajamento é definido como uma atitude positiva e dedicada em relação ao trabalho e ao empregador. Já a resiliência é definida como a capacidade de resistir a condições desafiadoras durante o trabalho. Foram entrevistados cerca de 27 mil colaboradores. O estudo concluiu ainda que a experiência pessoal com a COVID aumentou a resiliência nas pessoas (PANDEMIA, 2021).

A resiliência sempre esteve presente na vida dos líderes e está também entre as características esperadas pela organização. Hoje, por causa do cenário caótico criado pela pandemia, é cada vez maior a necessidade de líderes resilientes para ensinar seus subordinados como vencer as dificuldades. O mundo está pedindo que os líderes desenvolvam essa capacidade de se recuperar e que a use para prosperar no futuro. É uma qualidade para poucos, mas, se você tem um propósito, não desistir dele vai desenvolver sua resiliência.

Ovans (2015), em seu artigo "What Resilience Means, and Why It Matters" ("o que significa resiliência e por que é importante"), alerta que líderes devem criar um ambiente construtivo quebrando as barreiras sociais e burocráticas que os separam de seus liderados. Podem se envolver com sua equipe em um nível mais pessoal, admitindo abertamente seus próprios erros, demonstrando assim confiança e gerando maior engajamento de seus liderados.

No livro *Alive at Work: the neuroscience of helping your people love what they do*, Dan Cable (2018) sintetiza que o propósito pode ser uma ferramenta poderosa para líderes que desejam inspirar as pessoas a fazer o que têm de melhor para o trabalho. Mas a maioria dos líderes concorda que os funcionários não "entendem" o propósito de suas organizações. Isso ocorre porque o propósito é pessoal e emocional. Muitas vezes, é mal administrado por líderes transacionais, que fazem discursos sobre metas sociais elevadas em vez de ajudar a colocar os funcionários em contato direto com as pessoas a quem servem.

O propósito pode fazer maravilhas para as contribuições dos funcionários quando os líderes começam com uma abordagem pessoal, autêntica e perpétua. Como diz Fernandes (2019), "os líderes que já começaram essa mudança pelo amor colherão os frutos com resultados consistentes e sustentáveis".

E aí, que tipo de liderança você está desempenhando?

E o principal, já pensou qual é o seu propósito?

20. Síndrome do impostor: o efeito catastrófico na sua vida e na liderança do seu time

Carla Ezaki
Paulo Assis Crasnhak Filho

Alguma vez você já se sentiu não merecedor de todas as suas conquistas? Como se fosse um impostor? Que tudo o que você conseguiu foi por mero acaso? Se você tem sentimentos de menos valia, de não merecimento, acredita que em qualquer momento poderá ser facilmente substituído, saiba que esses são sinais da **síndrome do impostor**.

Ao realizarmos pesquisas no DSM V ou CID.10, não encontraremos uma psicopatologia com essa denominação. Mas a expressão foi utilizada em sua primeira vez no final dos anos 70 do século passado, em estudo de Clence e Imes (1978).

Há muitas teorias em relação ao gênero feminino ser mais afetado – seja por terem entrado no mercado de trabalho mais tardiamente, pela desigualdade de salários entre gêneros, ou por ter que lidar mais frequentemente com assédios sexuais e morais, além de questões relacionadas ao preconceito ("sexo frágil").

Kauati (2013) afirma que pessoas afetadas por esse fenômeno tendem a acreditar que não são dignas de ocupar a posição de sucesso ou status profissional que ocupam. Síndrome do impostor, fenômeno do impostor ou síndrome da fraude é um conjunto de falsas crenças sobre não se sentir bom o suficiente para estar ocupando determinada vaga de trabalho ou posição social. Por mais que a pessoa consiga perceber os aspectos positivos de sua conquista, acredita ser mero acaso da sorte.

Nota-se que sentimentos de autossabotagem são decorrentes, muitas vezes encontrados em pessoas com diagnósticos de moléstias mentais como depressão, TDH, transtorno de ansiedade, entre outras. Frequentemente, porém, sintomas de inferioridade são encontrados em pessoas que não possuem nenhum dos diagnósticos supracitados.

Pessoas que são de algum grupo social vulnerável, minoria étnica, jovens em início de carreira ou meio acadêmico, pessoas que foram muito cobradas na infância, profissionais do mercado financeiro e atletas têm maiores chances de desenvolver essas falsas crenças que caracterizam a síndrome do impostor.

Personalidades como Michelle Obama, Meryl Streep e Tom Hanks se identificam como portadores de tal síndrome. Meryl Streep, considerada por muitos a melhor atriz de todos os tempos, mostra não ter a mesma autoconfiança e autoestima de sua personagem Miranda Priestly, de "O Diabo Veste Prada" (2006). Ela já afirmou acreditar que nunca mais seria chamada para filmes, pois duvidava de seu potencial e não se achava merecedora dos prêmios que ganhou. Acreditava que ninguém mais iria querer vê-la em outra produção.

> *Hoje em dia, crianças mais jovens chamam isso de síndrome de impostor. Sentem que não cabem ali, não pertencem. Eu tive de trabalhar duro para superar aquela pergunta que (ainda) faço a mim mesma: 'eu sou boa o suficiente?'. É uma pergunta que me persegue por grande parte da minha vida. Estou à altura disso tudo? Estou à altura de ser a primeira-dama dos Estados Unidos? (SÍNDROME, 2018)*

A frase anterior foi dita por uma advogada brilhante, escritora, oradora e, em sua passagem pela Casa Branca, fundadora de muitos programas em benefício do povo norte-americano. Se não bastassem seus feitos, é ainda considerada um ícone da moda por ser a primeira afro-americana a se tornar a primeira-dama dos Estados Unidos. Mesmo com grandes feitos, muitas pessoas, em sua maioria mulheres, ao conseguir cargos de liderança, se sentem justamente como descreveu Michelle Obama: não pertencente àquela função ou cargo, não merecedora de estar na posição que ela mesma criou!

Quem sofre com a síndrome do impostor, a ansiedade latente de estar no local errado, a sensação de que não deveria estar naquela posição e que logo irão descobrir a sua falta de competência, acaba tendo menos confiança em si mesmo, e isso se reflete em ações como:

- ✓ **Trabalhar demais:** não é incomum que o profissional que sofre da síndrome do impostor seja um *workaholic*, sendo o primeiro a chegar e o último a sair, sempre com muito mais trabalho do que poderia fazer. É sempre o que se oferece para ficar de plantão depois do horário normal, pois para ele é necessário "fazer por merecer"; afinal, ele acredita que não deveria estar naquela posição e acaba se sacrificando por medo de ser "descoberto".
- ✓ **Não pedir ajuda, tentando resolver tudo sozinho:** novamente, por medo de ser "descoberto", esse profissional demora muito a pedir ajuda ou perguntar, pois teme que as pessoas o julguem incompetente. Essa atitude faz com que

ele tenha muito mais trabalho e demore muito mais para resolver tal tarefa, sem contar que, se for um líder, não encoraja a equipe a trabalhar em conjunto e acaba individualizando demais as atividades.

✓ **Não socializar com os colegas:** esse profissional tem medo de que vejam que ele não está trabalhando. Para ele, seu valor é medido pelo tanto que entrega – e a sua régua é sempre alta demais, o que o faz pensar que nunca é o suficiente. Portanto, ser visto pelos colegas e em especial pelos seus subordinados em momentos de descontração faz com que a sua mente distorcida crie barreiras, pois acredita que as pessoas o julgarão ("como que ele não está trabalhando? Tem que fazer por merecer nessa função").

✓ **Aceitar menos do que realmente merece:** o medo de não estar na posição que merece e de ser descoberto faz com que esse profissional aceite muitos comportamentos degradantes, assédio moral, salário menor do que deveria etc., pois acredita que, se exigir os seus direitos, poderá perder tudo, afinal aquilo que conquistou teria sido pura sorte ou um mero engano.

Essas sensações foram construídas ao longo de uma vida. E para que elas sejam desfeitas também vai levar algum tempo. Uma das primeiras ações que podem ser tomadas é conversar com alguém fora do meio, mudar o padrão de pensamento, recusar-se a acreditar nessas falsas crenças criadas. A psicoterapia muitas vezes é essencial. Técnicas da psicologia positiva podem reconstruir esses sistemas de crença. Quando esses sintomas estão associados a ansiedade, depressão ou TDH, tratamento psicofarmacológico se tornará necessário.

Chris Martin, cantor, compositor e instrumentista da banda Coldplay, também traz relatos desse fenômeno. Para que haja evolução, ele menciona a necessidade de enfrentar as "paranoias" causadas por esses pensamentos obsessivos compulsivos. Precisamos ir contra aquilo que a síndrome do impostor nos faz acreditar.

Fazer atividades fora do meio profissional, como cursos em outras áreas (artes, línguas, tocar algum instrumento, aprender um novo idioma), sem muita preocupação, também pode ajudar. O principal para que esses sintomas não façam parte de sua vida é evitá-los. Isso pode ser feito com novos padrões de pensamento e busca de *feedbacks* de pessoas adequadas.

Lembre-se, a síndrome do impostor pode ser como "um falso amigo" que sempre estará no seu ouvido diminuindo seu potencial, afetando sua autoestima, desmerecendo seu feito. Ignore esse "falso amigo", analise suas conquistas e acredite que o mérito é todo seu. Se não conseguir mudar o padrão do seu pensamento, busque a ajuda de um profissional da área.

21. Líder emocional x líder racional

Sergio Souza

Quem está no comando? Esta é a pergunta que estampa a capa de um dos livros do psicólogo e neurocientista Michael Gazzaniga, no qual é questionada a crença de que humanos sempre tomam decisões de forma consciente e com um propósito definido. Segundo Gazzaniga (2012), assim como é difícil acreditar que o mundo não é linear e previsível, é também difícil acreditar que não somos agentes totalmente livres para fazer escolhas.

Provocações ainda mais profundas questionam o que o livre arbítrio realmente significa e de quem, ou do que, os humanos querem estar livres para exercer esse seu arbítrio. A imprevisibilidade, o não saber, o não ter o controle nos desconforta. Em nosso processo evolutivo, estar vulnerável poderia implicar em risco à sobrevivência – e essa sensação, em alguma medida, ainda nos acompanha até os dias atuais, por isso preferimos acreditar que estamos sempre no comando.

Mente e corpo

"No século XVII, René Descartes baseou a sua concepção da natureza numa divisão fundamental entre dois domínios independentes e separados – o da mente, a 'coisa pensante', e o da matéria, a 'coisa extensa'" (CAPRA, 2002). De acordo com Descartes, o estudo da mente caberia à religião e à filosofia, enquanto o corpo, percebido enquanto máquina, seria objeto de investigação da medicina.

Essa divisão entre mente e corpo contribuiu para o fortalecimento da crença de que o mundo poderia ser descrito e explicado objetivamente. Entretanto, em "O erro de Descartes" (2012), o neurocientista português António Damásio defende que o cérebro e o corpo se encontram indissociavelmente integrados por circuitos bioquímicos e neurais recíprocos dirigidos um para o outro. As principais vias de interconexão seriam os nervos motores e sensoriais periféricos que transportam sinais, nos dois sentidos, entre corpo e cérebro, e a corrente sanguínea que carrega sinais químicos, como os hormônios, os neurotransmissores e os neuromoduladores.

O avanço das neurociências nas últimas décadas tem alimentado o conhecimento sobre o funcionamento do cérebro humano e ampliado as perspectivas sobre algumas questões existenciais que despertam o interesse da humanidade ao longo da história.

Miguel Nicolelis (2020), neurocientista brasileiro, diz que "não existe realidade objetiva sem o filtro do observador". Se o corpo e o cérebro estão integrados, esse sistema, de forma não menos intensa, interage com o ambiente no qual está inserido. Nessa relação acontecem estímulos, tanto no mundo como internos ao corpo, que despertam reações pré-programadas naturalmente nos indivíduos, as emoções primárias, desencadeando uma alteração no estado do corpo e também do processamento cognitivo. Como exemplo, a reação instintiva de medo de um indivíduo diante da possibilidade do encontro com um animal de grande porte ou uma situação de perigo nas ruas de uma grande cidade.

A essa modificação do estado do corpo segue-se a sensação da emoção, isto é, o reconhecimento da relação do estado emocional com o estímulo que o gerou. Esse reconhecimento é útil para proporcionar uma estratégia consciente de proteção ampliada, isto é, a possibilidade de generalizar esse conhecimento oferecendo "flexibilidade de resposta com base na história específica de nossas interações com o ambiente".

Ainda, as emoções chamadas secundárias, por sua vez, são geradas a partir de considerações deliberadas do indivíduo sobre uma determinada situação, gerando representações que incorporam conhecimentos relativos à forma como determinados tipos de situações têm sido combinados com específicas respostas emocionais em sua vivência individual – um encontro com um velho amigo, por exemplo. Essas representações não são inatas, são aprendidas, incorporando as experiências do indivíduo ao longo da vida.

Aqui cabe mencionar o "princípio da contextualização, que postula que, em qualquer momento, o estado global do cérebro determina como ele vai responder a um estímulo sensorial do mundo exterior" (NICOLELIS, 2020). Esse princípio basicamente determina que o cérebro se vale do "seu próprio ponto de vista" para tomar decisões acerca de eventos ocorridos no mundo exterior e é determinado não só pelas emoções, mas por uma série de outros fatores que interagem entre si, como a história evolutiva e pessoal acumulada do sujeito; a ocorrência de encontros prévios com estímulos similares ou distintos; o estado dinâmico particular do cérebro no momento; as expectativas internas criadas; e os valores emocionais e hedônicos associados ao estímulo que acaba de ser detectado.

"À medida que o organismo vivo responde às influências ambientais com mudanças estruturais, essas mudanças, por sua vez, alteram o seu comportamento futuro. Em outras palavras, o sistema que se liga ao ambiente através de um vínculo estrutural é um sistema que aprende" (CAPRA, 2002). Indivíduos, e demais seres vivos, têm por característica essa adaptação. O aprendizado a partir do seu contato com o ambiente se torna, ele mesmo, um registro desses desenvolvimentos já ocorridos.

Diante desse entendimento da integração dinâmica entre corpo e mente e da interação desse sistema com o ambiente que gera aprendizado e contínua adaptação, voltamos à pergunta inicial: quem está no comando? Onde estaria a razão?

Razão é a capacidade de resolver alguma coisa através do raciocínio e a habilidade para fazer avaliações de maneira correta. "O raciocínio faz o que fazem as emoções, mas alcança o resultado conscientemente. O raciocínio nos dá a opção de pensar com inteligência antes de agir de maneira inteligente. O sistema de raciocínio evoluiu como uma extensão do sistema emocional automático, com a emoção desempenhando vários papéis no processo de raciocínio" (DAMÁSIO, 2012).

Se a razão é construída através da capacidade de raciocinar e esta é uma extensão do sistema emocional, logo as emoções são peça fundamental na construção da razão. O processo mental é um fluxo contínuo de imagens em nossa mente, representações momentâneas que o cérebro cria de todas as coisas dentro ou fora do nosso corpo. Os padrões mapeados constituem o que nós, criaturas conscientes, conhecemos como visões, sons, sensações táteis, cheiros, gostos, dores, prazeres e coisas do gênero.

Acontece que "o indivíduo dispõe de um orçamento limitado de atenção para alocar às suas atividades e, se tentar ir além desse orçamento, fracassa. Uma característica das atividades que exigem esforço é que elas interferem umas com as outras, motivo pelo qual é difícil ou impossível conduzir várias delas ao mesmo tempo" (KAHNEMAN, 2012). Dessa forma, uma grande parte dos nossos pensamentos é inconsciente e opera em um nível inacessível para a atenção do consciente normal. Nesse nível também estão as nossas crenças e nossos conhecimentos tácitos, moldando em conjunto a estrutura do pensamento consciente.

O teórico em economia comportamental Daniel Kahneman, em sua obra "Rápido e Devagar" (2012), colocou luz sobre essa questão fazendo referência a dois sistemas na mente:

- ✓ O Sistema 1, que opera de forma automática, com pouco ou nenhum esforço e nenhuma percepção de controle voluntário.
- ✓ O Sistema 2, que aloca atenção às atividades mentais mais complexas. As operações deste sistema são muitas vezes associadas com a experiência subjetiva da atividade, escolha e concentração.

É possível que, ao ver essas duas definições, muitas pessoas se identifiquem com o Sistema 2, o mais consciente, que faz escolhas, provido de raciocínio e que decide o que fazer diante de uma situação. Entretanto, é o Sistema 1 que gera, sem muito esforço e rapidamente, as percepções que geram crenças com as quais o Sistema 2 faz as suas escolhas.

O modo de operar do Sistema 1 simplifica a nossa visão do mundo, fazendo-o parecer mais previsível. Ele é projetado para tirar conclusões precipitadas com pouca ou nenhuma informação. Esse funcionamento amplia a percepção de compreensão do passado, o que aumenta a ilusão de que se pode prever e controlar o futuro.

O Sistema 1 não se preocupa com a qualidade e quantidade de informações disponíveis para gerar suas impressões e prognósticos. Para ele, "o que você vê é tudo que há". A consistência, e não a completude da informação, é o que importa para a construção de uma história, inclusive facilitando o trabalho de ajustar essa pouca informação a um padrão coerente. A atenção ao que já sabemos nos leva a negligenciar o que não sabemos e ficarmos ainda mais confiantes em nossas crenças.

> *No dia a dia, não somos suficientemente introspectivos para que percebamos como compreendemos um pouco menos do que está acontecendo do que seria justificável a partir de uma observação imparcial das nossas experiências. A falácia da narrativa está associada à nossa vulnerabilidade em relação à interpretação excessiva e à nossa predileção por histórias compactas sobre verdades cruas. Ela distorce nossa interpretação mental do mundo e é particularmente aguda quando se trata de um evento raro. (TALEB, 2020)*

O cérebro busca sempre maneiras de economizar energia. Estar operando com respostas automáticas com base em informações tidas como já conhecidas gera conforto cognitivo – e este gera emoções positivas. Essa relação tem um longo histórico evolutivo. Temos então uma tendência natural a procurar informações que comprovem o que já acreditamos e evitamos dados discordantes, o chamado viés de confirmação. Mas é muito importante considerar que conforto e coerência aparente não garantem que uma crença mantida com confiança seja verdadeira.

Enfim, razão ou emoção?

Como explorado no começo deste capítulo, podemos entender os seres humanos como organismos evolutivamente dotados de mecanismos automáticos de sobrevivência, as emoções, e continuamente adaptáveis para fazer frente aos desafios do contexto nos quais se desenvolve.

A esse conjunto de mecanismos biológicos são adicionadas estratégias de tomada de decisão, socialmente aceitas e desejáveis, que favorecem a sobrevivência e que são aprendidas a partir da experiência do indivíduo em sua relação com os estímulos do ambiente. Essas estratégias se desenvolvem em sociedade, são transmitidas pela cultura e para sua aplicação prática requerem consciência, deliberação racional e força de vontade. Com o passar do tempo passam a compor o modo de operar do indivíduo, a razão.

Razão nobre é, segundo Damásio (2011), a do senso comum, parte do princípio de que estamos nas melhores condições para decidir e deixamos a lógica formal conduzir-nos à melhor solução de um problema. Quando um evento diferente acontece, ajustamos nosso repertório para acomodá-lo.

Durante décadas os neurocientistas resumiram que o cérebro adulto tinha forma e função essencialmente fixas. Entretanto, sabemos hoje que esse conceito de um cérebro estático e imutável não é preciso. Na verdade, ele tem uma propriedade chamada de neuroplasticidade: a capacidade de modificar sua estrutura e sua função de maneira considerável. Essa mudança pode ocorrer em resposta às nossas experiências, aos nossos pensamentos e aos estímulos do ambiente, e assim vamos evoluindo.

Entretanto, o mundo como o percebemos não é uma correspondência precisa da realidade. Entre os muitos fatores, a mente não está vazia no começo do processo de raciocínio; ao contrário, encontra-se repleta de imagens, originadas de acordo com a situação em curso, que entram e saem da consciência de forma muito rápida para serem completamente compreendidas, isto é, sempre haverá algum grau de distorção na percepção da realidade.

Uma limitação geral da mente humana é a sua capacidade imperfeita de reconstruir estados passados de conhecimento, ou crenças que depois mudaram (KAHNEMAN, 2012). O cerne da ilusão é que acreditamos que compreendemos claramente o passado e que assim podemos entender o futuro, mas, na verdade, compreendemos o passado menos do que acreditamos compreender.

A existência de uma realidade objetiva, que independe da mente humana, e o conceito de causalidade são, segundo Miguel Nicolelis (2020), pilares da ciência moderna. Ele defende o que chama de "cosmologia cerebrocêntrica", que desafia a noção clássica que nos permite referir a uma realidade objetiva sem levar em conta a interferência introduzida pelo cérebro durante o processo de descrever o universo.

Diante das evidências científicas já existentes, talvez a discussão sobre razão, como a expressão de uma realidade concreta e indiscutível, possa dar lugar a um diálogo mais orientado às percepções de mundo de indivíduos e grupos, reconhecendo a influência de suas experiências pessoais e emoções, de forma a construir acordos de convivência mais orientados à harmonia social em lugar de categorizações entre certos e errados.

A liderança de si pela autoconsciência

Como vimos, somos sistemas complexos em contínua e dinâmica interação com o ambiente no qual estamos inseridos, influenciando e sendo influenciados, interferindo e sendo impactados pelos estímulos do ambiente em muitas dimensões.

Possuímos mecanismos inatos de percepção e ação, as emoções, que evolutivamente nos permitiram perpetuar enquanto espécie e, sob a influência destes, construímos novas estratégias de sobrevivência que são aprendidas e desenvolvidas a partir das experiências vivenciadas ao longo da vida. Razão e emoção operam juntas.

Como temos uma reserva de atenção limitada, o nosso cérebro opera, por um lado, dando respostas rápidas aos estímulos com base em um número de informações limitado, com menos precisão e com alto nível de generalização, comparando com situações passadas, e, de outro, com uma orientação mais racional, buscando mais evidências, questionando, observando e assim gerando ações mais conscientes de resposta ao estímulo. Racionalizar exige mais tempo.

Diante das variadas, múltiplas e simultâneas demandas da vida cotidiana moderna, bem como do elevado número de estímulos aos quais podemos estar expostos, escolher onde colocar a atenção se tornou um grande desafio; e assim passamos a cada vez mais "fatiar fino", isto é, exercitarmos a nossa "capacidade do inconsciente de encontrar padrões em situações e comportamentos com base em fatias muito finas de experiência" (GLADWELL, 2016).

Em outras palavras, desafiamos um mundo cada vez mais complexo usando um modo de operação menos preciso e mais orientado por generalizações e heurística, isto é, procedimentos simples que ajudam a encontrar respostas adequadas, ainda que geralmente imperfeitas, para perguntas difíceis.

A resposta a esse paradoxo parece passar pela ampliação da autoconsciência, no sentido de uma atenção permanente ao que estamos sentindo internamente, observação das nossas emoções e sentimentos no momento em que eles ocorrem. Esse estado de maior presença aumentará a probabilidade de darmos respostas mais adequadas ao ambiente no momento e também, na linha do tempo, contribuirá para a consolidação de novas formas de operar, uma vez que, segundo Kahneman (2012), "o sistema 2 tem alguma capacidade de mudar o modo como o sistema 1 funciona, programando as funções normalmente automáticas de atenção e memória".

Com uma pitada de humor, a citação de Aristóteles por Goleman (2012) decreta:

> *Qualquer um pode zangar-se, isso é fácil. Mas zangar-se com a pessoa certa, na medida certa, na hora certa, pelo motivo certo e da maneira certa não é tão fácil. (Aristóteles em Ética a Nicômaco).*

Reconhecer-se humano e falível, questionar as próprias crenças, sustentar um estado de curiosidade e abertura diante das incertezas do ambiente e investir tempo e atenção na observação das próprias emoções, sentimentos e tendências de ação contribuirá para a construção do pilar fundamental da liderança, a liderança de si.

Líder integral

> *Ver não é crer; crer é ver! Você vê as coisas não como elas são, mas como você é. (LALOUX, 2017)*

Liderança é um conceito amplo e aqui exploraremos o seu recorte mais específico em contextos empresariais.

A crença na existência de uma realidade objetiva que independe da mente humana e de que tudo acontece numa relação direta de causa e efeito gera uma visão do mundo como um sistema mecânico, onde processos e regras bem definidos permitem controlar as circunstâncias e os resultados. Essa visão, não raro, é extrapolada e também molda a nossa percepção sobre a natureza, o organismo humano, a sociedade e também as empresas.

Observar a empresa como uma máquina implica percebê-la como um conjunto de peças que se interligam de uma forma específica, cada qual com sua função predeterminada e com operação e resultados previsíveis. Nesse cenário, alguém seria o responsável por projetar esse sistema e definir os papéis e responsabilidades daqueles que vão operá-lo através de comandos específicos. Os processos e os resultados destes devem ser mensuráveis e, em caso de variação, são considerados falhas a serem corrigidas. Nesse modelo, talvez passe despercebida a crença implícita de que a empresa é criada, possuída e operada por pessoas, mas estas não fazem parte do sistema.

Entretanto, "para cada novo estágio da consciência humana que surge também nasce uma nova habilidade de colaborar, trazendo com isso um modelo organizacional" (LALOUX, 2017). As modernas teorias da administração já se orientam por uma visão na qual aprendizado contínuo, compartilhamento, autogestão, entre outras características, podem potencializar a cooperação em grande escala através de propósitos e objetivos comuns, visões de futuro partilhadas construídas na imaginação coletiva das pessoas.

É muito provável que, em lugar de um entendimento mecanicista, a concepção de organizações como sistemas vivos, ou seja, como redes não lineares complexas, nos dê novas ideias sobre a natureza da complexidade e nos ajude assim a lidar com as complicações do ambiente empresarial de hoje em dia.

Sempre ouvimos que, nas organizações, as pessoas resistem à mudança. Na realidade, porém, segundo Fritjof Capra em sua obra "As conexões ocultas" (2002), não é à mudança que elas resistem; resistem, isso sim, a uma mudança que lhes é imposta. Sendo assim, o desafio da liderança moderna não está relacionado a um dualismo entre razão e emoção. Como vimos, emoção e razão coabitam os seres humanos e se desenvolvem ao longo do tempo, ambas sustentando todo o processo decisório diante dos estímulos do ambiente.

Ao reconhecer essa complexidade humana, a simbiose entre razão e emoção, a influência do ambiente sobre cada um de nós e as reflexões ainda existentes sobre o alcance do chamado livre arbítrio, é importante que evitemos a tentação de simplificar e/ou derivar conclusões superficiais sobre temas como a responsabilização dos indivíduos sobre seus atos. Reconhecer-nos falíveis não significa nos levar a comportamentos de vitimização.

Inevitavelmente, conflitos de interesse emanam em qualquer comunidade humana, e o papel do poder na organização social é lidar com eles, gerenciando-os ou dissolvendo-os. Entretanto, esse poder, numa concepção de organização como sistema vivo, se dá pela mudança de paradigmas e crenças através da persuasão, educação e criação de algum nível de visão comum.

O sentido original de "autoridade" não é o de "poder de comando", mas de uma "base firme para o conhecimento e a ação". A verdadeira autoridade consiste em dar aos outros o poder de agir (CAPRA, 2002).

É nesse lugar que se encontra a liderança necessária para fazer frente aos desafios do presente e do futuro. Aquela capaz de construir as chamadas organizações que aprendem, estabelecendo uma arena comum onde indivíduos possam aportar o melhor dos seus conhecimentos, tácito e explícito, em um espaço de escuta com atenção e participação com intenção.

A razão é então mais do que algo estático, uma referência imutável ou um paradigma consolidado com base em conhecimento passado, que inclusive pode não ser mais representativo das circunstâncias do momento presente. Liderar com a razão é aceitar que somos falíveis e percebemos não o todo, mas fragmentos de uma realidade que nos cerca. É entender que cada pessoa percebe o mundo de forma diferente, e a junção dessas informações pode propiciar respostas mais adequadas aos estímulos do ambiente.

As emoções são aquelas que viabilizaram a nossa sobrevivência enquanto espécie, fazendo parte assim da nossa herança ancestral mais profunda. Ignorá-las não faz com que minimizem ou desapareçam. Por outro lado, reconhecê-las abre um espaço enorme para o desenvolvimento pessoal e para um maior entendimento da relação do próprio indivíduo com o mundo. Liderar com a emoção é entender o seu papel no processo decisório e perceber que a criação de um espaço de segurança onde elas possam se manifestar gerará a confiança necessária para a expressão do máximo potencial dos indivíduos e assim do grupo, gerando melhores respostas aos desafios de hoje e do amanhã.

Quem está no comando? Não há consenso nem entre os cientistas e nem sabemos se um dia haverá; há muito para descobrir ainda, mas, em se tratando de liderança, podemos afirmar que isso não nos impede de continuar a evoluir, gerando grande impacto positivo em nossas próprias vidas e na sociedade como um todo.

22. Suplementando o cérebro: o papel da nutrição no rendimento cognitivo

Luciana Rossi

A perda de rendimento esportivo (*performance*) pode ser definida a partir da ótica da fadiga, cuja etiologia sempre despertou grande interesse, principalmente devido ao seu caráter multifatorial; quanto aos fatores desencadeadores de fadiga em atletas, as pesquisas têm se dividido em aspectos mais clássicos, e outros mais recentes, que, respectivamente, afetam os músculos (fadiga periférica) e o cérebro (fadiga central), ambos podendo ocorrer antes, durante e após a realização de trabalho físico intenso (ROSSI; TIRAPEGUI, 1999). A fadiga periférica pode ser descrita como a "a incapacidade de sustentar uma produção de força específica ou taxa de trabalho durante o exercício", e a fadiga central como "a falha em iniciar e/ou manter tarefas de atenção e atividades físicas que exijam de si mesmo motivação". Essa distinção, portanto, reside principalmente na origem da sensação, com a fadiga periférica se desenvolvendo a partir de sistemas periféricos fisiológicos e neuronais (por exemplo, transmissão neuromuscular, metabolismo muscular ou sistema cardiovascular), enquanto a fadiga central resulta de alterações no sistema nervoso central (SNC). A fadiga central é ainda composta por várias dimensões, nomeadamente como fadiga física, fadiga mental/cognitiva e alterações motivacionais. A fadiga física é caracterizada pela dificuldade de realizar atividades físicas, enquanto a fadiga mental/cognitiva é descrita como a dificuldade de concentração e realização de tarefas cognitivas. Essas distinções refletem os resultados comportamentais da fadiga central. Para esses comportamentos, as mudanças motivacionais parecem ser centrais. Entradas motivacionais, como recompensas e benefícios esperados, modulam o esforço exercido pelo indivíduo em qualquer situação. Consequentemente, sugeriu-se que a fadiga surge quando o equilíbrio entre os custos de energia e a recompensa esperada de uma ação é interrompido. Consequentemente, a fadiga central pode depender de integrações falhas de entradas motivacionais e/ou gasto de energia (KARSHIKOFF; SUNDELIN, T.; LASSELIN, 2017) (Figura 22.1).

Figura 22.1. Definições e locais de fadiga.
Fonte: Rossi; Tirapegui (1999).

O cérebro é um órgão muito ativo, contribuindo com grande percentual da taxa metabólica basal. Sendo assim, a nutrição, tanto em relação aos macronutrientes energéticos (carboidratos, proteínas, gordura etc.) quanto aos micronutrientes, pode afetar a arquitetura cerebral e/ou influenciar potencialmente o seu funcionamento de momento a momento, como exemplificado pelo simples fato de "pensar em comida" poder modular a atividade neural em áreas cerebrais específicas, conhecidas por estarem envolvidas nos controles cognitivos de comportamentos de apetite e assim levarem a respostas fisiológicas, como secreção de hormônios, peptídeos e neurotransmissores (MILLER, 2017).

Em muitos esportes de equipe, ou naqueles classificados como "esportes de habilidade aberta", ou seja, os que ocorrem em um ambiente imprevisível e constantemente mutável (exemplo: puxar violentamente, agarrar uma bola no ar, a maioria dos jogos de computador), os atletas precisam reagir em um ambiente de mudança dinâmica, imprevisível e com espaçamento externo (GALLAHUE, 2002). Esses esportes exigem forte atenção visual e função executiva, e contam com a memória de trabalho para a tomada de decisões; também flexibilidade cognitiva e controle inibitório são necessários, como, por exemplo, no futebol, basquete, handebol, entre outros, para realizar o passe, tomar decisões sobre como driblar e assim por diante (PESCE *et al.*, 2007). A literatura sobre a influência da fadiga no desempenho cognitivo mostra que tanto a fadiga mental quanto a física podem prejudicar o desempenho em uma tarefa cognitiva ou em um desempenho específico do esporte. A maioria das habilidades cognitivas é testada em situações padronizadas ou testes computadorizados, e, portanto, os resultados nem sempre são transferíveis para situações esportivas da "vida real"; ainda assim, alguns testes foram especificamente desenvolvidos para alguns esportes, o que torna às vezes difícil a tarefa de avaliar o impacto da nutrição na cognição (MEEUSEN; DELCROIX, 2018).

O rendimento cognitivo exerce grande influência no rendimento atlético, e cada vez mais se comprova a relação da nutrição no funcionamento e na neuroquímica cerebral. Embora com diferentes níveis de evidência, aplicabilidade e especificidade, é possível elencar o papel de alguns nutrientes e seu impacto na melhora de rendimento e redução de fadiga central.

Desidratação

A água é o componente mais importante e singular do organismo humano e representa de 45% a 75% do peso corporal. Durante a prática de exercícios físicos, com a crescente atividade muscular, também há maior produção de calor no organismo, gerando aumento na temperatura corporal. Os fatores de risco para desidratação nas diferentes atividades esportivas incluem a duração e a intensidade do exercício; condições ambientais (temperatura e umidade relativa do ar); tipo de roupas/equipamentos associados à prática, além das características individuais, como massa corporal, predisposição genética, estado de aclimatização e a eficiência metabólica (ROSSI, 2019), uma vez que a combinação de desidratação e hipertermia propicia aberturas transitórias da barreira hematoencefálica que impactam na estabilidade do ambiente cerebral durante o exercício.

A desidratação leve a moderada tem sido objeto de poucos estudos experimentais, mesmo levando-se em consideração que a água corporal total responde por aspectos funcionais bioquímicos, fisiológicos e consequentemente homeostáticos de impacto na saúde e doença. Referente aos aspectos cognitivos, os estudos têm menor consistência; já referente aos aspectos psicológicos da desidratação moderada, definida como uma perda hídrica de ~2% do peso corporal, há como consequências alterações no humor, aumento de fadiga e redução do estado de alerta (BENTON *et al.*, 2016; BENTON; YOUNG, 2015); e mesmo na ausência de hipertermia, em relação à cognição e ao humor, há impacto negativo no estado de vigília e memória, com aumento do estresse, ansiedade e fadiga (GANIO *et al.*, 2011; MEEUSEIN; DECROIX, 2018). Quanto ao estado de hipoidratação severo, Liska e colaboradores (2019), através de uma revisão narrativa, evidenciaram efeitos prejudiciais à memória de curto prazo e habilidades visuais de percepção, assim como o papel da ingestão hídrica na melhora do desempenho cognitivo, particularmente a atenção visual e o humor (MANSETO *et al.*, 2014).

Aminoácidos de cadeia ramificada (ACR: leucina, isoleucina e valina)

Fernstrom e Wurtman (1972) foram os primeiros a abordar a relação entre ingestão proteica, aminoácidos e síntese de serotonina cerebral. Então o grupo de Eric Newsholme, em 1987, propôs a chamada "Hipótese da Fadiga Central" entre atletas de esportes de longa duração, indicando que o aminoácido triptofano, precursor da serotonina (5-HT), alteraria nestes a atividade serotoninérgica cerebral, com consequente desenvolvimento de fadiga precoce, mediada pelo SNC (ROSSI; CASTRO; TIRAPEGUI, 2003). Durante a atividade de longa duração, dois eventos contribuiriam para o maior influxo de triptofano pela barreira hematoencefálica. Primeiro, os ACR seriam captados pelo músculo esquelético para serem oxidados para fins energéticos, concomitantemente à queda da glicemia, efeito comum durante tais eventos. Com a redução da competição na barreira hematoencefálica, aumentaria a captação de triptofano e seu influxo cerebral. Em segundo lugar, com o prosseguimento do exercício, o organismo também começa a mobilizar para fins energéticos ácidos graxos (AGL) do tecido adiposo. Os AGL competem pelo transporte com o triptofano, sendo que essa competição pelos locais de ligação da albumina faz com que ocorra maior disponibilidade de triptofano livre. A albumina humana possui apenas um local de ligação para o triptofano, já a bovina possui dois. O sinergismo entre deslocamento da parcela livre, mediada por AGL, e menor competição, mediada pela redução plasmática dos ACR, tem como consequência maior produção de serotonina cerebral e desencadeamento de fadiga central precoce (Figura 22.2) (ROSSI; TIRAPEGUI, 2004).

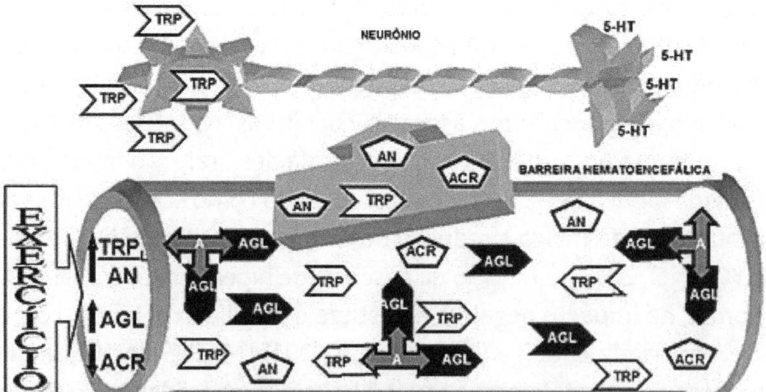

Figura 22.2. Captação de triptofano e metabolismo de serotonina durante exercício de longa duração (hipótese da fadiga central). Fonte: Rossi; Tirapegui (2004). Legenda: A=albumina; AGL=ácido graxo livre; ACR=aminoácidos de cadeia ramificada; AN=aminoácidos neutros; TRP=triptofano; 5-HT=serotonina).

Carboidratos

A hipoglicemia afeta diretamente o rendimento esportivo, pois o cérebro consome cerca de 130g de glicose diariamente; portanto, no estado de repouso há uma grande demanda de glicose para o sistema nervoso central (SNC). Embora os astrócitos possam estocar glicose na forma de glicogênio no cérebro, este pode ser depletado em períodos de aumento de atividade neuronal, processos cognitivos e exercício prolongado. A glicose apresenta grande relação com a cognição quando do aumento do nível de complexidade da tarefa e/ou quando a atenção é dividida em duas tarefas (MEEUSEN; DECROIX, 2018). A comprovação da relação entre carboidratos e melhora de rendimento mediado pelo SNC é relatada em inúmeros estudos sobre o enxágue bucal com carboidratos (BORTOLOTTI *et al.*, 2011), onde se verificam a manutenção e até o aumento de rendimento físico e mental em atletas que utilizam a técnica de realizar bochechos de carboidratos (6,0% a 6,4%), sem a posterior ingestão. O impacto no rendimento é mais evidenciado quando precedido de um estado de jejum. O mecanismo de ergogenia parece ser mediado pela ativação dos centros de recompensa cerebral, pela presença do carboidrato na cavidade oral, que ativa regiões cerebrais relacionadas a sensações de recompensa, incluindo córtex cingulado anterior, insula, opérculo frontal, córtex orbitofrontal e estriado, induzindo a uma redução do esforço subjetivo percebido durante o exercício (JEUKENDRUP, 2014).

Cafeína

A cafeína há muito é reconhecida como um auxílio ergogênico. No passado, o uso de cafeína era restrito. Ela foi removida da lista de substâncias proibidas para atletas em janeiro de 2004 e adicionada à lista de monitoramento. O mecanismo de ação da cafeína ainda é alvo de estudos. No passado, a melhora no rendimento em exercício de longa duração foi atribuída à maior disponibilidade de ácidos graxos livres, resultando em um efeito poupador de glicogênio. No entanto, esse achado está longe de ser conclusivo, e agora há evidências de que o mecanismo de ação da cafeína não se deve apenas à preservação do glicogênio muscular. A pesquisa atual apoia efeitos no SNC, mediados pelo antagonismo dos receptores de adenosina como a causa mais provável. A adenosina inibe a liberação de dopamina, e, portanto, a cafeína induz a maiores concentrações de dopamina no cérebro. Estudos em humanos usando uma variedade de protocolos de exercícios mostraram melhorias no desempenho após a ingestão de cafeína. A quercetina também parece ter efeitos semelhantes aos da cafeína, pois também é um antagonista do receptor de adenosina (MCLELLANA; CALDWELLB; LIEBERMANC, 2016). A maioria dos estudos mostra que uma suplementação com dosagens baixas, de 3 a 6 mg/kg, de massa corporal de cafeína pode melhorar o rendimento cognitivo, habilidades motoras e rendimento em exercícios de longa duração (*endurance*), sendo este efeito aliado ao aumento da taxa metabólica basal, energia mental, coordenação neuromuscular, melhora do humor e alívio de ansiedade (MAUGHAN; BURKE; DVORAK, 2018). Já no exercício de força e potência, a cafeína auxiliaria na redução da percepção subjetiva de dor (GRGIC *et al.*, 2018).

As evidências sobre a melhora do rendimento, impactadas pela nutrição como uma estratégia aliada a combater o tempo até a fadiga mental, têm aumentado com o passar do tempo. O eixo clássico da fadiga periférica, residindo nos fatores limitantes de rendimento relacionado aos músculos, tem compartilhado novas evidências com os fatores mediados pelo sistema nervoso central. Neste capítulo foram elencadas algumas interseções entre fadiga central e nutrição, que, embora sejam promissoras, ainda necessitam de mais evidências e estudos para sua completa aplicação na melhora do rendimento de atletas.

PARTE III.
ENTREVISTAS E *CASES*

23. Tênis e *flow* (*case*)

Jorge Carvalho

Nenhum esporte de bola existiria se tivéssemos um cérebro reativo. Se tivéssemos que esperar e observar a bola antes de bater nela, não haveria tempo suficiente (Dra. Lisa Feldman Barrett, uma das cientistas mais citadas no mundo por seus trabalhos em Psicologia e Neurologia)

O tênis e a alta performance

O tênis entrou na minha vida muito cedo. Antes dos oito anos de idade eu já me via na quadra com uma raquete em mãos tentando me conectar com a bolinha. No começo as aulas eram brincadeiras, exercícios que ajudavam a conhecer a raquete, a bolinha, a quadra. Aos poucos eu ia conseguindo coordenar os movimentos e sentir mais confiança.

Com o tempo, aprendi os diferentes efeitos da bola e como deveria segurar a raquete. A estratégia e o jogo mental vieram muito depois, somente quando estava já com a técnica afiada. Foram muitas horas de prática até que tudo se encaixasse. No tênis são tantas coisas para prestar atenção que por vezes me sentia paralisado, não conseguindo nem me conectar com a bolinha.

O domínio do jogo só aconteceu quando esqueci a técnica e passei a visualizar como queria jogar o jogo, onde iria colocar a bolinha e qual estratégia iria aplicar. Precisei entender que é necessário estar totalmente presente no momento para perceber o jogo e a intenção do adversário. O segredo está em se antecipar para onde a bola vai estar.

Aos 12 anos de idade, após quatro anos de muito treinamento e rápido aprendizado, me sagrei campeão brasileiro e aos 14 anos me tornei bicampeão. Apesar de não ter seguido a carreira profissional, estive próximo de muitos campeões e observei a alta performance de perto.

Logo cedo já treinava com grandes tenistas brasileiros muito mais velhos que eu. Tive também a oportunidade de treinar por muitos anos com uma das maiores tenistas da história do esporte, a brasileira Maria Esther Bueno, ganhadora de 18 *Grand Slams*. A Maria Esther é um capítulo à parte, ela conseguia ir além da alta performance. Não bastassem tantas vitórias, ela ainda foi recordista com o jogo mais rápido da história em uma final de *Grand Slam*, ganhando em 19 minutos a final do U.S. Open de 1964. Ao longo da minha carreira tenística, viria a treinar com seis tenistas que chegaram a número 1.

A pergunta que sempre me fiz foi: afinal, o que esses jogadores tinham de semelhante? A primeira coisa que vem à mente é fluidez. Nenhum deles estava muito preocupado com a técnica, o jogo era muito mais um balé intenso misturado com jogo de xadrez, era muito mais do que um exercício físico. O físico é importante sim, mas fica em segundo plano.

Passei a entender que a fluidez só acontece quando paramos de pensar e agimos quase que por instinto. O jogo em alta performance é rápido e é necessário adaptar os movimentos a todo momento. Não existe muito espaço para grandes análises, deve-se estar o tempo todo "lendo" o adversário e o jogo.

A principal referência no tema fluidez (*flow*, em inglês) é o psicólogo croata Mihaly Csikszentmihalyi, autor do livro "Flow: A psicologia do alto desempenho e da felicidade" (2020). O interessante é que o autor coloca com bastante propriedade que o estado de fluidez é sempre acompanhado de felicidade (1991). No esquema a seguir ele demonstra como o estado de fluidez é encontrado no limite das nossas habilidades e dos desafios.

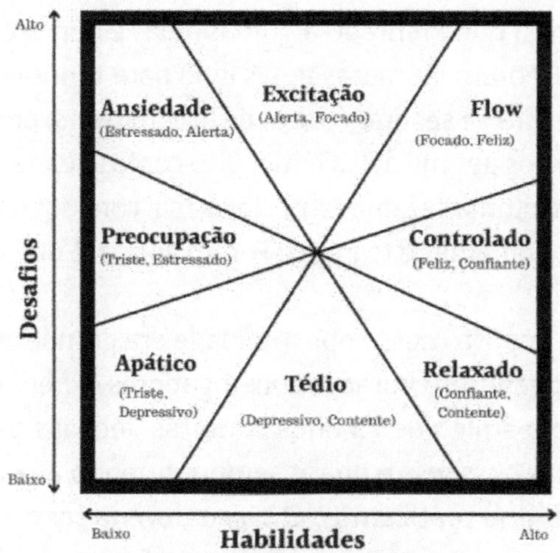

Figura 23.1. Modelo de *flow*.
Fonte: Csikszentmihalyi (2020).

The Inner Game of Tennis

Em 1974 foi lançado o livro, escrito por Timothy Gallwey, intitulado "The Inner Game of Tennis: The classic guide to the mental side of peak performance" (2010). Seu impacto foi tão grande que transcendeu as quadras de tênis e ficou conhecido como um dos primeiros manuais para *coaches* de todas as esferas da vida.

A tese principal do livro é bastante simples. Gallwey explica que temos "dois seres" dentro de nós: o Ser 1 é racional, consciente e sempre disposto a explicar aquilo que aconteceu ou que está fazendo; e o Ser 2 é irracional, voltado para a ação e intuitivo. O problema é que esses dois seres não se dão muito bem, não se entendem e acabam brigando entre si. O dominante na maioria das vezes é o Ser 1, tentando analisar tudo. Seres pensantes que somos, queremos saber o porquê de tudo e ter a certeza de que estamos no caminho certo.

O segredo para a alta performance, segundo Gallwey, é silenciar o Ser 1 e confiar no Ser 2. O Ser 1 vai tentar julgar e intelectualizar, trazendo dúvidas, e não podemos dar muita atenção a ele. Devemos dar a chance para o Ser 2 agir – e normalmente isso acontece quando nos divertimos. Não é à toa que em inglês a palavra "play" significa jogar e brincar.

Aprendendo a jogar golfe

Na semana passada eu me aventurei em outro esporte com bolinha. O golfe sempre foi um tabu para mim, já tinha tentado algumas aulas e nunca consegui me conectar direito com a bolinha. Foram inúmeras bolas indo para todos os lugares menos para onde eu queria. A maneira de segurar o taco, de fazer o *swing*, onde posicionar a bola e até o posicionamento dos pés me deixavam muito confuso e me tiravam todo o prazer de estar ali. Lembro da última vez que tentei jogar: saí com dor nas costas de tão tenso que estava com tantos detalhes e técnicas. Foram anos até querer tentar novamente.

O desafio que me foi imposto nessa oportunidade era grande: aprender o básico em 20 minutos e já sair jogando 18 buracos com jogadores experientes. Dessa vez, meu professor era um sábio amigo de 75 anos e muitas décadas de tacadas. As instruções foram as mínimas possíveis e quase sempre fazendo analogias à vida real e ao tênis, esporte que nós dois praticamos. O *swing* deveria ser o mais curto possível, o foco era se conectar com a bola, nada além disso. Força não deveria ser usada em hipótese alguma, o *swing* deveria fluir e a bola estar na trajetória do taco. Quanto mais relaxado, com a cabeça vazia e no momento, melhor. Toda vez que eu pensava em alguma técnica ou colocava alguma força, a bola ia em todas as direções menos aquela que eu havia planejado (isso se conseguisse me conectar com a bolinha, é claro). As melhores tacadas foram aquelas onde deixei a intuição trabalhar, com pequenos e cirúrgicos *feedbacks*. Deixando o Ser 2 fazer o seu trabalho e curtindo o momento, tudo fluiu muito bem e demos boas gargalhadas. Joguei os 18 buracos sem fazer feio, em alguns momentos aplicando jogadas melhores que meus experientes colegas de campo.

Alta performance na vida

Quantas vezes não pensamos a respeito de algo e as análises são tão profundas e complexas que chegam a paralisar? Seria muito mais fácil deixar fluir e não racionalizar demais, deixar que a intuição e a energia do momento façam acontecer. "Mais fácil falar do que fazer", você deve estar pensando.

Acabamos esquecendo que temos o poder de escolher, mas não de garantir o resultado. Boas escolhas são importantes, eu diria até que são fundamentais, mas não garantem em nada o resultado esperado. O resultado por definição está no futuro e, como diz o ditado popular, "o futuro a Deus pertence". Para tirar a analogia religiosa, o futuro pertence a um plano que não podemos controlar.

Sempre que me deparo com alta performance, seja ela em qualquer situação da vida, parece que não existe esforço envolvido para alcançar aquela excelência. Parece que a pessoa nasceu para aquela situação e que o universo conspira para que tudo dê certo.

É claro que, para alcançar tamanha competência, precisam ser investidas muitas horas de prática e treinamento, aprendendo e experimentando. Tudo deve ser aprimorado em microajustes que irão rearranjar a forma que nosso cérebro se organiza. Mas repare uma coisa: se existe alta performance, existe fluidez. Se existe fluidez, existe prazer e alegria.

Não devemos entender a mente como apenas uma demonstração da atividade cerebral. A mente é muito mais do que isso, está presente em todo o corpo, na relação com o ambiente e na relação entre as pessoas. Existe muito mais informação fluindo do que conseguimos compreender. Precisamos estar abertos a essa informação e energia e não tentarmos entender tudo nos mínimos detalhes. É imperativo que tenhamos fluidez para transcender as nossas limitações.

No excelente livro "Mind" (2016), o psiquiatra Daniel Siegel explica a existência de oito sentidos interconectados, que nos fornecem informação e energia. Além dos amplamente conhecidos toque, olfato, paladar, visão e audição, Siegel argumenta que o corpo, o nosso "olho da mente" e a nossa conectividade com os outros seres e com o mundo formam esses oito sentidos.

É indiscutível que todos os sentidos estão presentes, em diferentes intensidades, a todo momento. Se pararmos para perceber todos eles, ficaríamos totalmente paralisados. A reflexão que faço frente a esses "novos" sentidos, propostos por Siegel, é a sua importância quando discutimos a alta performance.

Estou assistindo a mais um dos fantásticos duelos entre Rafael Nadal e Roger Federer, incontestavelmente dois dos maiores tenistas da história. O jogo está em momento crítico, empatado 4x4 e 30/40, ou seja, se Nadal ganhar o ponto, quebra o saque e passa à frente no placar. Nadal se prepara para responder o saque, que deve chegar nele próximo de 200 km por hora. Ele se prepara por inteiro, foco total, conectado ao momento. Se observarmos, ele parece estar em transe, não há dúvida que o Ser 2 está no comando. O saque é respondido com elegância e precisão. Após algumas trocas de bola, Federer vem à rede e Nadal aplica um *lob* perfeito que cai na linha. A torcida vai ao delírio e o espanhol grita para todos ouvirem: "vamos!" Do conforto do meu sofá me vem um pensamento: tudo parece tão fácil.

A alta performance acontece, sim, em função de excelência técnica, domínio da prática e execução disciplinada, mas não é possível se nossa mente não estiver preparada, conectada ao momento e sem a interferência de nada além daquele singelo instante.

24. Meu medo e o mar: superando os limites da mente

Elizabeth Merlo

Eu morro de medo do mar... sempre falei essa frase. Dizem até que isso tem um nome. Chama talassofobia (ISABELA, s.d.). É um medo daquele campo imenso, que você não sabe muito bem se tem fundo, o que tem lá embaixo, para onde vai levar você... mais do que isso: como sair dele.

E o meu caso devia ser grave... ainda mais morando numa ilha (PREFEITURA DE VITÓRIA, s.d.). Eu ficava angustiada só de ver uma foto do mar aberto, sem bordas, sem praia... nos filmes de piratas ou de batalhas no mar, as espadas e os tiros não me incomodavam, mas as ondas e o balanço me congelavam. Se a história se passasse à noite eu simplesmente não assistia.

E de onde vinha isso tudo? O que teria provocado esse pânico que eu sentia ao ver o mar? Fui ler a respeito e confirmei o que suspeitava. Há um conjunto de fatores que podem causar esse meu medo do mar, provavelmente uma combinação de natureza e experiência, inato e adquirido (WIKIPÉDIA, s.d.). Faz todo sentido para mim. A natureza refere-se a todos os genes e fatores familiares que influenciam quem somos — desde nossa aparência física até nossas características de personalidade. A experiência refere-se a todas as variáveis ambientais que impactam quem somos, incluindo nossas vivências na primeira infância, como fomos criados, nossas relações sociais e nossa cultura.

Cresci em uma família de origem italiana, mas que preferia manter distância do mar. Quando eu ia à praia com meus irmãos a diversão era na areia porque a água era perigosa demais. Aprender a nadar não estava nos planos de ninguém por aqui. Para quê? Era só manter distância do perigo.

Mas, com tantas praias disponíveis, era quase inevitável viver essa aproximação com o mar. Com o tempo, fui experimentando algumas aventuras. Ainda sem saber nadar tentei o mergulho, o barco a vela, o caiaque, porém tudo foi se convertendo em experiências desagradáveis que alimentavam meu medo. Eu insistia, mas só de pensar em fazer um passeio de barco eu sentia o suor frio, a respiração acelerada e o coração descontrolado. Ah, nem quero voltar a pensar nisso: isola! E, no mar, ter que decidir entre "lutar, fugir ou paralisar" diante do perigo só traz resultados ruins.

Cheguei a acreditar que o melhor era ficar longe dele – do mar –, respeitando meus temores. Afinal, o medo "é uma ferramenta que, acima de tudo, nos mantém seguros", disse Blumstein. "O mundo é um lugar perigoso, e cabe a nós lidarmos com esses riscos, já que eliminá-los por completo é impossível" (BRITO, 2020). Mas não era simples assim. Eu acabava me privando de viver muitas coisas na Ilha de Vitória, nossa casa. E muitas vezes eu não conseguia acompanhar meus filhos nas brincadeiras que eles queriam e mereciam viver.

Por falar em meus filhos, eu os coloquei em aulas de natação antes mesmo de aprenderem a andar. Eu não queria que Felipe e Gabriela incorporassem esse meu medo. Acho que funcionou. Ainda pequenos, num dos passeios de barco a vela na Praia da Guarderia, na região da Baía das Tartarugas (BRITO, 2018), uma discussão do então casal de adultos a bordo fez o barco adernar[1]. Foi um pânico. Eu, que era a proeira[2] da vez, simplesmente não sabia nadar. Estávamos todos usando colete, mas aquele medo veio forte enquanto o barco virava. Meus filhos? Gargalhavam no mar! Seguros de colete e habituados à água, se divertiram com a aventura. Que lição de vida eles me deram e me dão sempre. Eu não queria continuar levando essa vida, eu precisava reverter aquilo tudo que estava bloqueado em mim. E o cenário da Baía das Tartarugas foi onde tudo mudou. Era hora de virar o jogo!

Fui aprender a nadar

A primeira aula foi muito doida. A professora Dany Cabral me colocou para caminhar dentro da piscina. Isso mesmo, eu caminhei na piscina, bem grudada à borda, claro. Meus pés permaneceram bem seguros e fincados no chão de azulejos da piscina. Fui favorecida por meu 1,70 de altura e "dei pé" na piscina toda. Entendi que ela queria provocar uma conexão minha com a água, fazendo com que eu quisesse me aproximar dela, sem me colocar em risco. E a danadinha foi conseguindo. Com o

---

[1] "pender, abater duradouramente (embarcação) sobre um dos bordos, quer pelo deslocamento da carga, quer pelo impulso do mar ou do vento (navio a vela), quer em consequência de aparelhos que se aplicam para carenar; tomar banda" (BING, s.d.).

[2] Tripulante de veleiro esportivo que se ocupa das velas de proa (DICIO, s.d.).

avanço das aulas, a professora ia me proporcionando mais desafios. Lentamente eu fui flutuando, movimentando braços, pernas, a cruel respiração, a posição da cabeça e depois tudo junto. Precisava de muito sincronismo e concentração. Nem mesmo a dança do ventre e o *krav magá* que eu praticava me levavam a ter tanta coordenação motora.

Preciso dizer que isso tudo foi aos meus 44 anos. Sim, eu só dei o passo para aprender a nadar a essa altura da vida. Por que esperei tanto? Por que vivi tantos momentos de pânico no mar? Claro, a natação não era cura para toda a aflição que eu sentia naquele ambiente, mas era um passo crucial para eu vencer meu medo. Eu me dei a chance de aprender a transitar naquele mundo aquático, onde o modo de locomover, de respirar, de comunicar era muito diferente da vida em terra. Não adiantava nada eu saber correr na areia ou praticar respiração de ioga; lá na água tudo era novo e diferente. E aos 44 anos eu estava aprendendo.

Isso tudo teve muito impacto em mim. Exigiu que eu me conhecesse, me respeitasse e me desafiasse para avançar. Essa foi uma virada de chave monstruosa em minha vida. A frase "conhece-te a ti mesmo" passou a me representar naquele momento (GOLEMAN, 2012). As aulas de natação tiveram uma grande influência no autoconhecimento, assim como na minha busca por um modo de lidar melhor comigo mesma e com esse novo mundo ao meu redor. Aquela frase inscrita na porta de entrada do Templo de Delfos para estimular a reflexão dos gregos antigos provocou em mim também a luz, a razão e o conhecimento verdadeiro, além da certeza de que eu ainda tinha tempo para viver.

Eu dei o passo. Melhor: eu dei a braçada!

Claro que a frustração também estava presente o tempo todo. Na piscina, eu olhava para as raias ao meu lado e via colegas que pareciam ter jatos na água, enquanto eu era lenta e desengonçada. Mas uma característica que eu sempre tive foi ser cara-de--pau. E ali na piscina eu praticava isso. Batia uma timidez, mas passava. Eu ia seguindo, superando minhas próprias barreiras. Estava orgulhosa de mim. Eu estava nadando!!!

Muita água passou por debaixo da ponte. E já era minha hora de rever o mar. Eu estava me preparando para reescrever nossa história juntos. Aliás, eu estava reescrevendo muita coisa da minha vida. E não poderia esperar mais 44 anos para virar sereia e encarar o mar ou outro medo qualquer. Li um pouco sobre natação em águas abertas, comprei uma boia sinalizadora, me agarrei a nadadeiras e voltei à Baía das Tartarugas, na Praia da Guarderia. E fui só! Eu queria paz também.

E eu nadei! Nadei no mar!!!

Bom... não foi lá uma grande nadada em águas abertas... foram apenas 500 metros na beira da praia. Mas nadei no mar, gente! Que orgulho de mim! Eu não queria tirar aquele gostinho de água salgada de meu corpo. Era um troféu! Eu, que já tinha vivido momentos de terror no mar, a ponto de sair chorando, assombrada, naquele dia eu saí plena! E fui me permitindo esses momentos com ele. Só nós dois. Sem cobranças, sem expectativas, sem brigas. Só eu e o mar. Eu estava em um momento de viver comigo mesma. E tudo se convertia em conquista.

Um dia, vestindo minha touca e óculos na beira da praia, passei por um grupo de nadadores do mar – o Sóvem. São praticantes de natação em águas abertas que se reúnem para nadar e conversar (eles chamam de resenhar). São divertidos e dedicados, e eu fiquei empolgada com o convite para nadar junto deles. Pensei: eu não vou dar conta de acompanhar nadadores experientes e não quero ninguém me cobrando nada mais na vida. Mas eles são pacientes e fui me permitindo. Fui conhecendo outros grupos também e experimentando outros mares, com os Nadadores do Mar e os Desbravadores. Nadar em grupo é bem seguro, mas cada um tem que fazer sua parte: nadar.

Foi tudo muito rápido e invadiram minha vida. Marcávamos nadadas para todos os dias, e eu me via viciada em amanhecer antes das 6h da manhã na praia para nadar com o grupo. Meus filhos apoiavam e achavam o máximo. Eram percursos que eu nem sonhava fazer. Dávamos a volta na Ilha das Andorinhas na praia da Guarderia (BRITO, 2018), nadávamos na praia de Camburi saindo do Píer de Yemanjá (REDAÇÃO DE A GAZETA, 2018), saíamos da praia da Costa até a Ilha das Garças (TURISMO VILA VELHA, s.d.), e a volta na Ilha do Frade (WIKIPÉDIA, s.d.), meu Deus, impensável! Mas fiz! Está feito! E mais de uma vez.

Era uma mistura de encantamento e medo. Mas eu fiz.

A autoconfiança foi crescendo tanto que topei um desafio maior, algo que eu via de longe nos noticiários locais: fazer a travessia a nado de Vila Velha a Vitória, atravessando o canal do Porto de Vitória (EMBRAPA, s.d.), onde nossa cidade nasceu. Coisa louca! Coisa mágica.

Para essa empreitada eu me preparei bastante. Tratei esse evento como um projeto, já que minha vida profissional é em gestão de projetos. A partir de uma meta, identifiquei o que devia ser feito, como, quais os riscos, quem podia me apoiar. Fiz aulas de natação no mar com um professor *personal*, o que foi fundamental para a minha maturidade. Prof. Marcos Cesar de Souza me passava orientações não só da natação, mas da travessia. Ele mesmo já havia feito e tinha muita experiência para compartilhar. Passei a praticar mais intensamente nas aulas e também com o grupo. Os momentos de resenha eram preenchidos com dicas a respeito da prova. Despedi--me das nadadeiras e contratei um caiaque para me acompanhar na travessia. Tudo isso foi me fazendo acreditar que eu conseguiria completar aquela aventura.

Algumas vezes eu ia nadar na praia onde seria a largada da travessia Vila Velha – Vitória, para ir me acostumando àquela parte do percurso e à baixa temperatura da água. Nadar em água fria não é algo muito bem-vindo para a maioria dos capixabas, embora existam pesquisas que mostrem o bem que isso faz (DESTAQUES PSICOLOGIAS DO BRASIL, 2019). Nadadas em água fria funcionam como sessão de terapia, reduzindo depressão e ansiedade. Os benefícios se potencializam se houver uma conexão social com um grupo, pois tudo conspira para aquela boa sensação de ter realizado algo desafiador, imerso na natureza.

E chegou o dia da travessia. Aventura ou insanidade? Pensa! Você vai para uma praia, entra no mar com outros 99 loucos e sai nadando por cerca de 5km para a outra praia. Para quê isso, gente? Vai de carro. De *bike*. Realmente, se parar para pensar, é pura loucura. E daí? Que bom que é! Vou até citar Shakespeare: "em nossas loucas tentativas, renunciamos ao que somos pelo que esperamos ser". E experimentamos. E vivemos. E superamos (PENSADOR, s.d.).

Lá na largada da Travessia na Praia da Sereia tudo era festa, a adrenalina anestesiava e impulsionava. Foi emocionante fazer parte daquele cardume de nadadores caminhando da areia para o mar e se jogando. Nas primeiras braçadas um turbilhão de sensações começou a bater. Eu sentia uns calafrios, talvez pela água gelada, talvez pela emoção de estar do outro lado do Farol de Santa Luzia. Ele estava ali, no meu ombro esquerdo, firme e forte, lá na rocha, e eu no mar. Foram muitas braçadas e parecia que eu não saía do lugar. Mas às vezes, quando a gente está olhando tudo em primeira pessoa, não percebe o avanço que está fazendo. Mas eu estava avançando sim.

Mais à frente comecei a ver a cidade de Vitória de um ângulo que eu nunca imaginei que veria. Eu desabei a chorar tamanha foi a emoção quando me vi no meio do Canal de Vitória. O sal de minhas lágrimas se confundia com o sal do mar. Eu cantava uma música que minha filha me ensinou. Eu chorava. Eu gargalhava. E nadava. Tinha muita água à minha frente. Eu via o Mestre Álvaro lá longe. E eu fui nadando no meu ritmo.

"A natação é um esporte confuso mesmo, porque às vezes você faz isso por diversão, e às vezes você faz isso para não morrer"[3]. E aquela longa distância fortalecia essa sensação. Nos últimos quilômetros, perto das Ilhas Galhetas, o mar batia mais forte e engoli muita água. O caiaqueiro que me acompanhava me incentivava a seguir, de um modo meio divertido e determinado. Toda ajuda era bem-vinda. Quando cheguei à Praia do Ítalo eu tremia muito e lembro de pessoas me apoiando para sair da água. Nem sei se eram tremores de frio ou de emoção, sei que estava meio alucinada com o que tinha acabado de fazer. Era uma mistura de grandes sensações. Era inacreditável! Para aquela mulher que aos 44 anos não sabia nadar e morria de medo do mar, fazer uma travessia em águas abertas de uma cidade a outra era inacreditável. Parecia que eu tinha atravessado um portal. Eu acreditei e fiz.

E continuei fazendo. Mantive o hábito de enfrentar meu medo quase que diariamente. Até mesmo nadadas noturnas passaram a fazer parte de minha vida. O mar, aquele bicho-papão, passou a me trazer presentes e me trouxe também meu grande amor – meu professor de natação. Estamos vivendo a pandemia do COVID-19 abraçados pelo mar, nadando juntos. Amyr Klink está certo: "o mar não é um obstáculo: é um caminho" (PENSADOR, s.d.). O caminho que transformou minha vida.

Junto do medo do mar, eu venci tantos outros medos, quebrei tantas outras barreiras e atravessei tsunamis que nunca imaginei. Parece que uma gotinha da força dele está sempre em mim. Meu medo ainda está aqui, mas eu não deixo que ele me pare. Quando vou ao mar, vou com todo o respeito e me fortaleço um pouco mais a cada experiência. Ele é invencível, mas suas lições são sábias. Tenho sido uma aprendiz dedicada.

---

3 <https://www.pensador.com/frases_sobre_natacao/>.

25. Inconsciente: um "estranho" na nossa cabeça?

Leonardo Lourenço

O Criador disse:

-Quero esconder uma coisa dos humanos até que estejam prontos para conhecê-la: saber que podem criar a própria realidade.

A águia disse:

-Deixe comigo. Levarei até a Lua.

O Criador disse:

-Não. Um dia eles irão até lá e descobrirão.

O salmão disse:

- Esconderei no fundo do mar.

O Criador disse:

-Não, eles chegarão lá também.

O búfalo disse:

- Esconderei nas Grandes Planícies.

O Criador disse:

-Eles cortarão a pele da terra e a encontrarão.

A avó que habita o seio da Mãe Terra e que não tem olhos físicos, mas vê com olhos espirituais, disse:

- Coloque dentro deles.

E o Criador disse:

- Está feito. (História da criação do Povo Hopi, Arizona)

Passei três décadas entrando e saindo de dietas, buscando controlar um grave problema de obesidade. Lancei mão de inúmeros recursos possíveis para tentar emagrecer, mas nenhum método tradicional mostrava resultados adequados de longo prazo no meu caso. Um dos principais entraves era que eu encarava o transtorno exclusivamente por uma perspectiva matemático-cartesiana: *para emagrecer é necessário ingerir menos calorias do que as que são gastas*. Dã!! Trata-se de uma lógica fria racional absolutamente correta, porém ineficaz. Por quê? Deixei de levar em conta o universo de paradigmas e moldes mentais do meu inconsciente. Resultado: perdia um pouco de peso com cada regime, mas o recuperava com juros e correção, ficando mais e mais gordo com o passar dos anos até atingir estapafúrdios 190 quilos.

Procurar resolver uma dificuldade pessoal tentando aplicar apenas uma solução racional tende a falhar miseravelmente, por mais brilhante que seja o argumento. Seria como querer escurecer um cômodo iluminado por 20 velas apagando apenas uma. Extinguir uma vela está absolutamente correto e de acordo com o objetivo de escurecer o ambiente, porém a meta jamais será atingida se ignorarmos as outras 19 velas! E é precisamente isso o que ocorre quando tentamos resolver qualquer problema pessoal profundo levando em conta apenas os 5% da operação cerebral consciente e deixando de lado os robustos 95% do processamento inconsciente. Note que esses percentuais são um tanto arbitrários, pois não existe uma proporção rígida estabelecida entre o consciente e o inconsciente. A depender de que parâmetros são usados, números distintos podem ser obtidos. Assim, eles se prestam mais a uma função didática do que científica, com intuito de ilustrar o quão mais dominante é o processamento inconsciente na mente humana (LOURENÇO, 2021).

Meu cérebro não bancava a obesidade porque ele achava isso bonito ou porque simplesmente deu na telha dele. Existiam programas mentais ocultos sedimentados na profundidade da minha cabeça que sustentavam a minha compulsão alimentar. Mesmo sem perceber, eu nutria hábitos perfeitamente alinhados com paradigmas invisíveis para mim, a saber: a comida como moeda de troca sentimental e como fonte de carinho e afeto; uma culpa irracional desmedida pelo desperdício e um medo absurdo da falta ou da escassez. Assim, o que eu enxergava externamente como "problema" pela estreita fechadura dos 5% conscientes, o meu cérebro via internamente como "solução" sob a perspectiva dos 95% não conscientes. Qual solução ele enxergava? Atender àqueles cabrestos mentais arraigados em partes profundas e antigas da minha cabeça, que estão diretamente ligados ao meu histórico pessoal de vida (LOURENÇO, 2019).

Explico: sou descendente de imigrantes europeus que viveram tempos difíceis de guerra, fome e privação, muitas e muitas décadas antes de eu nascer (final do século XIX e começo do XX). Circunstâncias estas que fizeram meus ancestrais terem verdadeiro pavor da escassez e completa ojeriza a qualquer tipo de desperdício. Desde meus bisavôs, de geração em geração, tais paradigmas mentais foram sendo transmitidos (inicialmente de forma explícita e depois de forma cada vez mais subliminar) até impregnar as entranhas viscerais do meu encéfalo. Some-se a isso eu ter crescido em uma família que tinha o alimento como centro do universo, onde as expressões de afeto eram substituídas por pastéis e as demonstrações de carinho eram permutadas por brigadeiros, e *voilà:* teremos uma programação bombástica do meu subconsciente para produzir comportamentos extremamente eficientes para ultimar uma terrível obesidade mórbida, tal e qual padeci por longos anos. Só consegui me curar da obesidade quando passei a adotar estratégias que contemplaram não apenas a racionalidade de ingerir menos calorias e gastar mais energia (a vela solitária do consciente), mas principalmente quando consegui desprogramar as leis ocultas que meu cérebro seguia: o medo da escassez, a culpa pelo desperdício e a mistura de afeto com petiscos como se fossem o mesmo (as outras 19 velas do inconsciente). Eu vivia uma terrível falha interna de comunicação cerebral: de um lado havia a consciência lógica vislumbrando um problema sério de obesidade, mas de outro existia uma inconsciência instintiva leal a preceitos de crenças antigas e enraizadas que menosprezava a gordura, tomando-a como um simples efeito natural aceitável para a manutenção fiel aos hábitos condizentes com aquelas crenças. É como se a consciência, falando latim, mirasse para um problema "X" enquanto o subconsciente, falando grego, estivesse apenas preocupado em seguir as instruções "Y". Argumentos lógicos e racionais não me fizeram curar a obesidade. Apenas quando a minha obsessão por comer foi combatida tendo por base a contextualização dela dentro dos meus paradigmas mentais invisíveis e valendo-me de meios com um "linguajar" adaptado ao subconsciente é que eu deixei de ser gordo. No fim das contas, o inconsciente usava meu próprio corpo como forma de vazar (comunicar) as ideias que tanto ele gostava de seguir. Fazer a ponte entre o racional e o instintivo foi o que, de fato, permitiu-me superar um fardo (literalmente) tão pesado de carregar durante a maior parte dos meus anos. Para isso, utilizei um ritual simbólico (uma forma muito poderosa de acessar o inconsciente): desperdicei metade da comida do prato durante vários meses seguidos.

Uma pequena observação antes de você sair por aí jogando alimento fora: esse ritual serviu especificamente apenas para mim, pois ele caiu como uma luva para antagonizar moldes mentais relacionados à minha história. Assim, o que me foi útil não necessariamente servirá a todos. A questão não é de técnica nem de forma, mas sim de conteúdo e de princípio. Contemplar, ler e enxergar os sinais que o inconsciente nos transmite a todo instante, através de seus canais peculiares de comunicação, é um passo fundamental para qualquer tipo de desenvolvimento pessoal relevante que queiramos empreender. Sem isso, é como se assinássemos um contrato importantíssimo contendo 100 laudas, mas nos preocupássemos em ler apenas as cinco páginas mais relevantes ao nosso juízo. Pode ter certeza de que o xabu, lá adiante, vai sair das 95 que ignoramos na empolgação de assinar o contrato.

Onde está o painel de controle?

Qualquer decisão em nossas vidas, desde a escolha do que vestir ou comer, o que assistir, casar ou não e com quem, qual profissão seguir até a opção de ter ou não filhos, carrega as mãos pesadas de muitas instâncias além da nossa percepção consciente rotineira. Tendemos a supor que muitas de nossas decisões são naturalmente racionais, lógicas e livres. Não é bem esse o caso. Muitos condicionantes ocultos participam desse processo: circunstâncias imediatas, cultura local, carga genética, paradigmas de pensamento, religião, moldes mentais automáticos, sistema de crenças, personalidade, convívio social, educação familiar e escolar, economia e talvez mais uma dezena de outras influências. Estamos acostumados a nos identificar apenas com a parte consciente do processamento cerebral, mas essa é apenas uma pequena parte do todo. Existe um vasto universo cerebral submerso sob a pequena casca superficial da consciência verbal-racional. Porém, nem a totalidade da nossa identidade nem o painel de controle dos nossos hábitos e comportamentos moram apenas nessa casquinha superficial.

Os pioneiros da psicologia moderna, como Sigmund Freud e Carl Gustav Jung, postularam a existência de um grande motor mental subconsciente com forte poder de comando sobre a nossa vida. Os estudos contemporâneos em neurociência corroboram a existência desse gigante oculto habitando o interior da nossa cabeça. Daniel Kahneman foi laureado, no início dos anos 2000, com o prêmio Nobel exatamente por demonstrar cientificamente a existência de dois tipos de operação cerebral: a consciente e a inconsciente (KAHNEMAN, 2012). A neurociência tem, assim, nos ajudado a compreender cada vez mais qual é a função relativa, como operam e qual é a influência de cada um desses dois tipos muito diferentes de processamento mental que coexistem no cérebro humano.

A questão de decisões sendo gestadas inicialmente com base em um substrato abaixo do alcance da nossa percepção lúcida é tão séria que tem fomentado pesquisas investigando, inclusive, a possibilidade de previsão científica de nossas escolhas ditas "livres". Há um estudo, por exemplo, publicado em 2013, no qual pesquisadores do

Instituto Max Planck de Ciências Cerebrais e Cognição Humana, na Alemanha, foram capazes de medir sistematicamente tal proeza. Eles solicitaram a 17 voluntários, com seus respectivos cérebros mapeados em tempo real por um sofisticado aparelho de ressonância magnética funcional, que escolhessem livremente entre fazer mentalmente uma conta de adição ou uma de subtração a partir de números aleatórios de um dígito mostrados aos participantes. Os cientistas foram capazes de predizer com incrível exatidão qual seria a opção (somar ou subtrair) até 4 segundos antes da escolha voluntária feita por cada um! E, pasme, além disso, os pesquisadores também foram capazes de antever o instante exato em que cada sujeito iria manifestar conscientemente a sua decisão. Em outras palavras, tanto a natureza da escolha (o quê) quanto o *timing* dela (o quando) foram cientificamente previstos ANTES das pessoas sequer tomarem consciência das suas próprias preferências (SOON *et al.*, 2013).

Economia é a base da terapia

O fluxo real é: o plano inconsciente decide o que fazer e somente depois nosso plano consciente é informado da decisão; a partir daí, racionalizamos a respeito do assunto, enumerando razões plausíveis para justificar uma escolha já tomada por nosso inconsciente. Isso acontece porque o cérebro precisa, a todo instante, tomar decisões ultrarrápidas e com baixo consumo de energia. Foi dessa forma que o encéfalo foi formado evolutivamente. A nossa mente consciente é muito mais lenta e consome, comparativamente, muito mais energia do que a mente inconsciente, que, por sua vez, é capaz de realizar uma ampla gama de operações neurais simultâneas, de forma bastante rápida e com relativo baixo consumo proporcional de energia. Ao que parece, custa muito caro, em termos de evolução filogenética para a espécie humana, dar-se ao luxo de ser um animal autoconsciente.

Desse modo, o cérebro prioriza fundamentalmente a operação mental inconsciente para nos manter vivos. Imagine se, para ir agora ao banheiro, você precisasse tomar consciência de todas as inúmeras operações que o seu corpo necessita realizar para chegar até lá: endireitar a coluna vertebral contraindo cada um dos músculos, apoiar um dos calcanhares no chão, ajustar a pressão arterial e o batimento cardíaco, fletir o joelho, pendular braços e mãos etc. Cansa só de tentar enumerar as infindáveis etapas fundamentais para conseguir fazer uma coisa "tão simples". Seria literalmente insano dedicar nossa mente consciente a tudo que fazemos. Além de loucura, não conseguiríamos sobreviver! Ou não teríamos estoque suficiente de energia para processar conscientemente toda essa gama gigantesca de informações. Pelo tempo prolongado que levaria para processar conscientemente tudo isso, correríamos o risco de sermos devorados por um leão no meio do caminho ou então a nossa bexiga urinária explodiria.

Donos do nosso próprio nariz, mas não da própria mente

Sabendo que um enorme contingente de trabalho mental ocorre de maneira oculta, você poderia então talvez ser induzido a elucubrar que os 2% a 5% de nossa racionalidade seriam então como a "cereja de nosso bolo intelectual", nosso regente supremo ou grande maestro coordenador de nossas sinfonias neuronais, utilizando sua batuta para orquestrar nossos processos de pensar e, consequentemente, dirigir nossas próprias vidas, certo? Infelizmente, talvez não seja assim tão simples. Há atualmente um grande corpo de evidências neurocientíficas apontando que a maioria esmagadora de nossas decisões se processa em um nível instintivo. Em outras palavras, quando nos apercebemos intelectualmente de uma escolha, ela já foi tomada poucos milissegundos antes por partes dentro de nossa cabeça escondidas da consciência. Chocante isso, né? Sempre que eu me pego pensando acerca disso, seja lendo estudos, matérias ou livros sobre esse assunto, seja assistindo a alguma palestra ou vídeo a respeito ou mesmo apenas perdido nas minhas próprias reflexões, não deixo de me espantar. Como pode isso? Um grande contingente de escolhas e decisões sendo tomadas completamente ao largo da minha percepção, com enorme influência na minha própria vida?! Que doideira! Será que estaríamos todos em uma situação como a de *Matrix* (a trilogia cinematográfica)? Bate sempre uma melancolia em mim ao pensar nisso, ainda mais para alguém com sérios problemas de controle (tipo *control freak* mesmo) como eu. Conceber que nosso grau de liberdade para decidir sobre o que talvez nos seja mais íntimo – nossos próprios pensamentos – seja, de fato, muito menor do que costumamos supor, é, no mínimo, angustiante.

Recapitulando: em primeiro lugar, nosso aparato psíquico inconsciente decide, por si mesmo, o que vamos fazer e, somente depois, a decisão tomada é trazida à superfície consciente, que, por sua vez, apenas "toma nota" da escolha já feita anteriormente, dando quaisquer justificativas ditas lógicas, racionais ou plausíveis para tal. Por mais bizarro que possa parecer, isso explica várias de nossas incongruências comportamentais, não é mesmo? Sinto uma vontade incontrolável de tomar um sorvete, mas estou de dieta. Não resisto à tentação. Daí "eu" (consciente) justifico (o injustificável) dizendo para "mim mesmo" (inconsciente) que, "naquele momento em particular", eu mereço esse pequeno prazer por x ou y motivos quaisquer, prometendo "compensar" (será?) posteriormente com uma corrida na esteira ou com um jantar mais austero à noite. Quem nunca? "Você" (qual parte?) sente vontade de fumar cigarro, mesmo tendo todas as razões lógicas e racionais do mundo para não o fazer, mas acaba por ceder ao vício. O verdadeiro painel de comando dos nossos comportamentos é formado por uma infinidade de influências genéticas, hereditárias, familiares, sociais, culturais, políticas, religiosas, econômicas, físicas, educacionais, midiáticas, ambientais etc. Trata-se de uma verdadeira Torre de Babel construída a partir de uma enxurrada gigantesca de condicionantes completamente fora do nosso controle. Tem de tudo, menos a influência da nossa própria reflexão conscienciosa. Comemos compulsivamente apesar de argumentos fortes em contrário. Bebemos exageradamente mesmo cientes dos riscos. Brigamos, discutimos, agredimos e matamos uns aos outros por impulso, a despeito de racionalmente não gostarmos. Trabalhamos demais e dormimos de menos, não obstante termos plena compreensão da agressão contra nossa própria saúde. Culpamos muito e amamos pouco, ainda que saibamos cognitivamente o que é correto.

Há beleza na prisão

Ok, sei que parece um tanto claustrofóbica essa sensação de nos identificar com a mente consciente, mas sermos, de fato, governados pela praticidade operacional do pensamento inconsciente. Isso explica muita coisa relativa aos atos incoerentes com nosso próprio discurso e como acabamos em trilhas de vida totalmente alheias aos nossos anseios. Mas, veja, há lados bons nessa história. Se fôssemos verdadeiramente senhores absolutos das rédeas dos nossos próprios pensamentos, poderíamos facilmente cair em uma armadilha de procrastinação. A grande tentação seria: *se eu posso mudar facilmente pensamentos (e comportamentos, em consequência) que não me agradam num piscar de olhos, talvez eu possa deixar isso para amanhã, né?* Seria naturalmente ilógico, mas, ainda assim, tentador, em especial se fosse uma mudança com potencial de impacto para pessoas estimadas do nosso entorno ("Meu Deus! O que será que os outros vão pensar de mim?"). Talvez fizéssemos mau uso do tempo, colocando-o (junto com nossas desculpas) à frente da alternativa de transformação, em vez do contrário. Idealmente, deveríamos impor primeiro uma escolha para depois aguardar o tempo se encarregar dos ajustes subsequentes ao ato de decidir. Fossem fáceis e livres, tenderíamos talvez a desvalorizar, porém, como são difíceis e ocultas, tais mudanças mais profundas de pensamento (aquelas que verdadeiramente nos trazem o protagonismo de nossas próprias vidas) acabam por ganhar seu devido valor.

Outro lado bom dessa dicotomia mental reside no potencial "descompromisso" com nosso famoso "viver no piloto automático". Fôssemos as autoridades supremas de nossos próprios cérebros, tenderíamos a nos apegar com afinco ao nosso padrão inercial de vida: "Já que fui eu mesmo o completo responsável por todas as escolhas e decisões que fazem eu ser quem sou atualmente, não posso agora simplesmente virar as costas para meu passado. Tenho que me manter fiel e leal a todo o caminho 'voluntariamente' feito até aqui!". Pronto, está criada a armadilha da rigidez, inflexibilidade e permanência de uma vida sofridamente imutável. Quando nos percebemos prisioneiros dentro de nossas próprias cabeças, sentimentos muito intensos e divergentes podem aflorar. Porém, sem essa percepção, a manutenção no calabouço é inevitável. Podemos, nesse ponto, enxergar a mesma coisa de ponta cabeça: "se sou produto de tudo, menos das minhas próprias escolhas, por que diabos vou continuar a ser teleguiado por uma trilha inautêntica de vida??". Perceba como isso pode ser libertador: "vou continuar a comprar brigas que não são minhas? Vou permanecer fiel a valores que nunca escolhi? Vou insistir em chegar "lá", sendo que o tal "lá" não fui eu que sonhei? Quanto tempo mais vou me limitar pelos medos alheios e pelas inseguranças dos outros? Quanto tempo mais vou perseverar em atender expectativas de todo mundo, menos as minhas?" Não sei quanto a você, mas quando um dia me percebi "impostor" dentro da minha própria vida, não aguentei teimar nem um segundo sequer sendo quem "eu fui programado para ser". Não precisei virar as costas à minha história pessoal (muito pelo contrário), mas colocá-la em seu devido lugar: como professora e não como soberana da minha própria vida. Deixei de ser escravo e passei a ser aluno do meu próprio passado.

Muito pior do que se descobrir refém de um "alienígena" comandando nossa mente é ignorar a sua existência e poder. Iludir-se com uma sensação de livre-arbítrio absoluto, vivendo uma fantasia num castelo de cristal de autodeterminação, é o que nos faz empurrar com a barriga as decisões íntimas relevantes e promove nosso apego a uma vida falsificada, predestinada, rígida e com todas as impressões digitais imagináveis, menos as nossas próprias. Se existe uma questão em que a humildade é tremendamente crucial, trata-se justamente de admitir nossa restrição quanto ao poder que temos sobre nosso próprio cérebro. Somos muito menos livres que supomos em relação ao controle dos nossos pensamentos. Admitir humildemente essa limitação é o primeiro passo para superá-la.

Assumindo o pacote completo

Certo, supondo que já tenhamos superado as etapas todas de negação, raiva, barganha, depressão e estejamos já na fase de aceitação do "luto de nós mesmos", o que fazer agora então? Partindo-se da premissa de que há um "alienígena" governando nosso cérebro com amplos poderes para escolher irrestritamente nossos próprios comportamentos, como vamos lidar com isso? Em primeiro lugar, seria interessante reparar que, apesar de comparativamente impotente em relação à força do subconsciente, a nossa consciência possui uma característica talvez algo subestimada: a capacidade de conhecer. Além de investigar todo o universo exterior, somos também dotados da faculdade de autoconhecimento. Quando começamos a jornada de nos desprendermos da autoidentificação restrita somente à figura do pensamento consciente, temos a possibilidade de começar a perceber nossa própria vida sob uma outra perspectiva, mais ampla. Essa propriedade de autoconsciência é tão milagrosa que podemos, nessa jornada de amplificação de observação, passar a nos perceber também como sendo nosso universo não consciente. Usar o poder observador atento e verdadeiro que a mente consciente nos possibilita talvez seja o pontapé inicial rumo a uma repaginação adequadamente próspera.

Quando deixamos de nos identificar apenas com nossa mente consciente, também abdicamos de tentar empurrar goela abaixo dela um montão de funções que ela jamais será capaz de executar. Passamos a ganhar novos aliados, anteriormente ocultos, que podem executar com maestria serviços que tentamos delegar para partes do cérebro incapazes de atender às nossas demandas. Assim, podemos começar a perceber que *também somos* nosso inconsciente. Como agora sabemos (ao menos em parte) como ele funciona, podemos induzi-lo, com as ferramentas adequadas, a parar de trabalhar para os condicionamentos e paradigmas que o formataram, para começar a atender aos nossos próprios anseios. É claro que nem sempre é tão simples saber o que realmente queremos sem a influência daquele monte de tralhas que foram programadas no nosso inconsciente. Afinal, passamos tanto tempo com atitudes e modos de viver completamente encaixotados de fábrica que descobrir quem somos e o que queremos sem todo esse lixo nem sempre é fácil. Podemos, entretanto, começar de um jeito mais prático: limpando da prateleira o que definitivamente não queremos. Isso não é tão complicado de saber, desde que paremos de nos autoenganar e tenhamos a necessária dose de honestidade e verdade íntima para um propósito tão fundamental como esse.

Locutor

Na maior parte do tempo, nossa mente racional-consciente comporta-se como um narrador esportivo. Ela fica ali apenas descrevendo e contando a história de nossa vida se desenrolando no campo. Mas quem participa mesmo do jogo não é o pensamento consciente locutor, que assiste os acontecimentos à distância. Quem atua realmente definindo as jogadas é a nossa mente inconsciente.

Enquanto o locutor ficar lá com os fundilhos pregados na confortável cadeira estofada de couro na salinha com ar-condicionado apenas narrando, descrevendo e comentando o jogo, a vida vai seguir seu destino sem que nada mude. A mente racional-consciente vai creditar o fiasco, o sofrimento e os infortúnios ao "destino", ao "azar", ao "não tinha outro jeito" etc.

Mas é possível que talvez, num belo dia, ao perceber quão claustrofóbica é a sensação de ser apenas um mero observador passivo do jogo da própria vida, esse narrador resolva "dar uma de louco", sair do seu papel tradicional e ir até o meio de campo para "melar" o jogo e tomar parte ativa dos acontecimentos. Talvez se sentando em cima da bola, correndo sem camisa pelo gramado ou mesmo conversando com o árbitro e os capitães das equipes. Independentemente da ação, o resultado é que a partida jamais será a mesma. Sim, ele será chamado de insano ou doido e será criticado. Sim, ele temerá pelo futuro da carreira. Sim, ele terá medo do que os outros vão pensar. Sim, a mente consciente-narradora voltará para o seu papel de locutor, mas terá aprendido uma lição inestimável. Terá aprendido que pode, sempre que quiser, interferir no próprio destino. Terá provado o elixir do livre-arbítrio.

26. *Gaslight*, a violência silenciosa

Osvaldo Carvalho Gomes
Deyse Krüger

Gaslight é uma forma de manipulação cometida para criar medos e insegurança no outro, nos explica, em sua entrevista para o livro, Dr. Osvaldo Carvalho Gomes, psiquiatra há mais de 15 anos e pesquisador de estresse ocupacional.

O termo *gaslight* é de 1944, retirado do filme "Gas Light" (em português, "À meia luz"). Na trama, o marido pretende convencer os amigos de que a sua esposa é louca. Como ele faz isso? Fazendo algumas alterações em casa. Quando ela percebe, ele insiste em negar.

Contudo, sabemos que esse tipo de abusador também age em ambientes organizacionais.

Confira a entrevista esclarecedora com o Dr. Osvaldo acessando o QR Code da página, está imperdível!

Figura 26.1. Acesse no Spotify o JornadaCast Temporada 3 Episódio 148.

27. Ensinamentos do Yoga Marcos Rojo

Marcos Rojo
Deyse Krüger

O que os ensinamentos do Yoga podem trazer para nossa vida? Será que o Yoga é para todos? Na entrevista concedida exclusivamente para o livro "Jornada da Mente para Alta Performance", o professor Marcos Rojo discorre sobre sua trajetória e aborda alguns dos benefícios que o yoga pode trazer para a nossa vida em sua integralidade.

Formado pela USP em Educação Física no ano de 1975, foi no ambiente universitário, através da professora Dona Ignez Novaes Romeu, que iniciou sua história no Yoga. Professor Marcos conta que na época a prática do Yoga era oferecida aos alunos de Educação Física como uma disciplina optativa.

Foi também no final da década de 1970 que ele e sua esposa Daisy Rodrigues realizaram a primeira viagem à Índia para estudar na conceituada escola de Kaivalyadhama.

Com vasto conhecimento em Yoga, o professor Marcos Rojo atualmente ministra palestras em empresas, participa de eventos nacionais e internacionais, coordena o curso de pós-graduação em Yoga do IEPY, além de dar suas aulas semanais.

Confira a riqueza da entrevista com o professor Marcos Rojo acessando o QR Code da página.

Figura 27.1. Confira no Spotify o JornadaCast Temporada 3 Episódio 149.

28. Trabalho remoto

Glauce Paiva
Deyse Krüger

O *home office* é uma modalidade de trabalho que está se tornando muito comum e necessária em muitos tipos de serviços. Com toda a tecnologia que hoje temos disponível para trabalho colaborativo, *chats* por videochamadas (Microsoft Teams), controle de tarefas (Microsoft Planner), aplicativos *mobile*, entre outros, muitos empresários optam por economizar o dinheiro que seria gasto em infraestrutura e passam a investi-lo em outras áreas da empresa e em colaboradores. Porém, ainda há muitos receios de uma parte dos empreendedores. Por que isso acontece? Por que é mais desafiador coordenar uma equipe remotamente, principalmente em uma grande empresa? Porque não está no DNA da empresa, o que se torna uma mudança de paradigma para a alta gerência (que, em muitos casos, não tem nem o poder para isso). Porque a comunicação, em muitas empresas que atuam com a cultura do trabalho presencial, é falha e dá brecha a ruídos de informação (o Microsoft Teams pode ajudar com essa situação). Colaboradores terão a estrutura necessária em suas casas e famílias para fazer um bom trabalho? Ouça nossa conversa no JornadaCast e descubra.

Glauce Paiva, executiva de RH, aborda outras vantagens e desvantagens no trabalho *home office*. Ela trouxe também uma recente pesquisa que realizou para saber se os colaboradores gostariam ou não de ficar trabalhando em *home office* – confira os detalhes acessando o QR Code da página.

Figura 28.1. Confira no Spotify o JornadaCast Temporada 3 Episódio 150.

29. A construção de uma empresa humanizada

Sheila Gonçalves
Deyse Krüger

O universo atual das organizações é marcado pela globalização, por progresso tecnológico, pressão constante para atender às demandas e altos níveis de competição. Esse universo é permeado por um ambiente volátil e acelerado, incerto e imprevisível, complexo, caótico e ambíguo nas interpretações dos fatos. Isso faz com que os transtornos mentais estejam entre as maiores causas de estresse e afastamento do trabalho. Tais circunstâncias levam a uma perda de produtividade e de bons resultados empresariais, além do impacto direto na saúde física e mental de todos os indivíduos que trabalham no negócio.

Por isso, é muito importante que as empresas e a sociedade fiquem atentas a essas situações e invistam no bem-estar das pessoas e no reconhecimento da importância da presença humana para conseguir atingir o propósito organizacional.

Com o objetivo de implantar a psicologia positiva junto aos colaboradores da Medicatriz, Dra. Sheila Gonçalves inseriu mudanças significativas e positivas na cultura da empresa, que hoje é reconhecida como uma empresa humanizada, sendo referência no mercado em que atua. Quer saber como ela conseguiu fazer isso? Assista à sua entrevista exclusiva para o livro acessando o QR Code a seguir.

Figura 29.1. Confira no Spotify o JornadaCast Temporada 3 Episódio 151.

30. Qualidade de sono e produtividade

Mario de Felicis Sobrinho
Deyse Krüger

O sono tem sido objeto de curiosidade desde o início da civilização em diversas esferas de conhecimento. No entanto, somente a partir do século XX os esforços para elucidar os aspectos que envolvem esse processo prosseguiram de forma mais ampla. Trata-se uma função fundamental para o desenvolvimento do ser humano, visto que os indivíduos que apresentam um padrão de sono disfuncional costumam ter mais comorbidades, menor expectativa de vida e envelhecimento precoce. Possui um papel fundamental no funcionamento do cérebro, formando caminhos neurais, processando novas informações, promovendo a melhoria da memória e da aprendizagem, aumentando a habilidade criativa e de tomada de decisões e possuindo papel na organização das informações importantes e dos estímulos recebidos ao longo do dia, bem como na consolidação da memória. É durante esse processo que ocorre a "limpeza" profunda do cérebro, pois, no decorrer das atividades cotidianas, algumas toxinas se acumulam e quando dormimos os canais cerebrais se expandem, permitindo um fluxo maior do líquido cefalorraquidiano, que despreza tais toxinas no sistema linfático com mais eficiência, o que é fundamental para a manutenção da saúde física do corpo, pois ajuda a manter o equilíbrio hormonal. Os distúrbios do sono provocam consequências na vida das pessoas: diminuição do ritmo de funcionamento biopsíquico diário, aumento na propensão para desenvolver algum distúrbio psiquiátrico, déficit cognitivo, desenvolvimento e agravamento de patologias crônicas ou secundárias, riscos de acidentes de tráfego, absenteísmo no trabalho, resultando em um comprometimento da qualidade de vida. Esses desequilíbrios no padrão de sono compreendem diversos processos fisiológicos que são capazes de interferir negativamente em vários órgãos e sistemas.

Saiba mais sobre a importância do sono para melhorar a qualidade de vida acessando o QR Code da página e ouvindo o bate-papo com o pesquisador do sono e enfermeiro Mario De Felicis Sobrinho.

Figura 30.1. Confira no Spotify o JornadaCast Temporada 3 Episódio 152.

Referências

ALLEN, M. *et al.* Participants' Experiences of Mindfulness-Based Cognitive Therapy: "It Changed Me in Just about Every Way Possible." **Behavioural and Cognitive Psychotherapy**, vol. 37, n. 4, 2009, p. 413. doi:10.1017/s135246580999004x.

ALLEN, N. J.; MEYER, J. P. Affective, continuance, and normative commitment to the organization: an examination of construct validity. **Journal of vocational behavior**, vol. 49, n. 3, 1996, p. 252-276.

ALLEN, N. J.; MEYER, J. P. Construct validation in organizational behavior research: The case of organizational commitment. *In*: GOFFIN, R. D.; HELMES, E. (eds.). **Problems and solutions in human assessment:** honoring Douglas N. Jackson at Seventy. Boston, MA: Springer, 2000, p. 285-314.

ALMEIDA, A. C. de. **Sou Uma Fraude (?):** explicando a síndrome do impostor. Tese de Doutorado. Programa de Pós-Graduação em Psicologia Social. Universidade Federal Da Paraíba, Centro de Ciências Humanas, Letras e Artes, João Pessoa, set. 2020.

ALVES, T. C. de T. F. Depressão e ansiedade entre estudantes da área de saúde. **Rev Med (São Paulo)**, vol. 93, n. 3, 2014, p. 101-105. doi:10.11606/issn.1679-9836.v93i3p101-105.

AMERICAN PSYCHIATRIC ASSOCIATION. **Diagnostic and Statistical Manual of Mental Disorders (DSM-IV-TR).** 4th.ed. Washington: American Psychiatric Association, 2000.

AMERICAN PSYCHIATRIC ASSOCIATION. **Manual diagnóstico e estatístico de transtornos mentais.** 4.ed. Porto Alegre: Artmed, 2002.

ANDRADE, R. de O. A razão de tantas curvas. **Revista Pesquisa Fapesp**, n. 233, jul. 2015.

ASPREY, D. **Bulletproof:** a dieta à prova de bala. Rio de Janeiro: Bicicleta Amarela, 2016.

ASPREY, D. **Head Strong:** the bulletproof plan to activate untapped brain energy to work smarter and think faster – in just two weeks. New York, NY: Harper Wave, 2017.

ASPREY, D. **Super Human:** the bulletproof plan to age backward and maybe even live forever. New York, NY: Harper Wave, 2019.

BAER, R. A. *et al.* Using Self-Report Assessment Methods to Explore Facets of Mindfulness. **Assessment**, vol. 13, n. 1, 2006, p. 27045. doi:10.1177/1073191105283504.

BARKER, E. Lessons from Lincoln: 5 Leadership Tips History And Science Agree On. **Time Magazine**, Mar. 25, 2014. Disponível em: <https://time.com/37025/lessons-from-lincoln-5-leadership-tips-history-and-science-agree-on>. Acesso em: 11 ago. 2022.

BARRETT, L. F. **How Emotions Are Made:** the secret life of the brain. [S.l.]: Mariner Books, 2018, p. 155-156.

BAUMAN, Z. **Tempos líquidos.** Trad. Carlos Alberto Medeiros. Rio de Janeiro: Zahar, 2007.

BEAGLEHOLE, R.; YACH, D. Globalisation and the prevention and control of non-communicable disease: the neglected chronic diseases of adults. **The Lancet**, vol. 362, n. 9387, Sep. 2003, p. 903-908.

BECK, J. G. *et al.* Understanding the interpersonal impact of trauma: contributions of PTSD and depression. **Journal of Anxiety Disorders**, vol. 23, n. 4, May 2009, p. 443-450.

BENTON, D. *et al.* Minor degree of hypohydratation adversely influences cognition: a mediator analysis. **The American Journal of Clinical Nutrition**, vol. 104, n. 3, 2016, p. 603. doi: 10.3945/ajcn.116.132605.

BENTON, D.; YOUNG, H. Do small differences in hydration status impact on mood and cognition? **Nutrition Reviews**, vol. 73, n. suppl_2, 2015, p. 83. doi: 10.1093/nutrit/nuv045.

BERGER, W. *et al.* Partial and full PTSD in Brazilian ambulance workers: prevalence and impact on health and on quality of life. **Journal of Traumatic Stress**, vol. 20, n. 4, Aug. 2007, p. 637-642.

BERGLAND, C. How do neuroplasticity and neurogenesis rewire your brain? **Psychology Today**, Feb. 06, 2017.

BERMPOHL, F. *et al.* Attentional Modulation of Emotional Stimulus Processing: An fMRI Study Using Emotional Expectancy. **Human Brain Mapping**, vol. 27, n. 8, 2006, p. 662-677.

BIEDERMAN, I.; VESSEL, E. A. Perceptual Pleasure and the Brain: a novel theory explains why the brain craves information and seeks it through the senses. **American Scientist**, vol. 94, Jan. 2006. ID: 17025052.

BIJOCH, L.; BORCZYK, M.; CZAJKOWSKI, R. Bases of Jerzy Konorski's theory of synaptic plasticity. **European Journal of Neuroscience**, vol. 51, n. 9, Aug. 01, 2019. doi:10.1111/ejn.14532.

BING. Busca. "adernar significado". Disponível em: <https://www.bing.com/search?q=adernar+significado&cvid=3868c55d36b04d5a98bf2f627a696196&aqs=edge..69i57j0.5649j0j1&FORM=ANAB01&PC=U531>. Acesso em: 11 ago. 2022.

BISHOP, S. R. *et al.* Mindfulness: A Proposed Operational Definition. **Clinical Psychology: Science and Practice**, vol. 11, n. 3, 2006, p. 230-241. doi:10.1093/clipsy. bph077.

BLEGER, J. **Temas de psicologia:** entrevista e grupos. São Paulo: Martins Fontes, 1989.

BLEND EDU. O que é empatia e qual a sua importância para as empresas? Disponível em: <https://www.blend-edu.com/o-que-e-empatia-e-qual-a-sua-importancia-para-as-empresas/>. Acesso em: 10 ago. 2022.

BORTOLOTTI, B. *et al.* Enxágue bucal com carboidrato: recurso ergogênico capaz de otimizar o desempenho físico. **Revista Brasileira de Cineantropometria e Desempenho Humano**, vol. 13, n. 2, abr. 2011. doi: 10.5007/1980-0037.2011v13n2p158.

BRAILOVSKAIA, J. *et al.* The relationship between social media use, stress symptoms and burden caused by coronavirus (Covid-19) in Germany and Italy: A cross-sectional and longitudinal investigation. **J Affect Disord Rep**, vol. 3, n. 100067, Jan. 2021.

BRASIL. **Lei nº 8.080, de 19 de setembro de 1990.** Dispõe sobre as condições para a promoção, proteção e recuperação de saúde, a organização e o funcionamento dos serviços correspondentes e dá outras providências. Disponível em: <https://www.prattein.com.br/home/images/stories/Saude/Lei-org-saude.pdf>. Acesso em: 04 jan. 2023.

BREWIN, C. R. *et al.* Reformulating PTSD for DSM-V: life after criterion A. **J Trauma Stress**, vol. 22, n. 5, Oct. 2009, p. 366-373.

BRITO, A. F. de. Capital cria a primeira unidade de conservação marinha da Grande Vitória. **Prefeitura de Vitória**, 03 maio 2018. Disponível em: <https://www.vitoria.es.gov.br/noticia/capital-cria-a-primeira-unidade-de-conservacao-marinha-da-grande-vitoria-28316>. Acesso em: 11 ago. 2022.

BRITO, S. O papel do medo, a mais antiga das emoções, na evolução das espécies. **Veja**, 16 out. 2020. Atualizado em 16 out. 2020. Disponível em: <https://veja.abril.com.br/ideias/o-papel-do-medo-a-mais-antiga-das-emocoes-na-evolucao-das-especies/>. Acesso em: 11 ago. 2022.

BROTTO, T. F. A importância de ter um propósito de vida. **Psicólogo e Terapia**, 25 out. 2018. Disponível em: <https://www.psicologoeterapia.com.br/blog/a-importancia-de-ter-um-proposito-de-vida/>. Acesso em: 11 ago. 2022.

BROWN, K. W.; CORDON, S. Toward a phenomenology of mindfulness: Subjetive experience and emotional correlates. *In*: DIDONNA, F. (ed.). **Clinical handbook of mindfulness.** New York, NY: Springer, 2009, p. 59-81.

BROWN, S. P.; LEIGH, T. W. A new look at psychological climate and its relationship to job involvement, effort, and performance. **Journal of applied psychology**, vol. 81, n. 4, 1996, p. 358.

BURGELMAN R. A. Strategic Consequences of Co-evolutionary Lock-in: Insights from a Longitudinal Process Study. *In*: SCHREYÖGG, G.; SYDOW, J. (eds.). **The Hidden Dynamics of Path Dependence:** institutions and organizations. London: Palgrave Macmillan, 2010.

BURROUGHS, S. M.; EBY, L. T. Psychological sense of community at work: a measurement system and explanatory framework. **Journal of community psychology**, vol. 26, n. 6, 1998, p. 509-532.

CABLE, D. **Alive at work:** the neuroscience of helping your people love what they do. Boston, MA: Harvard Business Review Press, 2018.

CAMPOS, A. C. IBGE: 40,3% dos adultos são considerados sedentários no país. **Agência Brasil**, 18 nov. 2020. Disponível em: <https://agenciabrasil.ebc.com.br/saude/noticia/2020-11/ibge-403-dos-adultos-sao-considerados-sedentarios-no-brasil>. Acesso em: 04 jan. 2023.

CAPPUCCIO, F. P. *et al.* Sleep Duration and All-Cause Mortality: A Systematic Review and Meta-Analysis of Prospective Studies. **Sleep**, vol. 33, n. 5, May 2010, p. 585-592.

CAPRA, F. **As conexões ocultas:** ciência para uma vida sustentável. Trad. Marcelo Brandão Cipolla. São Paulo: Cultrix, 2002.

CARNEGIE, D. **Como fazer amigos e influenciar pessoas.** São Paulo: Companhia Editora Nacional, 2003.

CARNEIRO, H. S. **Comida e sociedade:** uma história da alimentação. Rio de Janeiro: Campus, 2003.

CASTRO, A. P. de. **Manual de gestão de pessoas e equipes:** operações, vol. 2. São Paulo: Gente, 2002.

CAVALCANTE, S.; ELALI, G. A. (orgs.). **Psicologia ambiental:** conceitos para a leitura da relação pessoa-ambiente. Petrópolis: Vozes, 2018.

CHAN KIM, W.; MAUBORGNE, R. Procedural justice, strategic decision making, and the knowledge economy. **Strategic management journal**, vol. 19, n. 4, 1998, p. 323-338.

CHIAVENATO, I. **Gerenciando com as pessoas:** transformando o executivo em um excelente gestor de pessoas. Rio de Janeiro: Elsevier, 2005.

CHIAVENATO, I.; SAPIRO, A. **Planejamento Estratégico.** 2.ed. Rio de Janeiro: Elsevier, 2009.

CHRISTAKIS, N. A.; FOWLER, J. H. The Spread of Obesity in a Large Social Network over 32 Years. **New England Journal of Medicine**, vol. 357, n. 4, July 26, 2007, p. 370-379.

CLEARY, I. **Neuroplasticity and Anxiety.** May 03, 2015. Disponível em: <https://iancleary.com/neuroplasticity-and-anxiety/>. Acesso em: 08 ago. 2022.

CLENCE, P. R. *et al.* Impostor Phenomenon in an Interpersonal/social context. **Women & Therapy,** vol. 16, n. 4, 1995.

CLENCE, P. R.; IMES, S. The Imposter Phenomenon in High Achieving Women: dynamics and therapeutic intervention. **Psychotherapy Theory, Research and Practice**, vol. 15, n. 3, Fall 1978.

CRISPINO, L. Qual é a diferença entre hard skills e soft skills? **Exame**, 20 set. 2017. Disponível em: <https://exame.com/carreira/qual-e-a-diferenca-entre-hard-skills-e-soft-skills/>. Acesso em: 09 ago. 2022.

CSIKSZENTMIHALYI, M. Flow, the secret to happiness. **TED**, 2004. Disponível em: <https://www.ted.com/talks/mihaly_csikszentmihalyi_on_flow#t-238785>. Acesso em: 09 ago. 2022.

CSIKSZENTMIHALYI, M. **Flow:** a psicologia do alto desempenho e da felicidade. Rio de Janeiro: Objetiva, 2020.

CSIKSZENTMIHALYI, M. **Flow:** the psychology of optimal experience. New York, NY: First Harper Perennial, 1991.

CSIKSZENTMIHALYI, M. **The Collected Works of Mihaly Csikszentmihalyi:** vol. 2, Flow and the foundations of positive psychology. New York, NY: Springer, 2014. ISBN 978-94-017-9087-1.

DAL-FARRA, R. A.; GEREMIA, C. Educação em saúde e espiritualidade: proposições metodológicas. **Revista Brasileira de Educação Médica**, vol. 34, n. 4, dez. 2010.

DALGALARRONDO, P. **Psicopatologia e semiologia dos transtornos mentais.** 2.ed. Porto Alegre: Artmed, 2008.

DAMÁSIO, A. **A estranha ordem das coisas:** as origens biológicas dos sentimentos e da cultura. São Paulo: Companhia das Letras, 2018.

DAMÁSIO, A. Emoção ou sentimento? Mental ou comportamental? António Damásio explica a organização afetiva humana. **Fronteiras do Pensamento**, dez. 2015. Disponível em: <https://www.fronteiras.com/leia/exibir/emocao-ou-sentimento-mental-ou-comportamental-antonio-damasio-explica-a-organizacao-afetiva-humana>. Acesso em: 08 ago. 2022.

DAMÁSIO, A. **O erro de Descartes.** São Paulo: Companhia das Letras, 1996.

DAMÁSIO, A. **O mistério da consciência.** São Paulo: Companhia das Letras, 1999.

DAMÁSIO, A. R. **E o cérebro criou o homem.** Trad. Laura Teixeira Motta. São Paulo: Companhia das Letras, 2011.

DAMÁSIO, A. R. **O erro de Descartes:** emoção, razão e o cérebro humano. Trad. Dora Vicente, Georgina Segurado. 3.ed. São Paulo: Companhia das Letras, 2012.

DAVIDSON, R. J.; BEGLEY, S. **O estilo emocional do cérebro.** Trad. Diego Alfaro. Rio de Janeiro: Sextante, 2013.

DE VRIES, M. F. R. K. Criação de organizações autentizóticas: indivíduos com bom funcionamento em empresas vibrantes. **Relações humanas**, vol. 54, n. 1, 2001, p. 101-111.

DEJOURS, C. **A loucura do trabalho.** São Paulo: Cortez, 1992.

DEJOURS, C. **Psicodinâmica do trabalho.** São Paulo: Atlas, 1994.

DEMARIN, V.; MOROVIĆ, S.; BÉNÉ, R. Neuroplasticity. **Periodicum Biologorium**, vol. 116, n. 2, 2014, p. 209-211. ISSN 0031-5362.

DESTAQUES PSICOLOGIAS DO BRASIL. Um mergulho em água gelada pode ser um antídoto para a depressão e a ansiedade? **Psicologias do Brasil**, 16 jun. 2019. Disponível em: <https://www.psicologiasdobrasil.com.br/um-mergulho-em-agua-gelada-pode-ser-um-antidoto-para-a-depressao-e-a-ansiedade/>. Acesso em: 11 ago. 2022.

DICIO. **Proeiro.** Disponível em: <https://www.dicio.com.br/proeiro/>. Acesso em: 11 ago. 2022.

DICLEMENTI, A. **The Biohacker's Guide to Upgraded Energy and Focus.** [s.l.]: Biohacking Secrets, 2016.

DUCKWORTH, A. **Garra:** o poder da paixão e da perseverança. Rio de Janeiro: Intrínseca, 2016.

DUHIGG, C. **The Power of Habit.** London, England: Random House Books, 2013.

EBERHARD, J. P. **Brain Landscape:** the coexistence of neuroscience and architecture. New York, NY: Oxford University Press, 2008. 259p.

EMBRAPA. **Porto de Vitória.** Disponível em: <https://www.embrapa.br/macrologistica/exportacao/porto_vitoria>. Acesso em: 11 ago. 2022.

ERICSSON, A.; POOL, R. **Como se tornar o merlhor da sua área.** São Paulo: Lua de Papel, 2022.

EY. **EY Future Consumer Index Brasil.** 29 set. 2020. Disponível em: <https://www.ey.com/pt_br/future-consumer-now/ey-future-consumer-index-brasill>. Acesso em: 11 ago. 2022.

FELDMAN, R. The Neurobiology of Human Attachments. **Trends in Cognitive Science**, vol. 21, n. 2, Feb. 2017, p. 80-99. Disponível em: <https://www.sciencedirect.com/science/article/abs/pii/S1364661316301991>. Acesso em: 04 jan. 2023.

FERNANDES, M. **Filosofia de gestão:** cultura e estratégia com as pessoas. São Paulo: Portfolio-Penguin, 2019.

FERNSTROM, J. D.; WURTMAN, R. J. Brain serotonin content: physiological regulation by plasma neutral amino acids. **Science**, vol. 178, n. 4059, 1972, p. 414. doi: 10.1126/science.178.4059.414.

FERRISS, T. **4 horas para o corpo.** Rio de Janeiro: Intrínseca, 2012.

FERRISS, T. **Ferramentas dos Titãs:** as estratégias, hábitos e rotinas de bilionários, celebridades e atletas de elite. Rio de Janeiro: Intrínseca, 2018.

FILHO, J. de M. *et al.* **Psicossomática hoje.** 2.ed. Porto Alegre: Artmed, 2014.

FISHER, C. D.; NOBLE, C. S. A Within-Person Examination of Correlates of Performance and Emotions While Working. **Human Performance**, vol. 17, n. 2, 2004, p. 145-168. doi:10.1207/s15327043hup1702_2.

FLOYD, S. W.; LANE, P. J. Strategizing throughout the organization: Managing role conflict in strategic renewal. **Academy of management review**, vol. 25, n. 1, 2000, p. 154-177.

FLOYD, S. W.; WOOLDRIDGE, B. Middle management's strategic influence and organizational performance. **Journal of management studies**, vol. 34, n. 3, 1997, p. 465-485.

FOGEL, A. *et al.* As raízes da colaboração e a construção de times colaborativos. *In*: MUNIZ, A. *et al.* **Jornada Ágil de Produto:** unindo práticas e frameworks para capacitar Donos de Produtos (Product Owners) e Gerentes de Produtos (Product Managers) com foco no fluxo de valor entregue ao cliente. Rio de Janeiro: Brasport, 2020.

FUCHS, E.; FLÜGGE, G. Adult neuroplasticity: More than 40 years of research. **Neural Plasticity,** 2014.

GALISA, M. S.; ESPERANÇA, L. M. B.; SÁ, N. G. de. **Nutrição:** conceitos e aplicações. São Paulo: M. Books, 2007.

GALLAHUE, D. L. A classificação das habilidades de movimento: um caso para modelos multidimensionais. **Revista da Educação Física/UEM**, vol. 13, n. 2, 2002, p. 105.

GALLANT, S. N. Mindfulness meditation practice and executive functioning: Breaking down the benefit. **Consciousness and Cognition**, vol. 40, 2016, p. 116-130. doi:10.1016/j.concog.2016.01.005.

GALLUP. **The Powerful Relationship Between Employee Engagement and Team Performance.** Report. Disponível em: <https://www.gallup.com/workplace/321032/employee-engagement-meta-analysis-brief.aspx>. Acesso em: 09 ago. 2022.

GALLWEY, W. T. **The Inner Game of Tennis:** the classic guide to the mental side of peak performance. [S.l.]: Random House, 2010. 161p.

GANIO, M. S. *et al.* Mild dehydration impairs cognitive performance and mood of men. **British Journal of Nutrition**, vol. 106, n. 10, 2011, p. 1535. doi: 10.1017/S0007114511002005.

GARLAND, E. L.; HOWARD, M. O. Neuroplasticity, Psychosocial Genomics, and the Biopsychosocial Paradigm in the 21st Century. **Health & Social Work**, vol. 34, n. 3, 2009, p. 191-199. doi:10.1093/hsw/34.3.191.

GAVIN, J. H.; MASON, R. O. The Virtuous Organization: the value of happiness in the workplace. **Organizational dynamics**, vol. 33, n. 4, 2004, p. 379-392.

GAZZANIGA, M. S. **Who's in charge?:** free will and the science of the brain. New York, NY: Ecco, 2012.

GIL, A. C. **Gestão de pessoas:** enfoque nos papéis profissionais. São Paulo: Atlas, 2001.

GIOIA, D. A.; CHITTIPEDDI, K. Sensemaking and sensegiving in strategic change initiation. **Strategic management journal**, vol. 12, n. 6, 1991, p. 433-448.

GLADWELL, M. **Blink:** a decisão num piscar de olhos. Trad. Nivaldo Montingelli Júnior. Rio de Janeiro: Sextante, 2016.

GOLEMAN, D. **Inteligência emocional:** a teoria revolucionária que redefine o que é ser inteligente. 2.ed. Rio de Janeiro: Objetiva, 2012.

GOLEMAN, D. **Trabalhando com a inteligência emocional.** Rio de Janeiro: Objetiva, 1998.

GRAEFF, F. G. Ansiedade, pânico e o eixo hipotálamo-pituitária-adrenal. **Revista Brasileira de Psiquiatria**, vol. 29 (suppl. 1), maio 2007, p. s3-s6. doi:10.1590/s1516-44462007000500002.

GREENFIELD, B. **Boundless:** upgrade your brain, optimize your body & defy aging. Las Vegas, NV: Victory Belt Publishing, 2020.

GRGIC, J. *et al.* Effects of caffeine intake on muscle strength and power: a systematic review and meta-analysis. **Journal of the International Society of Sports Nutrition**, vol. 15, n. 11, 2018, p. 1. doi: 10.1186/s12970-018-0216-0.

HALL, E. T. **A dimensão oculta.** Trad. Sônia Coutinho. Rio de Janeiro: F. Alves, 1989. 200p.

HARARI, Y. N. **Sapiens:** uma breve história da humanidade. Trad. Janaína Marcoantonio. 51.ed. Porto Alegre: L&PM, 2020.

HELLERSTEIN, D. Neuroplasticity and depression. **Psychology Today**, July 14, 2011.

HILL, C. L. M.; UPDEGRAFF, J. A. Mindfulness and its relationship to emotional regulation. **Emotion**, vol. 12, n. 1, 2012, p. 81-90. doi:10.1037/a0026355.

HUTZ, C. S.; ZANON, C. Revisão da adaptação, validação e normatização da escala de autoestima de Rosenberg: revision of the adaptation, validation, and normatization of the Rosenberg self-esteem scale. **Avaliação Psicológica**, vol. 10, n. 1, 2011.

HUY, Q. N. Emotional balancing of organizational continuity and radical change: the contribution of middle-managers. **Administrative science quarterly**, vol. 47, n. 1, 2002, p. 31-69.

HYDE, A. L.; MAHER, J. P.; ELAVSKY, S. Enhancing our understanding of physical activity and wellbeing with a lifespan perspective. **International Journal of Wellbeing**, vol. 3, n. 1, Mar. 2013, p. 98-115.

ISAACSON, W. **Code Breaker:** Jennifer Doudna, Gene Editing, and the Future of the Human Race. New York: Simon & Schuster, 2021.

ISABELA. Talassofobia: o que é, causas e tratamento. **eCycle**, s.d. Disponível em: <https://www.ecycle.com.br/talassofobia/>. Acesso em: 11 ago. 2022.

IZQUIERDO, I. A mente humana. **MultiCiência**, n. 3, 2004. Disponível em: <https://docplayer.com.br/7140730-A-mente-humana-ivan-izquierdo-centro-de-memoria-do-instituto-de-pesquisas-biomedicas-da-puc-rs-porto-alegre-rs-brasil.html>. Acesso em: 08 ago. 2022.

JACKSON, S. A.; CSIKSZENTMIHALYI, M. **Flow in Sports:** the keys to optimal experiences and performances. Champaign, IL: Human Kinetics, 1999.

JEUKENDRUP, A. A step towards personalized sports nutrition: carbohydrate intake during exercise. **Sports Medicine**, vol. 44, suppl. 1, 2014, p. S25. doi: 10.1007/s40279-014-0148-z.

KABAT-ZINN, J. **Full Catastrophe Living:** using the wisdom of your body and mind to face stress, pain, and illness. New York, NY: Bantam Books Trade Paperbacks, 2013.

KAHNEMAN, D. **Rápido e devagar:** duas formas de pensar. Trad. Cássio de Arantes Leite. Rio de Janeiro: Objetiva, 2012.

KAMEI, H. **O que é psicologia positiva?** Disponível em: <https://www.flowpsicologiapositiva.com/flow-e-psicologia-positiva/>. Acesso em: 09 ago. 2022.

KANDEL, E. R. *et al.* **Princípios da Neurociência**. Barueri: Manole, 2000.

KANDEL, E. R. **Mentes diferentes:** o que cérebros diferentes revelam sobre nós. Barueri: Manole, 2020.

KARSHIKOFF, B.; SUNDELIN, T.; LASSELIN, J. Role of inflammation in Human Fatigue: Relevance of Multidimensional Assessments and Potential Neuronal Mechanisms. **Frontiers in Immunology**, vol. 20, n. 1, Jan. 2017, p. 21. doi: 10.3389/fimmu.2017.00021.

KAUATI, A. Síndrome do Impostor e a Vida Acadêmica. **Interparadigmas**, ano 1, n. 1, 2013.

KAYS, J. L.; HURLEY, R. A.; TABER, K. H. The Dynamic Brain: Neuroplasticity and Mental Health. **The Journal of Neuropsychiatry and Clinical Neurosciences**, vol. 24, n. 2, 2012, p. 118-124. doi:10.1176/.12050109.

KDBOURQUE. Active Listening Presentation. **SlideShare**, July 11, 2014. Disponíel em: <https://www.slideshare.net/kdbourque/active-listening-presentation-36893005>. Acesso em: 09 ago. 2022.

KELLERT, S. R.; HEERWAGEN, J.; MADOR, M. **Biophilic Design:** the theory, science and practice of bringing buildings to life. Hoboken, NJ: John Wiley & Sons, 2008.

KHAN ACADEMY. **Biblioteca de Biologia.** Disponível em: <https://pt.khanacademy.org/science/biology>. Acesso em: 08 ago. 2022.

KILLINGSWORTH, M. A.; GILBERT, D. T. A Wandering Mind Is an Unhappy Mind. **Science,** vol. 330, n. 6006, Nov. 12, 2010, p. 932. doi:10.1126/science.1192439.

KING, S.; NICOL, D. M. Organizational enhancement through recognition of individual spirituality: Reflections of Jaques and Jung. **Journal of Organizational Change Management**, 1999.

KOENIG, H. G. **Espiritualidade no cuidado com o paciente:** por que, como, quando e o quê. São Paulo: Fé Editora Jornalística, 2005.

KOTLER, S. **Super-humanos:** como os atletas radicais redefinem os limites do possível. Rio de Janeiro: Sextante, 2015.

KOZASA, E. *et al.* Meditation training increases brain efficiency in an attention task. **Neuroimage**, vol. 59, n. 1, Jan. 2012, p. 745-749. doi:10.1016/j.neuroimage.2011.06.088.

KOZASA, E. H. *et al.* An intervention to increase situational awareness and the culture of mutual care (foco) and its effects during COVID-19 pandemic: a randomized controlled trial and qualitative analysis. **Front Psychiatry**, Nov. 26, 2020.

KRÜGER, D. Treinamento PNL. UFSC, 2019.

KRZNARIC, R. **O poder da empatia:** a arte de se colocar no lugar do outro para transformar o mundo. Rio de Janeiro: Zahar, 2015.

KÜBLER-ROSS, E. **Sobre a morte e o morrer.** São Paulo: WMF Martins Fontes, 2017.

LACERDA, S. S.; LITTLE, S. W.; KOZASA, E. H. A Stress Reduction Program Adapted for the Work Environment: Randomized Controlled Trial With a Follow-Up. **Front. Psychol.**, May 09, 2018.

LALOUX, F. **Reinventando as organizações:** um guia para criar organizações inspiradas no próximo estágio da consciência humana. Trad. Isabella Bertelli. Curitiba: Voo, 2017.

LARANJEIRA, S. M. G. A realidade do trabalho em tempo de globalização. Precarização, exclusão e desagregação social. *In*: SANTOS, J. V. T. (org.). **Violência em tempo de globalização.** São Paulo: Hucitec, 1999.

LARSEN, S. **The Neurofeedback Solution:** how to treat autism, ADHD, anxiety, brain injury, stroke, PTSD, and more. [S.l.]: Inner Traditions/Bear & Company, 2012.

LAUGESEN, K. *et al.* Social isolation and all-cause mortality: a population-based cohort study in Denmark. **Scientific Reports**, vol. 8, n. 1, Dec. 2018, p. 4731.

LENCIONI, P. **The Five Dysfunctions of a Team:** a leadership fable. Table Group, s.d. Disponível em: <https://www.tablegroup.com/product/dysfunctions/>. Acesso em: 09 ago. 2022.

LEYSE-WALLACE, R. **Nutrition and mental health.** Boca Raton, FL: Taylor and Francis Inc.; CRC Press, 2013.

LI, Y. *et al*. Impact of Healthy Lifestyle Factors on Life Expectancies in the US Population. **Circulation**, vol. 138, n. 4, July 24, 2018, p. 345-355.

LIN, C. *et al*. The role of human capital management in organizational competitiveness. **Social Behavior and Personality**, vol. 45, n. 1, 07 Feb. 2017, p. 81-92.

LIPP, M. E. N. **Stress e o turbilhão da raiva.** São Paulo: Casa do Psicólogo, 2005.

LISKA, D. *et al*. Narrative review of hydration and selected health outcomes in the general population. **Nutrients**, vol. 1, n. 1, 2019, p. 1. doi: 10.3390/nu11010070.

LOHER, J.; SCHWARTZ, T. **The power of full engagement:** managing energy, not time, is the key to high performance and personal renewal. New York, NY: Free Press, 2005.

LOURENÇO, L. **A síndrome do gênio da lâmpada:** como não se tornar prisioneiro dos pedidos dos outros. São Paulo: Labrador, 2021.

LOURENÇO, L. **Noocídio:** quem sou eu sem os meus problemas? São Paulo: Labrador, 2019.

LUNDGREN, M.; CHARPENTIER, E.; FINERAN, P. C. (eds.). **CRISPR:** methods and protocols. (Methods in Molecular Biology, #1311). New York, NY: Humana Press, 2015.

MACHADO, A.; HAERTEL, L. M. **Neuroanatomia Funcional.** São Paulo: Atheneu, 2014.

MAHAN, L. K.; RAYMOND, J. L. **Krause: alimentos, nutrição e dietoterapia.** 14.ed. Rio de Janeiro: Gen; Guanabara-Koogan, 2018.

MANSETO, N. A. *et al*. Effects of hydration status on cognitive performance and mood. **Brit J Nutr**, vol. 111, n. 1, 2014, p. 1841. doi: 10.1017/S0007114513004455.

MARQUES, J. R. **Coaching & Carreira:** técnicas poderosas e resultados extraordinários. Goiânia: IBC, 2013.

MARR, L.; BILLINGS, J. A.; WEISSMAN, D.E. Spirituality training for palliative care fellows. **J Palliat Med.**, vol. 10, n. 1, 2007, p. 169-177.

MATTHEWS, G.; CLANCE, P. R. Treatment of the Impostor Phenomenon in Psychotherapy Clients. **Psychotherapy in Private Practice**, vol. 3, n. 1, 1985, p. 71-81, DOI: 10.1300/J294v03n01_09

MAUGHAN, R. J.; BURKE, L.M.; DVORAK, J. et al. IOC consensus statement: dietary supplements and the high-performance athlete. **International Journal of Sport Nutrition and Exercise Metabolism**, vol. 28, n. 2, 2018, p. 104. doi: 10.1123/ijsnem.2018-0020.

MCKAY, M.; ROGERS, P. D.; MCKAY, J. **Quando a raiva dói:** acalmando a tempestade interior. São Paulo: Summus, 2001.

MCLELLANA, T. M.; CALDWELLB, J. A.; LIEBERMANC, H. R. A review of caffeine's effects on cognitive, physical and occupational performance. **Neuroscience and Biobehavioral Reviews**, vol. 71, n. 1, 2016, p. 294. doi: 10.1016/j.neubiorev.2016.09.001.

MEEUSEN, R.; DECROIX, L. Nutritional Supplements and the Brain. **International Journal of Sport Nutrition and Exercise Metabolism**, vol. 28, n. 2, 2018, p. 200. doi: 10.1123/ijsnem.2017-0314.

MEYER, J. P. Organizational commitment. **International review of industrial and organizational psychology**, vol. 12, 1997, p. 175-228.

MIELKE, G. I. *et al*. Brazilian Adults' Sedentary Behaviors by Life Domain: Population-Based Study. **PLoS ONE**, vol. 9, n. 3, Mar. 11, 2014, p. e91614.

MILKOVICH, G. T.; BOUDREAU; J.W. **Administração de Recursos Humanos.** Trad. Reynaldo C. Marcondes. São Paulo: Atlas, 2000.

MILLER, D. G. Appetite Regulation: Hormones, Peptides, and Neurotransmitters and Their Role in Obesity. **American Journal of Lifestyle Medicine**, vol. 13, n. 6, June 2017, p. 586. doi: 10.1177/1559827617716376, 2017.

MILLIMAN, J.; CZAPLEWSKI, A. J.; FERGUSON, J. Workplace spirituality and employee work attitudes: an exploratory empirical assessment. **Journal of Organizational Change Management**, vol. 16, n. 4, 2003.

MINISTÉRIO DA SAÚDE. **Guia alimentar para a população brasileira.** Brasília: Ministério da Saúde, 2014.

MITTELMARK, M. B.; BAUER, G. F. The Meanings of Salutogenesis. *In*: MITTELMARK, M. B. *et al*. (eds.). **The Handbook of Salutogenesis.** Cham: Springer International Publishing, 2017, p. 7-13.

MOREIRA-ALMEIDA, A.; STROPPA, A. Religiosidade e Saúde. *In*: SALGADO, M. I.; FREIRE, G. (orgs.). **Saúde e Espiritualidade:** uma nova visão da medicina. Belo Horizonte: Inede, 2008.

MORGAN, A.; ZIGLIO, E. Revitalising the evidence base for public health: an assets model. **IUHPE – Promotion & Education Supplement**, n. 2, June 2007, p. 17-22.

NETNATURE. **O que é a consciência?** Neurocientista pode ter a resposta para a grande questão. 12 nov. 2016. Disponível em: <https://netnature.wordpress.com/2016/11/12/o-que-e-a-consciencia-neurocientista-pode-ter-resposta-para-a-grande-questao/>. Acesso em: 13 ago. 2022.

NICOLELIS, M. **O verdadeiro criador de tudo**: como o cérebro humano esculpiu o universo como nós o conhecemos. São Paulo: Planeta, 2020.

NIEMIEC, R. Help Your Employees Find Happiness and Engagement. **VIA Institute on Character**, June 09, 2015. Disponível em: <https://www.viacharacter.org/topics/articles/help-your-employees-find-happiness-and-engagement>. Acesso em: 09 ago. 2022.

NOGUEIRA, B. **A Síndrome Do Impostor.** Curitiba: Kotter Editorial, 2021.

NORMAN, D. A. **Design emocional:** por que adoramos ou detestamos os objetos do dia a dia. Rio de Janeiro: Rocco, 2008.

OLIVEIRA, M. Lobos cerebrais. **Info Escola**, s.d. Disponível em: <https://www.infoescola.com/anatomia-humana/lobos-cerebrais/>. Acesso em: 08 ago. 2022.

ORGAN, D. W.; PAINE, J. B. A new kind of performance for industrial and organizational psychology: Recent contributions to the study of organizational citizenship behavior. *In*: COOPER, C. L.; ROBERTSON, I. T. (eds.). **International review of industrial and organizational psychology 1999**, vol. 14. Hoboken, NJ: John Wiley & Sons, 1999, p. 337-368.

ORGANIZAÇÃO MUNDIAL DE SAÚDE. Site. Disponível em: <https://www.who.int/pt/home#>. Acesso em: 09 ago. 2022.

OVANS, A. What Resilience Means, and Why It Matters. **Harvard Business Review**, Jan. 05, 2015. Disponível em: <https://hbr.org/2015/01/what-resilience-means-and-why-it-matters>. Acesso em: 11 ago. 2022.

PADGETT, D. A., & GLASER, R. **How stress influences the immune response. Trends in Immunology**, 24(8), 444–448. doi:10.1016/s1471-4906(03)00173-x, 2003

PANDEMIA aumentou engajamento e resiliência de funcionários na empresa, diz pesquisa. **G1**, 18 abr. 2021. Disponível em: <https://g1.globo.com/economia/concursos-e-emprego/noticia/2021/04/18/covid-19-aumentou-engajamento-e-resiliencia-de-funcionarios-na-empresa-diz-pesquisa.ghtml>. Acesso em: 11 ago. 2022.

PARKMAN, A. The Imposter Phenomenon in Higher Education: Incidence and Impact. **Journal of Higher Education Theory and Practice**, vol. 16, n. 1, 2016, p. 51-60.

PASCUAL-LEONE, A. *et al.* The plastic human brain cortex. **Annual Review Neuroscience**, vol. 28, n. 1, 2005, p. 377-401. doi: 10.114/annurev.neuro.27.070203.144216.

PENSADOR. **Em nossas loucas tentativas, renunciamos... William Shakespeare.** Disponível em: <https://www.pensador.com/frase/MzQ5Njk/>. Acesso em: 11 ago. 2022.

PENSADOR. **O mar não é um obstáculo, é um... Amyr Klink.** Disponível em: <https://www.pensador.com/frase/MzQyMDM0/>. Acesso em: 11 ago. 2022.

PEREIRA, D. da S. Bem-estar: concepções e conceitos. *In*: RODRIGUES, M.; PEREIRA, D. da S. (orgs.). **Psicologia Positiva:** dos conceitos à aplicação. Novo Hamburgo: Sinopsys, 2020.

PESCE, C. *et al.* Focusing of visual attention at rest and during physical exercise in soccer players. **Journal of Sports Sciences**, vol. 25, n. 11, 2007, p. 1259. doi: 10.1080/02640410601040085.

PESQUISADORES analisam impacto da pandemia na saúde mental da população. **UFJF Notícias**, 07 abr. 2021. Disponível em: <https://www2.ufjf.br/noticias/2021/04/07/pesquisadores-analisam-impacto-da-pandemia-na-saude-mental-da-populacao/>. Acesso em: 11 ago. 2022.

PHILLIPS, E. M.; FRATES, E. P.; PARK, D. J. Lifestyle Medicine. **Physical Medicine and Rehabilitation Clinics of North America**, vol. 31, n. 4, Nov. 2020, p. 515-526.

PINTO, F. G. **O cérebro ninja**: como usar 100% do seu cérebro. São Paulo: Planeta, 2018. 224p.

PITTENGER, C.; DUMAN, R. Stress, Depression, and Neuroplasticity: A Convergence of Mechanisms. **Neuropsychopharmacology**, n. 33, 2008, p. 88-109. Disponível em: <https://www.nature.com/articles/1301574doi.org/10.1038/sj.npp.1301574>. Acesso em: 08 ago. 2022.

PLUTCHIK, R. **Emotions and life:** Perspectives from psychology, biology, and evolution. Washington: American Psychological Association, 2003.

PORTNOI, A. G. (org.). **A psicologia da dor.** Rio de Janeiro: Guanabara Koogan, 2014.

POSNER, M. I.; RAICHLE, M. E. **Images of mind.** New York: Scientific American Library, 1994.

PREFEITURA DE VITÓRIA. **Histórico e Cultural.** Disponível em: <https://www.vitoria.es.gov.br/cidade/historico-e-cultural>. Acesso em: 11 ago. 2022.

PUCHALSKI, C. M. The Role of Spirituality in Health Care. **Baylor University Medical Center Proceedings**, vol. 14, n. 4, Oct. 2001, p. 352-357.

RANDOLPH, N. A. Navigating the journey to empowerment. **Organizational Dynamics**, vol. 23, n. 4, 1995, p.19-32.

REDAÇÃO DE A GAZETA. No dia de Iemanjá, conheça a história da estátua que dá nome ao píer. **A Gazeta**, 02 fev. 2018. Atualizado em 02 fev. 2021. Disponível em: <https://www.agazeta.com.br/es/cotidiano/no-dia-de-iemanja-conheca-a-historia-da-estatua-que-da-nome-ao-pier-0218>. Acesso em: 11 ago. 2022.

REDAÇÃO. Como os líderes são responsáveis pelo engajamento. **Você S/A**, 04 out. 2020. Disponível em: <https://vocesa.abril.com.br/carreira/como-os-lideres-sao-responsaveis-pelo-engajamento/>. Acesso em: 13 ago. 2022.

REYNOLDS, G. How an Ice Bath May Undermine Your Weight Workout. **The New York Times**, Sep. 25, 2019. Disponível em: <https://www.nytimes.com/2019/09/25/well/move/weights-muscles-cold-ice-bath-weightlifting-exercise-recovery.html>. Acesso em: 09 ago. 2022.

REZ, R. O cérebro trino: reptiliano, límbico e neocórtex. **Nova Escola de Marketing**, 25 jan. 2018. Disponível em: <https://novaescolademarketing.com.br/o-cerebro-trino-reptiliano-limbico-e-neocortex/>. Acesso em: 08 ago. 2022.

REZENDE, L. F. M. de *et al.* Sedentary Behavior and Health Outcomes: An Overview of Systematic Reviews. **PLoS ONE**, vol. 9, n. 8, Aug. 21, 2014, p. e105620.

RIBEIRO, J. **Empatia:** Por que as pessoas empáticas serão os líderes do futuro? São Paulo: Letramais, 2019.

RIVERA, F. J. U.; ARTMANN, E. Planejamento e Gestão em Saúde: flexibilidade metodológica e agir comunicativo. *In*: RIVERA, F. J. U. (org.). **Análise Estratégica em Saúde e Gestão pela Escuta.** Rio de Janeiro: Fiocruz, 2003, p. 17-35.

ROSSI, L. Hidratação. *In*: ROSSI, L.; POLTRONIERI, F. **Tratado de nutrição e dietoterapia**. Rio de Janeiro: Guanabara Koogan, 2019, p. 523-534.

ROSSI, L.; CASTRO, I. A.; TIRAPEGUI, J. Suplementação com aminoácidos de cadeia ramificada e alteração na concentração da serotonina cerebral. **Journal of Brazilian Society of Food Nutrition**, vol. 26, n. 1, 2003, p. 1.

ROSSI, L.; TIRAPEGUI, J. Aspectos atuais sobre exercício físico, fadiga e nutrição. **Revista Paulista de Educação Física**, vol. 13, n. 1, 1999, p. 67. doi.org/10.11606/issn.2594-5904.rpef.1999.137760.

ROSSI, L.; TIRAPEGUI, J. Implicações do Sistema Serotoninérgico no Exercício Físico. **Arquivos Brasileiros de Endocrinologia e Metabologia**, vol. 48, n. 2, 2004, p. 227. doi.org/10.1590/S0004-27302004000200004.

SAAD, M; MASIER, D.; BATTISTELLA, I. Espiritualidade baseada em evidências. **Rev. Acta Fisiátrica**, vol. 8, n. 3, 2001, p. 107-112.

SAMET, J. M. Tobacco Smoking. **Thoracic Surgery Clinics**, vol. 23, n. 2, May 2013, p. 103-112.

SANTOS, A. H. **O poder de uma boa conversa:** comunicação e empatia para líderes, gestores, coaches, educadores, pais e demais facilitadores. Petrópolis: Vozes, 2017.

SCHAUFELI, W. O que é engajamento? *In*: VAZQUEZ, A. C. S.; HUTZ, C. S. (orgs.). **Aplicações da psicologia positiva:** trabalho e organizações. São Paulo: Hogrefe, 2018.

SCHWAB, K. **A quarta revolução industrial.** Trad. Daniel Moreira Miranda. São Paulo: Edipro, 2019.

SCHWINGSHACKL, L. *et al.* Food groups and risk of all-cause mortality: a systematic review and meta-analysis of prospective studies. **The American Journal of Clinical Nutrition**, vol. 105, n. 6, June 2017, p. 1462-1473.

SCOTT, K. **Empatia assertiva:** como ser um líder incisivo sem perder a humanidade. Rio de Janeiro: Alta Books, 2021.

SELIGMAN, M. E. P. *et al.* **Homo Prospectus.** New York, NY: Oxford University Press, 2016.

SELIGMAN, M. E. P. **Felicidade autêntica:** usando a nova psicologia positiva para a realização permanente. Rio de Janeiro: Objetiva, 2009.

SELIGMAN, M. E. P. **Florescer:** uma nova compreensão sobre a natureza da felicidade e do bem-estar. Rio de Janeiro: Objetiva, 2011.

SELIGMAN, M. E. P. **Learned optimism:** How to change your mind and your life. New York, NY: Free Press, 1998.

SELIGMAN, M. E. P.; CSIKSZENTMIHALYI, M. (2000). "Positive psychology: An introduction": Reply. **American Psychologist**, vol. 56, n. 1, 2001, p. 89-90. Disponível em: <https://doi.org/10.1037/0003-066X.56.1.89>. Acesso em: 09 ago. 2022.

SENGE, P. M. **A quinta disciplina:** a arte e a prática da organização que aprende. Trad. Gabriel Zide Neto. 34.ed. Rio de Janeiro: Best Seller, 2017.

SHAPIRO, D. Meditation: Clinical and health-related applications. **The Western Journal of Medicine**, vol. 134, n. 2, 1981, p. 141-142.

SHAW, C. A.; MCEACHERN, J. C. **Toward a theory of neuroplasticity.** Philadelphia, PA: Psychology Press, 2001.

SIEGEL, D. J.; BRYSON, T. P. **Disciplina sem drama:** guia prático para ajudar na educação, desenvolvimento e comportamento dos seus filhos. São Paulo: nVersos, 2019.

SIEGEL, D. **Mind:** a journey to the heart of being human. New York, NY: WW Norton & Company, 2016.

Siegel, Daniel J. **O cérebro do adolescente**. São Paulo. nVersos, 2019.

SIEGEL, E. H. *et al.* Emotion fingerprints or emotion populations? A meta-analytic investigation of autonomic features of emotion categories. **Psychological Bulletin**, vol. 144, n. 4, 2018, p. 343-393.

SINCLAIR, D.; LAPLANTE, M. D. **Lifespan:** why we age – and why we don't have to. New York, NY: Simon & Schuster Audio, 2019.

SÍNDROME de impostor: o que é e como você pode lidar com ela. **BBC News**, 28 dez. 2018. Disponível em: <https://www.bbc.com/portuguese/curiosidades-46705305>. Acesso em: 04 jan. 2023.

SINEK, S. **Comece pelo porquê.** Rio de Janeiro: Sextante, 2018.

SISODIA, R.; GELB, M. J. **Empresas que curam:** despertando a consciência dos negócios para ajudar a salvar o mundo. Rio de Janeiro: Alta Books, 2020.

SNYDER, C. R.; LOPEZ, S. J. **Psicologia Positiva:** uma abordagem científica e prática das qualidades humanas. Porto Alegre: Artmed, 2009.

SÓ BIOLOGIA. **Células nervosas.** Disponível em: <https://www.sobiologia.com.br/conteudos/FisiologiaAnimal/nervoso2.php>. Acesso em: 08 ago. 2022.

SONI, P. The Emotional Life of Your Brain by Richard J. Davidson and Sharon Begley. Book review. **American Journal of Clinical Hypnosis**, vol. 56, n. 3, 2014, p. 303-304. DOI: 10.1080/00029157.2013.827918.

SOON, C. S. *et al.* Predicting free choices for abstract intentions. **Proceedings of the National Academy of Sciences**, vol. 110, n. 15, 2013, p. 6217-6222. doi: 10.1073/pnas.1212218110. PMID: 23509300; PMCID: PMC3625266.

SPIELBERGER, C. **Tensão e ansiedade:** a psicologia e você. [S.l.]: Harper e Row, 1981.

STAHL, S. M. **Psicofarmacologia:** depressão e transtornos bipolares. Rio de Janeiro: MEDSI Editora Médica e Científica, 2000.

STARTSE. A história da Kodak: como ela foi de uma das empresas mais inovadoras a falência. **StartSe**, 29 jan. 2021. Atualizado em 24 jun. 2022. Disponível em: <https://www.startse.com/artigos/kodak-de-uma-das-empresas-mais-inovadoras-a-falencia/>. Acesso em: 11 ago. 2022.

STEEMERS, K. Architecture for well-being and health. **Daylight & Architecture Journal**, July 23, 2015. Disponível em: <http://thedaylightsite.com/architecture-for-well-being-and-health/>. Acesso em: 09 ago. 2022.

STEPANSKI, I.; COSTA, M. E. B.; SANTOS, P. **Raiva, quem não tem?:** guia de gerenciamento da raiva. São Paulo: Senac, 2020.

STRACK, G. *et al.* Spirituality and effective leadership in healthcare: Is there a connection? / commentaries/replies. **Frontiers of health services management**, vol. 18, n. 4, 2002.

SUN-TZU. **A arte da guerra.** Trad. Heloisa Sarzana Publiesi; Márcio Pugliesi. São Paulo: Madras, 2007.

TALEB, N. N. **A lógica do cisne negro:** o impacto do altamente improvável. Trad. Marcelo Schild. 22.ed. Rio de Janeiro: Best Business, 2020.

TALEB, N. N. **Antifrágil:** coisas que se beneficiam com o caos. Trad. Eduardo Rieche. 12.ed. Rio de Janeiro: Best Business, 2019.

TEASDALE, J.; WILLIAMS, M.; SEGAL, Z. **The Mindful Way Workbook:** an 8-week program to free yourself from depression and emotional distress. New York, NY: The Guilford Press, 2013.

TEN HAVE, S. *et al.* **Change Competence:** implementing effective change. New York, NY: Routledge, 2015.

THALER, R. H.; SUNSTEIN, C. R. **Nudge – o empurrão para a escolha certa:** aprimore suas decisões sobre saúde, riqueza e felicidade. Trad. Marcello Lino. Rio de Janeiro: Elsevier, 2009.

THE TEAM CANVAS. **How To Use Team Canvas.** 2015. Disponível em: <http://theteamcanvas.com/use/>. Acesso em: 09 ago. 2022.

TREPANOWSKI, J. F. *et al.* Effect of Alternate-Day Fasting on Weight Loss, Weight Maintenance, and Cardioprotection Among Metabolically Healthy Obese Adults. **JAMA Intern Med.**, vol. 177, n. 7, 2017, p. 930-938. Disponível em: <https://jamanetwork.com/journals/jamainternalmedicine/fullarticle/2623528>. Acesso em: 09 ago. 2022.

TURISMO VILA VELHA. Site. Disponível em: <https://sistemas.vilavelha.es.gov.br/guiaturistico>. Acesso em: 11 ago. 2022.

UNDERWOOD, C. The importance of purpose for successful leadership. **Fresh Business Thinking**, Sep. 18, 2016. Disponível em: <https://www.freshbusinessthinking.com/advice-ideas-and-planning/the-importance-of-purpose-for-successful-leadership/43320.article>. Acesso em: 11 ago. 2022.

UNIVERSITY OF TWENTE. **Bachelor Technical Medicine.** Disponível em: <https://www.utwente.nl/en/education/bachelor/programmes/technical-medicine/>. Acesso em: 09 ago. 2022.

VAN BORTEL, T. *et al.* Health assets in a global context: a systematic review of the literature. **BMJ Open**, vol. 9, n. 2, Feb. 2019, p. e023810.

VAZQUEZ, A. C. S. A psicologia positiva organizacional e do trabalho (PPOT): fundamentos e aplicações. *In*: VAZQUEZ, A. C. S.; HUTZ, C. S. (orgs.). **Aplicações da psicologia positiva:** trabalho e organizações. São Paulo: Hogrefe, 2018.

VAZQUEZ, A. C. S. *et al.* Avaliação do engajamento das pessoas com seu trabalho: a versão brasileira da escala Utrecht de engajamento no trabalho (UWES). *In*: HUTZ, C. S. (org.). **Avaliação em Psicologia Positiva:** técnicas e medidas. São Paulo: CETEPP, 2016.

VICTORIA, F. **Semeando felicidade:** psicologia positiva aplicada. São Paulo: SBCoaching, 2016.

VISCOTT, D. **A linguagem dos sentimentos.** 18.ed. São Paulo: Summus, 1982.

VOLCAN, S. M. A. *et al.* Relationship between spiritual well-being and minor psychiatric disorders: a cross-sectional study. Revista de Saúde Pública, vol. 37, n. 4, ago. 2003, p. 440-445, *apud* GUIMARÃES, H. P.; AVEZUM, Á. O impacto da espiritualidade na saúde física. **Archives of Clinical Psychiatry (São Paulo)**, vol. 34, jan. 2007, p. 88-94.

WATSON, P. *et al.* Exercise in the heat: Effect of fluid ingestion on blood-brain barrier permeability. **Medicine & Science in Sports & Exercise**, vol. 38, n. 12, 2006, p. 2118. doi: 10.1249/01.mss.0000235356.31932.0a.

WEATHERS, F.; KEANE, T. The criterion A problem revisited: controversies and challenges in defining and measuring psychological trauma. **J Trauma Stress**, vol. 20, n. 2, 2007, p. 107-121.

WIKIPÉDIA. **Ilha do Frade (Vitória).** Disponível em: <https://pt.wikipedia.org/wiki/Ilha_do_Frade_(Vit%C3%B3ria)>. Acesso em: 11 ago. 2022.

WIKIPÉDIA. **Inato ou adquirido.** Disponível em: <https://pt.wikipedia.org/wiki/Inato_ou_adquirido>. Acesso em: 11 ago. 2022.

WILLIAMS, M.; PENMAN, D. **Atenção plena – Mindfulness:** como encontrar a paz em um mundo frenético. Trad. Ivo Korytowsky. Rio de Janeiro: Sextante, 2015. ISBN 978-85-431-0188-0 (recurso eletrônico).

WORLD GREEN BUILDING COUNCIL. **Health, Wellbeing & Productivity in Offices:** the next chapter for green buildings. Sep. 2014. Disponível em: <https://www.worldgbc.org/sites/default/files/compressed_WorldGBC_Health_Wellbeing__Productivity_Full_Report_Dbl_Med_Res_Feb_2015.pdf>. Acesso em: 09 ago. 2022.

WORLD HEALTH ORGANIZATION. **Constitution:** WHO remains firmly committed to the principles set out in the preamble to the Constitution. Disponível em: <https://www.who.int/about/governance/constitution>. Acesso em: 09 ago. 2022.

WORLD HEALTH ORGANIZATION. **Diet, nutrition and the prevention of chronic diseases:** report of a joint WHO/FAO expert consultation. (WHO Technical Report Series, 916). Geneva: WHO, 2003.

WORLD HEALTH ORGANIZATION. **One Health.** 21 Sep. 2017. Disponível em: <https://www.who.int/news-room/questions-and-answers/item/one-health>. Acesso em: 09 ago. 2022.

YOUNG, V. **Os pensamentos secretos das mulheres de sucesso:** assuma os méritos de sua vida profissional e usufrua sem culpa de suas conquistas. São Paulo: Benvirá; Saraiva, 2017.

ZIONI, E. **Planejamento físico-funcional e hotelaria em saúde.** (Série Universitária). São Paulo: Senac, 2018.

ZOHAR, D.; MARSHALL, I. **QS:** Inteligência Espiritual. Rio de Janeiro: Viva Livros, 2017.

Dedicatória e agradecimentos

Dedico mais um livro aos amores da minha vida: meus filhos Lucas e Luisa, minha esposa Keila, meus pais Iracema e José Prado e meus irmãos Simone, Paulo e Sandra. Agradeço a Deus essa nova conquista e parabenizo o time organizador pelo comprometimento na curadoria e os coautores pela dedicação e excelência que resultou em mais uma obra incrível para nossa série da Jornada Colaborativa. Agradecimento especial para a amiga Deyse Krüger, pela maestria na liderança, e às organizadoras Annelise V. C. Larangeira, Carla Ezaki, Chirley Mineiro, Maria Lúcia Quaresma e Monique Padilha. Agradeço a meus familiares e amigos da SulAmérica, Jornada Colaborativa e ADAXL pelas oportunidades de aprendizado e aos milhares de alunos, leitores e participantes das minhas palestras pela grande receptividade e troca de experiências que me tornam uma pessoa melhor a cada dia.

Antonio Muniz
Fundador da Jornada Colaborativa

Sua mente é como um paraquedas: Se não estiver aberta, não funciona.
(Buzz Aldrin)

A Jornada da Mente para Alta Performance foi construída por coautores e curadores com a mente e o coração abertos. Cada um colocou um pouco de si nos capítulos. Gratidão a todos vocês que com amor encararam o desafio de levar conhecimento de valor às pessoas que estão determinadas a evoluir. Agradeço a confiança e o apoio do Antonio Muniz, líder da jornada colaborativa, sempre presente e disposto a ajudar.

Deyse Krüger
Líder da Jornada da Mente para Alta Performance

Dedico esta jornada literária a todas as pessoas que buscam uma transformação para um mundo melhor. Só podemos transformar o mundo através da nossa jornada pessoal e depois de muito caminharmos. Agradeço a oportunidade de participar dessa jornada incrível com vocês todos. Agradecimentos especiais para Antonio Muniz, que lidera essa jornada incrível, pela confiança em meu trabalho. E um agradecimento especial também para Deyse Krüger, amiga querida que me convidou para mais uma jornada juntas.

Annelise V. C. Larangeira
Organizadora e coautora da Jornada da Mente para Alta Performance

O amor nasce do limite, quando a gente reconhece que a gente não dá conta da vida sozinhos. (Padre Fábio de Melo)

A dedicatória deste livro não poderia deixar de ser à Deyse Krüger e ao Antonio Muniz, que me ensinaram que juntos não existem limites que não podemos transpor. Com eles e também com os demais amigos dessa jornada aprendi a olhar para as minhas forças e para a minha capacidade e transformar em valor além do que poderia sequer sonhar! Este livro é a prova de que o autoconhecimento e a capacidade de se olhar com carinho, trabalhar em equipe, colaborar com os outros com amor e dedicação permite atingirmos a performance e a felicidade que tanto buscamos!

Carla Ezaki
Organizadora e coautora da Jornada da Mente para Alta Performance

Inspirar através da leitura é uma das formas de transmutar. Às vezes, uma pequena frase ou um parágrafo traz *insights* interessantes para a vida dos leitores. Uma palavra de cada vez é uma escada para o conhecimento e um salto para a sabedoria. Dessa forma, a Jornada Colaborativa vai subindo seus degraus e estou feliz de estar junto nessa escalada. Agradeço à minha amiga Deyse Krüger por ter me escolhido para fazer parte dessa jornada de transformação.

Chirley Mineiro
Organizadora e coautora da Jornada da Mente para Alta Performance

Agradeço o convite para fazer parte desse grupo de autores comprometidos com a divulgação das ideias mais relevantes sobre a mente humana. Esse assunto fascinante é de interesse de todas as áreas da vida e poder participar me trouxe muito entusiasmo.

Dedico meu trabalho como coautora desta publicação à memória dos cientistas dos séculos passados que com tão poucos recursos tecnológicos estruturaram a base do que hoje chamamos de neurociência. São muitos os cientistas dedicados a decifrar o funcionamento do nosso cérebro, mas alguns deles revolucionaram o conhecimento sobre a origem e o funcionamento da nossa mente. Charles Darwin no século XIX com a Origem das Espécies, Sigmund Freud com a Teoria Psicanalítica, Carl Gustav Jung com suas teorias sobre o inconsciente e António Damásio com sua famosa frase "Sinto, logo penso" são para mim os ícones da atual neurociência. Poder falar dos ensinamentos que eles nos transmitiram é uma honra para todos nós. A eles minha gratidão.

Maria Lúcia Quaresma
Organizadora e coautora da Jornada da Mente para Alta Performance

É preciso saber como ler o mundo para transformá-lo. (Paulo Freire)

Dedico a minha contribuição neste livro às pessoas que me ensinaram a ler o mundo da colaboração e passar a fazer parte dele. Aos professores de todas as etapas da minha jornada na enfermagem e na vida profissional, aos colegas e amigos que me ensinaram que no encontro podemos fazer sempre mais. Esta obra para mim é uma homenagem singela à Jornada Colaborativa e a todos aqueles que fazem parte desse eterno doar-se para se tornar inteiro. Não se trata apenas de ferramentas e metodologias, se trata de como todos nós estamos ajudando outras pessoas a ler o mundo da mente, da inovação e da colaboração.

Monique Alves Padilha
Organizadora e coautora da Jornada da Mente para Alta Performance

Coautores

Adriana Castro Brasil. Psicóloga clínica e esportiva, integrante do GEPEN – Grupo de Estudos em Psicologia do Esporte e Neurociências (FEF/UNICAMP). Especialista em Desenvolvimento Humano e Psicologia Positiva, instrutora de práticas meditativas e cofundadora do DesporteMind.

Alessandra Fregoneze. @dra.alefregoneze; fisioterapeuta e empreendedora, com MBA em Gestão e Atuação Clínicas e Spas; Coordenadora Científica do Fórum Brasileiro de Gestão de Negócios em Estética e Estética in Online do Grupo Estética In; especialista em Novos Negócios e Inteligência Comercial na Saúde Estética; especialista em Medicina Tradicional Chinesa "Autora Módulo Auriculoterapia, Meihuanet 3.0 Sistema de Apoio ao Estudo de Acupuntura, referência de estudo em diversos países"; *Professional & Self Coaching* e *Coaching* em Vendas *Training* pelo IBC; educadora empresarial, mentora e palestrante; colunista na Revista e Portal Negócio Estética. Conhecida pelo seu carisma, é uma estudiosa apaixonada por pessoas, *networking*, estética e negócios. Dividiu o palco com grandes nomes da estética nacional e internacional, compartilhou conhecimento para milhares de profissionais e empreendedores, através dos congressos e eventos no setor. Soma mais de 20 anos de atuação e experiência profissional.

Ana Cristina Gralhóz. Psicologia Clínica e Hospitalar. Atuação na Psiquiatria como AT no Ambulatório de Ansiedade (AMBAN) do Instituto de Psiquiatria do HC Hospital das Clínicas da Faculdade de Medicina da Universidade de São Paulo, em casos clínicos junto à equipe multidisciplinar, com abordagem na TCC (Terapia Cognitivo Comportamental) em transtornos de Personalidade, TAG, TA, TOC, TEPT, Esquizofrenia, Transtorno Alimentar, Compulsão. Transtorno de Pânico e Depressão. Membro da Equipe de Ciência e Humanização – PVV – InCor HCFMUSP atendimento na UTI em pacientes de alta complexidade em cardiologia, pneumonia e cirurgias cardíacas e torácica, internados e isolados, suspeita ou diagnóstico de COVID-19, UTI cirúrgica, UTI coronariana, UTI respiratória, enfermaria e pronto socorro (UTI adulto).

Membro da Sociedade Brasileira de Pesquisa e Estudos em Hipnose Clínica (estudos sobre a dor). *People Manager*, atuação em logística de Saúde – área de Treinamento e Desenvolvimento, projetos de *endomarketing*. Certificação Internacional como *Practitioner of Neuro-Linguistic Programming* pelo Richard Bandler. Atuação em Projetos de Suicidologia e voluntária do CVV, atendimento na área de luto e perdas por suicídio. Estudante de Neuroanatomia e Neurociências na Universidade de São Paulo (USP). Participação em Pesquisa Científica sobre transtornos alimentares (anorexia, bulimia, dismorfia corporal). *Relationship Manager* na área de RH com dez anos experiência em contas estratégicas. Atualmente psicoterapeuta, especialista em saúde mental, atuando na área da psicologia. *Practitioner em of Neuro-Linguistic Programming*, com certificação internacional e hipnose clínica. AT no Ambulatório de Ansiedade do Instituto de Psiquiatria do Hospital das Clínicas da Faculdade de Medicina da Universidade de São Paulo, atuação em traumas, perdas e projetos de suicidologia.

Annelise Virginia Cyrino Larangeira. Psicóloga clínica, professora de MBA, *Head and Founder* Conectar Mentes Academy, coordenadora de psicologia da FPK/arbitros, especialista em medicina comportamental, neurociências e psicologia positiva.

Antonio Muniz. Palestrante, *podcaster*, professor, *Head* de Agilidade, *DevOps*, Produto e SRE. Como fundador e líder da Jornada Colaborativa, mobilizou milhares de coautores e novas lideranças para escrever dezenas de livros sobre tecnologia, desenvolvimento de software, agilidade, inovação e liderança. Já inspirou mais de 30 mil pessoas em cursos de MBA, *bootcamps*, videoaulas, *workshops*, consultorias e palestras em empresas líderes de mercado, como SulAmérica, Petrobras, Vivo, Itaú, Oi, Furnas, Eletrobras, DHL, Banco do Brasil, Ernst & Young, Finep, SEBRAE, UOL, PagSeguro, Makro, Totvs, Jucesp, Ambev Tech e Dafiti. Sua formação tem uma base multidisciplinar em negócios, tecnologia e liderança, com mestrado em Administração no IBMEC, MBA em Telecomunicações na FGV, graduação em Tecnologia na Unigranrio e certificações em agilidade, *Lean*, tecnologia, projetos, processos e serviços.

Carla Regina de Moraes Tonon Ezaki. Entusiasta de metodologias ágeis e tecnologia, faz uma ponte entre clientes e o time, ajudando-os a entregar o valor que o cliente espera de forma ágil e com qualidade. Atua na área de tecnologia da informação há mais de 10 anos assumindo posição de suporte técnico e desenvolvimento de software, e dando aulas em instituições de tecnologia, além de liderança de times em projetos voluntários.

Carolina Rojo Rodrigues. Formada em Nutrição, com pós-graduação em Nutrição Clínica Funcional pela VP Consultoria. Professora de Yoga pós-graduada pela Gama Filho em 2010. Administradora do Instituto de Ensino e Pesquisas em Yoga (IEPY). Formações complementares: curso de Naturopatia em Nova Delhi (Índia) e *workshop* de Yoga Tradicional organizado pelo Instituto Kaivalyadhama (Lonavla, Índia). Professora de Yoga no Espaço Marcos Rojo.

Chirley Mineiro. Especialista em treinamento e desenvolvimento, pós-graduada em Neurociências e Neuromarketing com MBA em Gestão de Pessoas, analista em Eneagrama do Comportamento. Atua na área de desenvolvimento humano e inovação.

Deyse Krüger. Especialista em neurociências, pós-graduada em psicologia positiva e desenvolvimento humano, mestranda em psicologia com linha de pesquisa em estresse laboral. Mentora, *coach*, professora universitária e fundadora da escola de negócios Conectar Mentes Academy – CMA. Apaixonada por gente, conhecimento e inovação.

Eliane Tonon Geromel. Formada em Direito e pós-graduada em Psicologia Positiva pela PUC, autora do *podcast* Realização, disponível nas principais plataformas digitais, e apresentadora do programa Realização, que foi ao ar pela Rádio Mundial por dois anos indicando instituições filantrópicas que merecem sua ajuda, além de abordar temas de desenvolvimento pessoal, suas duas paixões.

Eleonora C. Zioni. Arquiteta e urbanista com mestrado pela Faculdade de Arquitetura e Urbanismo da USP sobre Saúde no ambiente construído, especialização pela FUPAM- USP; especialização em Cultura de Saúde e Edifícios Saudáveis pela Universidade Harvard – Escola de Saúde Pública; fez MBA em Administração Hospitalar pela Fundação Getúlio Vargas (FGV-EAESP); certificada pela Universidade Michigan; WELL *faculty*; profissional LEED AP BD+C. É autora do e-book "Planejamento físico funcional e hotelaria em saúde", consultora GBC Brasil Casa e DGNB; consultora para UNOPS (Escritório de Projetos das Nações Unidas); professora e coordenadora da pós-graduação de Arquitetura Hospitalar PGAH do Hospital Albert Einstein.

Elizabeth Merlo. *Scrum Master* na everis em time de transformação digital. Voluntária de iniciativas de gestão, inovação e educação. Avaliadora do INOVES. Foi responsável por Centros de Inovação e Gestora de Mudanças. Em paralelo, sempre atua como professora de cursos de pós-graduação e superior em Gerenciamento de Projetos e em Marketing Digital. Mestre em Administração com foco em Tecnologia da Informação, especialista em Gestão de Negócios na Internet e também em Educação, graduada em Ciências Econômicas. Praticante de natação em águas abertas e defesa pessoal.

Glauce Maria de Paiva Rego. Mãe do Alejandro. Sólida experiência de 30 anos em Administração e Gestão de Pessoas em empresas nacionais e internacionais, no Brasil e nos EUA, nos segmentos de tecnologia, *startup*, óleo e gás, mercado financeiro, projetos internacionais, serviços e indústrias em geral. *Coach* Psico-orgânico, Formação em PNL e Meditação. Palestrante e consultora. Graduada em Relações Internacionais, MBA em Marketing e Pós em Gestão de Pessoas. Fluente em inglês e espanhol. Voluntária na Jornada Colaborativa e no projeto social Coletivo Quântico.

Jorge Carvalho. Atua no mercado de saúde há mais de 13 anos, tendo passado por instituições como Amil e Einstein. É sócio e cofundador da HealthCO Consultoria em Saúde Empresarial.

Juliana Torezani de Brito. Psicóloga clínica em terapia somática. Mestre em liderança e gestão de mudanças, com ampla experiência em psicologia organizacional. Sente um imenso valor em acolher pessoas e organizações para apoiá-las na expressão de sua essência tanto em suas relações quanto nos seus objetivos. Graduada em Psicologia (UFES); MBA em gerenciamento de projetos (FGV); Mestre em liderança e gestão de mudanças (VU Amsterdam); *trainee* em Psicoterapia somática em Biossíntese (IBB-SP/*accredited by European Association for Psychotherapy*).

Leonardo Lourenço. Médico neurocirurgião formado pelo Hospital das Clínicas da Faculdade de Medicina da USP, escritor, ex-obeso mórbido extremo, comunicador e consultor de neurociência para diversas mídias e autor dos livros "Noocídio" e "A síndrome do gênio da lâmpada".

Luciana Rossi. Pós-doutora pela FCF – USP; doutora pelo PRONUT FSP/FCF/FEA – USP; Mestre em Ciências dos Alimentos FCF – USP; graduada em Nutrição pela FSP – USP; ganhadora do Prêmio Destaque Profissional CRN3 em Nutrição Esportiva – 2014; ganhadora do segundo melhor trabalho no Congresso Brasileiro de Nutrição (CONBRAN *on-line*), Associação Brasileira de Nutrição (ASBRAN) e Associação de Nutrição do Estado do Pará (ANEPA) – 2021; especialista em Nutrição Esportiva pela Associação Brasileira de Nutrição (ASBRAN); coordenadora da Nutrição do Projeto Karatê São Paulo Olímpico (KSPO), da Federação Paulista de Karatê (FPK); coordenadora do Departamento Científico Acadêmico (DAC) do Projeto Karatê São Paulo Olímpico (KSPO), da Federação Paulista de Karatê (FPK); experiência prática na área de artes marciais e esportes de combate desde 1996, pela FPKT (São Paulo); experiência prática na área de atendimento nutricional para desportistas em academias de ginástica desde 1996; organizadora do Rossi & Poltronieri: Tratado de Nutrição e Dietoterapia; autora do livro "Nutrição em Academias do Fitness ao Wellness";

organizadora do livro "Avaliação Nutricional, novas perspectivas" (primeira e segunda edição); faixa preta 2º Dan de Karatê Estilo *Shotokan*. Vice-campeã panamericana de Kata em Equipe – Bogotá.

Luiz Carlos Oliveira Júnior. Médico psiquiatra, doutor em Ciências da Saúde, professor da Faculdade de Medicina da Universidade Federal de Uberlândia, cofundador da MEVBrasil.

Marcia Welita da Silva. Mestre em Governança Corporativa (2016), especialista em Psicologia Positiva, Neurociência, entre outras especializações na área de gestão. Professora universitária na área de Gestão de Negócios e mentora de carreira.

Marcos Rojo. Formado em Educação Física pela Universidade de São Paulo em 1975, diplomado em Yoga pelo Instituto Kaivalyadhama em 1980, PhD em Ciência do Yoga em 1999 (Índia) e Mestre pelo Departamento de Neurologia da Faculdade de Medicina da Universidade de São Paulo em 2007. Foi professor de Yoga durante 35 anos no Centro de Práticas Esportivas da Universidade de São Paulo. Fundador do Instituto de Ensino e Pesquisas em Yoga (IEPY), sendo o professor responsável pelos cursos oferecidos. Leciona Yoga nos cursos do IEPY, no Espaço Marcos Rojo, na Associação Palas Athena, entre outros. Autor dos livros "O que é Yoga" (Brasiliense), "Estudos Sobre o Yoga" (Phorte) e do vídeo "Yoga para principiantes", da revista Bons Fluidos (Abril).

Maria Lúcia Quaresma. Médica formada pela Faculdade de Ciências Médicas da Unicamp no ano de 1970. Especialista em psiquiatria e psicoterapia com foco na compreensão entre mente, psique e cérebro.

Marília Struzziatto Ferreira Florindo. Atleta e professora de karatê, licenciatura, bacharel e pós-graduada em Educação Física, empresária, *fitness*, empoderamento, libras, saúde, motivação.

Marina Schor. Bióloga formada pela *Faculty of Land and Food Systems, University of British Columbia*; mestranda em Saúde Pública – *Social and Behavioural Interventions, Department of International Health, Johns Hopkins Bloomberg School of Public Health*.

Mario de Felicis Sobrinho. Bacharel em Enfermagem pela Universidade Paulista (2007), atualmente é Enfermeiro Responsável Técnico do CAPS Adulto na Prefeitura Municipal de Barueri, com experiência na área de enfermagem e ênfase em Urgência e Emergência, Saúde Mental e Gestão em Enfermagem, docência em Ciências da Saúde,

Imaginologia, Psicoterapias e Práticas Integrativas e Complementares à Saúde, atuando no desenvolvimento de estratégias, gestão de equipe voltada à área de urgência e emergência/saúde mental. Atua com a sistematização de assistência de enfermagem, exames laboratoriais, gestão de leitos, gestão do atendimento de pronto-socorro e remoções. Cursa Mestrado em Psicologia na área de concentração em Psicossomática pela Universidade Ibirapuera (UNIB) com projeto de dissertação voltado para a qualidade do sono, cronotipo e as influências da pandemia da COVID-19.

Marisa Resende Coutinho. Nutricionista, especialista em Nutrição Funcional e Nutrição Clínica. Gestora com MBA em Serviços de Saúde.

Monique Alves Padilha. Enfermeira, consultora em inovação e gestão de saúde, CPO da *startup* D'Era Saúde, mentora do HACKMED. Doutoranda em Saúde Global na USP, mestre em ciências da saúde e especialista em Atenção Primária. Professora de MBA e mestrado em instituições nacionais e internacionais. Experiência em Design de Serviços e *Lean Healthcare*.

Osvaldo Carvalho Gomes. Psiquiatra Forense pela Associação Brasileira de Psiquiatria, especialista em Dependência Química pela Universidade Federal de São Paulo, formação em terapia do esquema pelo centro de estudos de terapias cognitivas de SP, perito oficial do Instituto de Medicina Social e Criminologia de São Paulo, mestrando em psicologia pela UNIB.

Paulo Assis Crasnhak Filho. Possui graduação em Psicologia pela Universidade do Contestado (2009), especialização em Saúde Mental e Atenção Biopsicossocial pela Uniguaçu e especialização em Psicologia Positiva e *Coaching* pela FAVENI em andamento. Atualmente é psicólogo da Associação de Pais e Amigos dos Surdos de Caçador e possui consultório particular na Clínica Je Via Sano. Possui experiência na área de Psicologia Clínica e Social, conhecimento em LIBRAS. Experiência com oficinas e palestras direcionadas a pessoas surdas, familiares, professores, funcionários, alunos do ensino médio, superior e outros.

Paulo Schor. Médico, professor associado livre docente do departamento de oftalmologia e ciências visuais da Escola Paulista de Medicina, diretor da área de pesquisa para inovação da Fapesp, professor colaborador da faculdade de medicina Einstein e diretor da agência de inovação tecnológica e social da Unifesp.

Priscila Arana de Souza. Advogada OAB/SP 211.552; psicóloga CRP06/139.234; especialista em Desenvolvimento Humano e Psicologia Positiva (IPOG); especialista em Fronteiras da Neurociência (Albert Eisntein); Hipnoterapeuta pela ACT (*Accredited Certified Training*); Formação em *Happiness Studies Academy* com Tal Ben Shahar; instrutora de *mindfulness* pela Unifesp; cofundadora do Conectar Mentes Academy; cofundadora do Desportemind.

Renata Belluzzo Quedas. Formada em Administração de Empresas, com MBA em Gestão de Projetos e cursando MBA em Liderança e Gestão Disruptiva. Iniciou sua carreira como professora de informática, autou por mais de 10 anos como gerente de projetos e atualmente é gestora da área de serviços de estabelecimentos na Sodexo. Morou 1 ano e 8 meses em Dublin, na Irlanda, onde fez intercâmbio. Estudou balé e jazz por mais de 12 anos. É a esposa do Junior e a mãe da Maria Luiza.

Sergio Pereira de Souza. Designer organizacional e consultor de liderança, administrador de empresas com atuação por quase 30 anos em multinacionais, especialista em Fronteiras da Neurociência pelo Albert Einstein, Gestão Corporativa pela FGV e Moderna Educação pela PUCRS. Atleta amador de ultramaratonas, já concluiu provas internacionais *non-stop* de até 235 quilômetros.

Sheila Gonçalves. CEO da Medicatriz Dermocosméticos, farmacêutica e Esteticista. Sócia-fundadora da Medicatriz Dermocosméticos, empresa especializada em cosméticos profissionais de alta performance. Pós-graduada no setor de Cirurgia Plástica pela UNIFESP, em Gestão Empresarial pela UNIRADIAL (Estácio de Sá) e pós-graduada em Psicologia Positiva e Desenvolvimento Humano pelo IPOG. Pós-graduanda em Marketing e Negócios Digitais (Be Academy). *Personal coach*, *pratitioner* em PLN, atuou como docente no instituto Racine, SENAC-SP, IBECO e Faculdades Oswaldo Cruz. Apresentou o programa "Pele Mais Bonita" na TV aberta de São Paulo, colaborou com os livros "Cosmetologia Aplicada a Dermoestética", "Ativos Dermatológicos" e a Série "Curso de Estética". Indicada pelo SEBRAE-SP como "Destaque Empresarial da Zona Sul de São Paulo", prêmio concedido pela Associação Comercial de SP (ACSP) em 2012, sendo considerada um dos 10 líderes empresariais que fazem a diferença na cidade de São Paulo. *Case* de sucesso do Sebrae-SP no Programa Beleza Empreendedora. Coautora do livro "Empreendedores Resilientes".

Simone Cristina Albano. Bailarina profissional, profissional de educação física, especialista em pilates, treinamento de força e neurociência. Autora do Método Neuromoove.

Tiago Gonçalves Pereira. Graduado e licenciado em Educação Física pela Universidade Federal de Viçosa. Possui formação de negócios MBA pela UNA em Gestão estratégica de negócios. Foi agente de inovação regional de Sete Lagoas pela SEDE (MG) entre 2017 e 2018. Foi um dos responsáveis pela criação e gestão da comunidade de inovação e *startups* de Sete Lagoas em Minas Gerais (Ecossistema Santa Helena Valley – https://www.santahelenavalley.com.br/). Em 2017 foi um dos primeiros no Brasil a abordar, gerar conteúdo e criar conexões sobre o tema *biohacking* & otimização da saúde. Já palestrou em grandes eventos e espaços de inovação, como FINIT, Campus Party, Cubo Itaú, Google Startups, Inovabra Habitat, We Work. É sócio e idealizador dos eventos Conexas (https://eventoconexas.com.br/) & Biohacking Conference Brazil (https://www.biohackingconferencebrazil.com.br/). Sócio-fundador da Octoplus Inteligência Digital.

Wilson Galvão Júnior. Mestre em Ciência Policiais de Segurança Pública e Ordem Pública, Bacharel em Segurança Pública pela Academia de Polícia Militar, Direito e Educação Física. Exerce o cargo de Major, atuando há mais de 20 anos na Segurança Pública do Estado de São Paulo.